Aum Shinrikyo

オウム真理教

増補版

オウム真理教の精神史

ロマン主義・全体主義・原理主義

大田俊寛
Toshihiro Ota

春秋社

オウム真理教の精神史　目次

第2章　ロマン主義――闇に潜む「本当のわたし」……47

オウム真理教の精神史

——ロマン主義・全体主義・原理主義

序章

一九九五年を振り返って

オウム真理教によって地下鉄サリン事件が引き起こされてから、およそ一六年の歳月が経過した。あの事件は、今やわれわれにとって過去のものになったのだろうか。オウムが社会に投げ掛けた問いは、すでに解かれたのだろうか。

一九九五年という年は、今から振り返ってみても、日本中が異様な熱気と昂奮に包まれた一年だった。

戦後五〇年の節目となるその年を迎えた直後、日本は、阪神・淡路大震災という未曾有の災害に見舞われた。新年の晴れやかな気分がいまだ醒めやらぬなか、人々は、一月一七日の未明に発生した大地震によって、神戸を中心とする兵庫県南部一帯が、一瞬にして黒煙を上げる瓦礫の山と化すのを目にしたのである。

震災被害の甚大さに対する動揺が静まる間もなく、同年の三月二〇日には、地下鉄の乗客を標的とした無差別的なテロである、地下鉄サリン事件が発生した。都心を走る地下鉄の千代田線、日比谷線、丸ノ内線の計五車両に、有機リン化合物の神経ガスの一種であるサリンが撒かれ、死者一三人、負傷者約六三〇〇人という多数の被害者が出たのである。ほどなくその犯行は、仏教系宗教団体のオウム真理教（以下、基本的にはオウムと略称する）によるものであることが推定され、続く三月二二日には、山梨県上九一色村の本部を始めとする教団主要施設に対する強制捜査が開始された。

この間、教祖である麻原彰晃がその姿を潜め続ける一方、オウムの幹部たちは積極的にマスコミに登場した。彼らは、教団への強制捜査は不当な「宗教弾圧」であると主張し、以前からオウム内部の不穏な動きに着目していたジャーナリストたちと活発な論争を繰り広げた。地下鉄サリン事件以降、状況は次第に、日本社会とオウムのあいだに繰り広げられる「戦争」であるかのような、奇妙な様相を呈し始める。三月三〇日には、警察庁長官が何者かによって狙撃され、一時は心停止に至るほどの重傷を負った。四月に入り、教団幹部たちが続々と逮捕されてゆくなか、二三日、教団の弁護に努めていた幹部の一人であった村井秀夫が、青山総本部の前で右翼団体組員によって刺殺された。あたかもそれに対する報復であるかのように、五月五日には、新宿駅に青酸ガスを散布するテロが計画される（未遂）。また五月一六日には、東京都庁に小包の爆弾が送付され、それを開封した職員が指を失う重傷を負った。

その同日、上九一色村では、教団施設の「第六サティアン」に対する強制捜査が行われ、居場所が不明であった麻原彰晃がついに発見・逮捕された。その後もオウム信者の逮捕は続き、特に地下鉄サリン事件以降、教団の対外交渉の役割を果たしてきた上祐史浩が、国土利用計画法違反の容疑で一〇月に逮捕されると、長らく続いたオウム事件の狂騒も、ようやく下火に向かったのである。

オウムに関する元信者の著作

九五年当時、事件をめぐる言説は、犯行を認めようとしない教団側と、それを追及するマスコミ側のあいだの論争によって支配された。しかし、麻原や主要な幹部たちが逮捕され、彼らの供述によって一連の犯行がオウムによるものであったことが疑いえなくなると、それまでの「論争」はもはや成り立たなくなった。一般信者たちも次々と教団を脱退してゆき、九六年に入ると、元信者のなかには、自分がどのような動機でオウムに入信したのか、教団の内部でどのようなことが行われていたかということに関する回顧録を発表する者も出てきた。また、ジャーナリスト側の論調も、オウムの危険性や過去の犯罪を追及するものから、このような特異な宗教集団がなぜ現代の日本社会に現れたのかということを客観的に考察しようとするものに変化していった。「オウム対マスコミ」の論争が終わった段階で、オウムに対する世間一般の関心は急速に薄らいでいったが、その後にオウムに関する書籍は次々と公刊され、数多くの著作が積み上げられていったのである。

それでは、それらの著作において、オウムはどのように語られ、どのように理解されてきたのだろうか。

オウムの関連書籍群を概観した場合、全体を次のように分類することができる。まず、教団の内情や事件の経緯をもっとも間近で見ていた、オウムの元信者たちの著作。次に、オウムの実態を外部から記録・観察しようとしたジャーナリストたちの著作。第三に、オウムの全体像を可能な限り客観的に分析しようとする学問的著作である。ここでは、オウム論を以上の三種類に分類し、主要な著作としてどのようなものがあるのかということを、簡単に押さえておくことにしよう。

まず、オウムの元信者が執筆した著作のなかで重要性の高いものとして、教団幹部の一人であり、地下鉄サリン事件の実行犯でもある林郁夫が著した、『オウムと私』が挙げられる。林は、事件関与者のなかでも最初に犯行を自供した人物であり、それによって事件解明の最初の手掛かりが与えられることになった（ゆえに林は、事件の直接的関与者としては、唯一死刑判決を免れている）。『オウムと私』においては、当初は優秀な心臓外科医であった林が、その生活のなかで次第に多くの苦悩を抱えるようになり、阿含宗への入信を経た後にオウムに接近し、教団の重要人物としてさまざまな犯罪に関与してゆく姿が、記憶の及ぶ限り克明に記録されている。

次に、最古参の信者の一人であり、坂本弁護士一家の殺害やサリンプラントの建造に関与して死刑判決を受けた早川紀代秀による、『私にとってオウムとは何だったのか』という著作がある。建築の専門家であった早川は、急速な成長を遂げたオウム教団を裏方として支えた人物であり、また麻原に見込まれて教団の極秘裏の仕事を数多く手がけた人物でもあった。その筆致は林と比べると多分に抑制されているが、早川でしか知りえなかった教団の内幕がいくつも記されているという点で、この著作には価値がある。

また、一九九九年に刑期を終えて出所し、二〇〇七年にオウム（現Ａｌｅｐｈ）から分派した宗教団体「ひかりの輪」の代表となった上祐史浩は、教団のホームページにおいて、オウム事件に関する総括を発表した（「オウムの教訓」のＨＰ）。そこで彼は、教団の発展の経緯や自身の経験を詳細に記すとともに、教祖麻原の生い立ちや、彼がカリスマ性を発揮するに至った理由などについて、可能な限り客観的な分析を行おうと試みている。著作として公刊されたものではなく、インターネット上の手記であるが、その内容はオウムの全体像を把握するために有用である。

最近では、オウムの幹部の一人であり、地下鉄サリン事件以後も二〇〇九年まで教団に残っていた野田成人が、『革命か戦争か――オウムはグローバル資本主義への警鐘だった』という著作を公刊した。この著作では、麻原逮捕後に激しく揺れ動いた教団の内情や、その過程で再び現れてきた麻原崇拝への回帰の動きなどが明らかにされるとともに、オウムという現象について、それを経済至上主義的な現代社会のシステムが生み出した「影」と見なす考察が展開されている。

主要な幹部以外の信者によって著された著作としては、サリン事件直前の九四年にオウムに出家し、「占星術チーム」に配属されて阪神大震災発生の「予言」に関与することになった、高橋英利の『オウムからの帰還』が興味深い。この著作では、人生についての純粋な悩みを抱えた一大学生が偶然オウムに出会い、どのような点に魅力を感じて入信するに至ったのか、またサリン事件直前の教団の実態はどのようなものであったのかということが、真摯な筆致で描かれている。

『麻原おっさん地獄』を著した田村智もまた、オウム末期の段階の、九四年に出家した元信者である。彼は空手の有段者であったため、その腕を買われ、麻原の身辺警備役を務めた。この著作では、教祖としての麻原の日常生活の姿が赤裸々に暴露されると同時に、九四年以降にオウムが行っていた軍事訓練の様子についても詳しく記されている。

次に、『オウムはなぜ暴走したか。――内側からみた光と闇の2200日』を著した早坂武禮は、かつてフリージャーナリストとして活動し、多分に世間ずれした態度や視点を持っていたが、ある出来事を切っ掛けに麻原に心酔するようになった。この著作には、サリン事件を経て教団を脱退した後も、麻原崇拝の心性を完全には払拭できないでいる困惑が、率直な筆致で記述されている。

最後に、加納秀一の『カルトにはまる11の動機――オウム真理教古参信徒が実例で証明』は、早坂とは対照的に、教団内の麻原崇拝に対してはかなり冷めた視点を持った信者によって執筆された著作である。オウムの出家信者といえども、その性格や思考傾向は一枚岩ではないということ、さらには多様な信者を抱えるオウム教団において、どのような仕方で組織運営が図られていたかを知る上でも、有益な書物となっている。

オウムに関するジャーナリストの著作

ジャーナリストによって執筆されたオウム論としては、まず何より、江川紹子の『救世主の野望――オウム真理教を追って』を挙げなければならない。江川は一九八九年、ある女性から、自分の子供がオウムに出家したまま音信不通になってしまったという相談を持ちかけられ、面識のあった坂本堤弁護士にその対応を依頼する。坂本は「オウム真理教被害者の会」を設立して積極的に教団対策に乗り出すのだが、間もなくその行方が分からなくなってしまう。そして、坂本弁護士がオウムによって拉致されたということを察知した江川は、単身でオウムの実態解明に挑んでゆく。この著作は、暴力性を帯びつつ急速に成長する教団に対し、一人のジャーナリストとして果敢にそれに対峙する姿が描かれた、緊迫したドキュメントとなっている。

江川がオウムの反社会性を追及する急先鋒の役割を担ったのに対して、森達也は、危険なカルト集団として日本全体から敵視されているオウムの側から見ると、日本社会はどのように映るのかという主題を取り上げた。映像作品である『A』は、オウム事件の狂騒の渦中で信者たちが送っていた日常生活を、教団の内部から記録したものである。その取材姿勢に対して、オウム寄りではないかというやや短絡的な批判が提起されたことも事実だが、オウムを「危険なテロ集団」と見る単色的なイメージが醸成されるなか、国家権力やマスコミが彼らにどのような態度を取るのか、それに対して当の信者たちが何を感じるのかを記録した、貴重な作品と言える。また、二〇一〇年に書籍として公刊された『A3』では、獄中での麻原が次第に理性に破綻を来たし、訴訟能力や会話能力を失っていったこと、しかしそれにもかかわらず、異例とも言える速さで裁判が進行し、一審の死刑判決が確定されたため、オウム事件の真相の多くが闇に葬られてしまったことに対して、批判的な考察が展開されている。

作家である村上春樹は、地下鉄サリン事件の被害者たちに対して、可能な限り多くの人々へのインタビューを行い、『アンダーグラウンド』という著作にまとめた。地下鉄サリン事件は、現在のところ、都市部で起こった無差別の化学兵器テロとしては歴史上唯一のものであり、この著作には、そのような未曾有の事件に遭遇した被害者たちが、事件を回顧して発したいくつもの鮮烈なメッセージが記録されている。

朝日新聞社社会部の編集委員である降幡賢一は、麻原とオウムの幹部たちの裁判を傍聴したルポルタージュを、『オウム法廷』シリーズ（全一三巻）として刊行した。彼が著した『オウム裁判と日本人』には、裁判の証言から明らかになった麻原と幹部たちの関係性、幹部一人一人の生い立ちや入信動機などについての、整理された記述が見られる。

麻原の個人史、特にその青年期について詳しく記した著作としては、髙山文彦の『麻原彰晃の誕生』が興味深い。視覚障害者としての盲学校での体験、受験の失敗、薬事法違反による逮捕など、挫折に満ちた生涯のなかで、麻原が次第に宗教の世界に入り込み、一人のカリスマに変容してゆく経緯が、丹念かつ具体的に描かれる。麻原に対しては、しばしば過大に誇張された「負のイメージ」が付与されがちであるが、この著作では一人の人間としての等身大の麻原像が描き出されている。

また、藤原新也の『黄泉の犬』では、麻原の視覚障害の原因について、麻原の兄から証言を得ることにより、注目すべき仮説が提示されている。それについては、本書の第5章の冒頭で改めて論じることにしたい。同時にこの著作は、高度経済成長に邁進する日本社会のあり方に馴染むことができず、インドの宗教世界に大きな魅力を覚えていたという点で、オウム信者たちと共通の心性を持つ著者が、オウムという現象について反省的に思索する内容を含んでいる。

その他の文献としては、村上春樹がオウム信者たちにインタビューを行った『約束された場所で』や、オウム脱会者の会である「カナリヤの会」によって編集された『オウムをやめた私たち』などの著作が、元信者たちの生の声を伝えており、一読の価値がある。

オウムに関する学問的著作

このように現在では、元信者の手記、あるいはジャーナリストが著したルポルタージュを読むことにより、教団の発足から地下鉄サリン事件に至るまでの、およそ一〇年間にわたるオウムの活動の概略を知ることができる。それでは、これらの著作によって明らかにされた事実に対して、学問はすでに十分な考察を行ったと言いうるのだろうか。オウムを論じた学問的著作は、オウムのような宗教団体が発生した原因について、客観的な分析を行うことができたのだろうか。

　残念ながらその答えは、明らかに否である。本来であれば学問の役割とは、研究対象から十分な距離を取った上で、その現象がどのような時代背景から生まれてきたものなのか、あるいは、一定の理論的枠組みに照らしてどのように理解されるのかを考察することにあるはずだが、九〇年代半ばの当時は、「ポストモダニズム」や「ニューアカデミズム」と呼ばれる反近代主義的なイデオロギーがなお強い影響力を保っていたこともあり、オウムに関する言説は、そうした潮流に大きく左右された。研究者たちは、オウム事件に対して冷静で客観的な分析を行うどころか、オウム信者や社会一般に対する筋違いな扇動を行ったり、過去の自らの言動に対する弁明に終始したりといった振る舞いを、しばしば露呈したのである。ここでは、五人の代表的な日本人研究者によるオウム論を取り上げ、それらについて批判的に論評しておくことにしよう。

（1）中沢新一「「尊師」のニヒリズム」

　宗教学者の中沢新一は、『構造と力』という著作で知られる浅田彰とともに、ニューアカデミズムの旗手と目された人物であった。第2章でも再び触れるが、中沢の初期著作である『虹の階梯』や『チベットのモーツァルト』は、中沢自身が実践したチベット密教の修行体験をもとに執筆されており、それによって得られる神秘的経験が麗々しいレトリックによって表現されている。その点で中沢は、宗教の研究者と言うよりはむしろ、宗教の側に立ってその魅力を喧伝する役割を果たしていた。こうした態度は、厳密に言えば近代の研究者として規律違反に当たるものだが、流行現象であった「ニューアカ」の名の下で、当時はルーズに看過されていたわけである。

中沢は地下鉄サリン事件以前、麻原と数度にわたって対談を行い、「聖なる狂気」の観点から現在の日本社会を批判する必要があるということについて、相互に同意し合った。また、坂本弁護士一家失踪に関する疑惑や高額のお布施の問題など、オウムの反社会性が問題視されていることについて、自ら「オウムの弁護」を行わなければならないと感じている、と発言したのである(「〝狂気〟がなければ宗教じゃない」を参照)。サリン事件が発生した後、中沢は「宗教学者・中沢の死」と題されたインタビューを発表し、自身のこれまでのオウム評価に関する弁明に努めるとともに、「オウム真理教信者への手紙」という手記においては、オウム信者たちに対して、師や教団を失ってもなお独自に真実の探求を続けるように、と促した。そして九五年八月には、雑誌『イマーゴ』のオウム真理教特集を責任編集し、自らも「「尊師」のニヒリズム」という論考を寄せ、彼なりのオウム総括を試みたのである。

しかしこの論考は、オウムという宗教の実体が解明されるというより、むしろ中沢自身の独善性が明らかになっているという点で、読むに耐えないものとなっている。中沢はその冒頭で、「私は、善も悪も飲み込むという、宗教の思想家なのである。社会的正義の側にべったりと寄り添って、宗教にかかわる犯罪を糾弾するだけの、宗教ジャーナリストなどと自称している薄っぺらな連中とは、わけがちがう」（二五六頁）と居丈高な虚勢を張った後、オウムの教義や修行方法に関する考察を行う。そこでは、オウムの修行によって得られる神秘的経験の真正性が評価された上で、麻原の「無」に対する理解に偏向があったということが指摘されている。麻原が説いたオウムの教義における「無」は、多分に情報論的でニヒリスティックなものであり、それはチベット密教の真髄が示している「生産的な無」とは違う、というのである。

要するにこの論考でも中沢は、自分自身が思い描く甘美な宗教的イメージの魅惑を喧伝するデマゴーグ、という従来のあり方から、一歩も脱していない。中沢の論考を読む者は、「悟り」や「解脱」についてより深く理解しているのは果たして麻原か中沢か、という検証しようのない問いに晒されることになるし、また、中沢の言葉をいったん真に受け、中沢がそれほどまで正確に仏教的「無」について理解しているとするなら、なぜ中沢自身がプロの宗教家として自ら信者を率いようとしないのか、という当然の疑問に直面することにもなる。結局のところ中沢は、オウム事件を機に露見した自身の立場の矛盾や危うさについて、真摯に反省することはなかったと言わなければならない。

（2）宮台真司『終わりなき日常を生きろ──オウム完全克服マニュアル』

中沢とほぼ同時期、比較的早い段階でオウム論を発表したのは、社会学者の宮台真司である。『終わりなき日常を生きろ』という著作は、研究者によって著されたオウム論としては、その挑発的なタイトルの影響もあり、もっとも広く読まれたものかもしれない。

この著作の内容を要約すれば、次のようになる。七〇年代までの日本では、社会全体において一定の「意味」や「目的」が共有されていた。すなわち、経済成長を達成し、物質的に豊かな生活を実現することが、人生の意味や社会の目的とされたのである。しかし八〇年代に入り、上記の目的が実際に達成されてしまうと、社会は共通の方向性を見失うことになる。科学技術の高度化や消費サービスの細分化はなおも進行し、社会はいよいよ複雑なものとなってゆくが、今や人々のあいだに共通の「目的＝終わり（end）」は存在しない。すべては相対的なものとなり、人は自ら、自分の「生きる意味」を探し出さなければならない。「終わりなき日常」がそこに現出したのである。

このような社会的変化を受けて、九〇年代には、若者の処世スタイルが二分化したと、宮台は指摘する。その一つは、オウム信者に代表される「男の子」的終末観、もう一つは、「ブルセラ少女」に代表される「女の子」的終末観である。前者は、今や社会共通の目的が存在しないことに耐えられず、師に帰依することによって人生の意味を教えてもらおうとしたり、「ハルマゲドン」という終末幻想に耽溺したりする。これに対して後者は、「終わりなき日常」の現出を肯定的に受け入れる。彼女らは、お仕着せの意味や価値観が失われたことを、むしろ自由な生き方や多様なコミュニケーションが可能になったこととして捉える。そして、ブルセラやテレクラのような「明るい売春」を含むさまざまなコミュニケーションの回路を開き、「終わりなき日常」の世界を楽しくまったりと生きてゆくのである。宮台は、オウムの破綻は、「女の子」的終末観が「男の子」的終末観に勝利したことの現れであると解釈し、ブルセラ少女のように「終わりなき日常を生きる」ことこそが、オウムを克服するための処方箋であると説く。

一見したところ、宮台の分析や提言は現実社会の客観的な観察に立脚しているように思われるが、実際にはそうではない。その見解は、ポストモダン的なイデオロギーの影響を色濃く被っている。すなわちそのイデオロギーとは、哲学者ニーチェに由来する「永劫回帰」の世界観や「超人」幻想である。ニーチェは、キリスト教に基づく目的論的な歴史観を、自らの生をありのままに肯定できない畜群的弱者が、生の意味を見出すために捏造したものであると厳しく批判し、世界の実相として、意味も目的もなく流転し続ける「永劫回帰」のビジョンを提示した。そして、世界から既成の意味を与えられるのではなく、自ら新たな意味や価値を創造することのできる人間こそが「超人」である、と主張したのである。

ニーチェのこうした思想は、ジル・ドゥルーズやミシェル・フーコーの業績によって、二〇世紀後半以降世界的に流行し、「ポストモダニズム」と称されるようになった。先述したようにその流行は、浅田彰や中沢新一を通して日本にも受容されたのである。そして、この著作における宮台の理論的背景も、実はポストモダニズムにある。すなわち宮台は、ニーチェの超人幻想を「ブルセラ少女」に重ね合わせ、その存在を過大に評価しようとしたのである（ちなみに浅田はその存在を「スキゾ・キッズ」と称していた）。後に宮台は、「ブルセラ少女」たちがその不安定な生活に耐えられず、多くが「メンヘラー」（心的病にかかった人の俗称）になってしまったという事実を受け止め、当時の判断の誤りを認めている。

オウム信者とブルセラ少女のどちらが「勝ち」なのか——。宮台はこうした問いを立てた上で、ポストモダニズムに照らして後者の勝利を宣言しているが、これはまったくナンセンスな議論であると言わなければならない。実際には、オウムのような「カルト」的宗教の発生や、ブルセラ少女に見られる「アノミー」的主体の発生は、共に近代社会に生じた病理的現象の一つと見るべきであり、どちらが勝ちか、という水準で語れるものではない。また、ニーチェ的な超人幻想は、決してそれによってオウムの世界観を克服できるようなものではなく、むしろオウムの精神史的源流の一つに位置づけられるのである。それについては、再び本論で見ることにしよう。

（3）大澤真幸『虚構の時代の果て――オウムと世界最終戦争』

社会学者の大澤真幸が一九九六年六月に公刊したオウム論『虚構の時代の果て』は、新書としてはやや厚めの著作であり、記述も詳細だが、理論上の全体的な枠組みは、宮台のそれとほとんど変わらない。論旨を要約すれば、次のようになるだろう。

大澤は、かつて社会学者の見田宗介が提示した図式に倣い、「現実」の反対語が何であるかによって、日本の戦後史が大きく二分できると考える。それによれば、七〇年代半ばまでが「理想」の時代、それ以降は「虚構」の時代ということになる。すなわち、七〇年代半ばまでの日本社会は、物質的欠乏という「現実」が目の前にあり、それが満たされる状態を「理想」として思い描いていた。「理想」は日々の努力によって獲得されるべき対象であり、その意味では「現実」と地続きだったわけである。当時の新宗教もまた、「貧・病・争」という現実的問題を重視し、その解決を目指す「現世利益」の獲得を重視する姿勢を打ち出していた。

ところが、七〇年代後半から八〇年代にかけて、高度経済成長が達成され、物質的欠乏が満たされると、従来の「理想」は今や日常的な「現実」と化し、その存在は消失することになる。それに代わって浮上してくるのが、サブカルやアニメ、あるいは新新宗教の教義によって描かれる「虚構」の世界である。そこで「虚構」の世界は、「現実」とはまったく別次元にあるものとして思い描かれるため、その点で現実の延長線上にある「理想」とは異なっている。しかし、現実とは別次元にある虚構世界のリアリティを深く追求することは、不可避的に現実世界の存在を暴力的に否定することにつながってゆく。大澤によれば、オウムの「ハルマゲドン」幻想はこうして生まれたのである。

大澤もまた宮台と同じく、八〇年代以降の日本社会の変化を重要視している。そして、宮台のような見当違いの扇動的文言が見られない分、まだしも大澤の論考の方が地に足がついていると評価することもできるだろう。しかし、オウムという現象を客観的に把握するためには、上述の枠組みはあまりに狭すぎるという印象を受けることも確かである。同時に、その枠組みから外れた事柄に関する考察がしばしば不用意に差し挟まれるため、大澤の記述は論旨が読み取りづらく、全体として冗長で晦渋なものとなっていると言わざるをえない。

（4）島薗進『現代宗教の可能性——オウム真理教と暴力』

島薗は、現在の代表的な宗教学者の一人であり、また日本の新宗教研究の第一人者と目される人物である。彼は、日本の新宗教のなかから無差別テロの実行に踏み切る教団が現れたことに驚きを示し、その「暴力」の発動を許したものがどのような要因であったのかという事柄を中心に、考察を進めている。

この著作では、麻原やオウム教団によって公刊された著作の具体的な読解を通して、そこに潜む暴力につながる要因について分析されている。本書の第5章でも見るように、オウムの内部では、偶然発生した信者の死亡事件を機に、雪だるま式に暴力行為が拡大していったのだが、そのような暴走を可能にするような布置があらかじめ敷かれていたということが指摘される。

先の三つの論考とは異なり、オウムのテキストに即した堅実な考察が行われていること、また他の新宗教に対する目配りが行われていることにこの著作の利点があるが、しかしその結論は、大澤のそれと大きく異なるものではない。島薗は、近世から戦後期までに現れた日本の新宗教が全体として「現世利益」を基調としていたこと、しかしその現世主義が高度経済成長の達成によって空洞化したため、オウムという「現世離脱」的で「超越志向」的な宗教が生まれたと論じている。一読して、大澤の著作と同様、果たしてこの図式にオウム現象のすべてが収まりきるのだろうかという不全感を残すことも事実である。

（5）島田裕巳『オウム——なぜ宗教はテロリズムを生んだのか』

島田は、かつてオウムとライバル関係にあった宗教団体の「幸福の科学」との論争に巻き込まれたという経緯によって、ある時期までオウムを擁護する立場を取り、そのために地下鉄サリン事件以後、中沢新一とともに社会からの激しいバッシングにあった宗教学者である。この著作は、事件を契機に大学を追われた島田が、自身のそれまでの行為の反省も踏まえて執筆した、一三〇〇枚に及ぶ労作である。麻原が教団を立ち上げ、それが拡大する経緯、事件に対する教団の反応などが詳細に記述されているため、この一書を読めば、オウム事件の全体を比較的漏れなく通覧することができる。

しかしながらその論述の質は、学問的な分析と言うより、どちらかと言えばジャーナリスティックな記録の水準に留まっている。副題で掲げられている「なぜ宗教はテロリズムを生んだのか」という問いに対しても、記述の仕方が全体的に散漫であるため、明確な回答は見当たらない。同書の末尾においては、日本社会の特質が「責任回避型」であり、そうした土壌がオウムの発生につながったのではないかと指摘されるが、あまりにも漠然とした結論であり、読者に深い納得を与えるものではない。

以上、オウムについて書かれた学問的著作のなかから、代表的な五点に対して、簡単に内容を紹介し、論評を加えてみた。私自身、多数のオウム論に目を通して感じたのは、元信者の手記、そしてジャーナリストの著作に関しては、それぞれの立場や役割に見合ったものがすでに発表されているのだが、学問的著作に関しては、その役割に十分見合う水準のものがいまだに現れていないということである。それでは、従来の学問的オウム論には、どのような点に問題があったのだろうか。

その一つは、多くの研究がオウム事件の原因を、七〇年代後半から八〇年代以降の日本社会、すなわち、高度経済成長を達成した後の日本社会の問題に帰着させていることである。このような着眼はまったく間違っているというわけではないが、端的に言って、視野が狭すぎる。現代の日本社会においてオウムのような「カルト」が発生するに至ったのは、それに先行するさまざまな歴史的要因の蓄積があり、学問的分析においては、そのような要因をも視野に収められなければならない。

それとは逆に、仏教研究を専門とする学者によって執筆された論考にしばしば見られるものだが、オウムの問題を、例えば仏教史全体から考察しようとすることは、視野が広すぎる。宗教のあり方はそれぞれの時代によって大きく異なっており、近代以前の仏教の教義とオウムのそれを比較することは、両者の根本的な差異が大きすぎ、有効な分析にはなりえない。オウムはしばしば原始仏教へと回帰することを訴えたが、学問的分析においては、そうした表面的な主張に惑わされず、その精神史的ルーツが本当に仏教にあるのかということ自体を疑問に付す必要があるだろう。

また、九〇年代に執筆されたオウム論に見られる特徴だが、暗黙のうちにポストモダニズム的なパースペクティブを前提とし、その観点からオウムを評価・批判しようとすることも、厳に慎まなければならないことである。特に、一時期の中沢や宮台らの振る舞いに見え隠れしていたものだが、ポストモダニズム的な「超人」幻想に自ら感染し、自身を一人のカリスマとして演出しようとするかのような態度は、学問に携わる一研究者として守るべき規矩《きく》を明らかに逸脱したものであり、論外であると言わなければならない。

近代宗教としてのオウムについて考えるために——本書の枠組み

それでは、これらの先行研究を批判的に退けた上で、どのような方法であればオウムという現象に適切にアプローチすることができるのだろうか。そのことを考えるために、まずはオウムの教義や世界観がどのようなものであったのかということについて、簡単に確認しておくことにしよう。

教団の成立から九五年の地下鉄サリン事件に至るまで、比較的短期間であったにもかかわらず、オウムが公刊した書籍や雑誌、また麻原によって語られた法話の量は、かなり膨大なものに上る。しかしながら、オウムの教義の核心部分を抽出してみれば、それは意外に単純なものであることが分かるだろう。オウムの教義は、以下のような三つの要素に整理することができる。

(1) 宗教の本質とは、修行によって「神秘的経験」を得ることにある。ヨーガや密教の修行を実践すると、それまで潜在していた能力が開発され、空中浮揚などの超能力が身につくとともに、人間の魂を支配する輪廻転生の法則を理解できるようになる。修行者は、過去に背負った自らの宿業(カルマ)を落として霊格を向上させ、最終的には「真我」への到達＝解脱を目指さなければならない。

(2) 解脱者とは、輪廻の法則を完全に知り尽くし、そこから自由になった者のことを意味する。教祖の麻原は、日本で唯一の「最終解脱者」であり、人間の生死を自由にコントロールしうる能力を持つ。そして信者たちは、麻原に帰依することによって、その霊性を速やかに進化させることが可能となる。日本国民はすべて麻原に帰依し、国家もまた麻原を主権者とする体制に改変されなければならない。

(3) しかし現代の社会は、物質的快楽に溺れて徒にカルマを増大させ、霊的な進化を説くオウム真理教を迫害している。ゆえに、大きな「カルマ落とし」として世界の破局(ハルマゲドン)が到来することは避けられず、それは『ヨハネ黙示録』やノストラダムスの『諸世紀』にも予言されている。ハルマゲドンの後には、麻原を主権者とする「千年王国」が建国され、その国家は日本のみならず、世界に君臨することになるだろう。

何と軽薄にして、荒唐無稽な「教義」だろうか――思わずそう漏らしたとしても、決して過言ではあるまい。しかしながら、こうした宗教的幻想がそもそも何処に由来するのか、また、何ゆえにそれがある種のリアリティを獲得しえたのか、という問いに答えを見出すことは、実はそれほど容易ではない。この問いに答えるために、本書では以下のような構成が取られる。

まず前提としなければならないのは、オウムの教義や世界観が、明確に近代宗教の特質を備えているということである。すなわち、オウムについて理解するためには、「宗教」とはそもそも何なのか、また「近代」においてそれはどのような形態を取っているのかを、あらかじめ理解しておく必要がある。そのことを、第1章で論じる。

第2章から第4章では、先に示したオウムの教義に見られる幻想の由来を確認するために、ロマン主義、全体主義、原理主義という、三つの思想的潮流について概観する。ここでまず、本書の結論を先取りして言ってしまえば、オウムとは、ロマン主義的で全体主義的で原理主義的なカルトである、ということになる。これらの三つの潮流はそれぞれ独立したものだが、オウムの世界観においては、その三者が独特な仕方で結合している。またこれらの思想は、近代における宗教の問題全般を考える上で、決して看過することのできない重要なものであるにもかかわらず、その概要が理解されていることは少ない。それぞれの章では、各思想の基本的性質、知っておくべきいくつかの事例、オウムとの関連性を指摘しながら、考察を進めることになる。

最終章となる第5章では、それまでの四つの章で得られた知見を前提としながら、麻原の生い立ちから地下鉄サリン事件に至るまでのオウムの軌跡について、直接的に考察する。そして、オウム現象の全体像を簡潔に描き出した上で、それが「ロマン主義的で全体主義的で原理主義的なカルト」と見なされる理由について、改めて考察することにしたい。

＊

本書はおそらく、オウム論としてはかなり異色のものになるのではないだろうか。というのは、オウムに直接関係していることがあまり論じられず、むしろオウム的な精神の由来についての分析に、紙数の大半が割かれるからである（それゆえに、オウムについてほとんど何も知らないという読者は、まず第5章に先に目を通し、それから第1章に戻るという読み方をしても良い）。

本書において私が試みているのは、オウムという現象をできるだけ広い視野から捉えること、そしてそれが二〇世紀末の日本に出現した理由を、近代史の文脈のなかで立体的に描き出すということである。そのために私は、これまで自分がほとんど扱ったことのなかった領域に、やむなく手を伸ばさざるをえなかった。そしてそれゆえに、いまだ理解の浅い点や、判断を誤った点があるのではないかということを危惧している。その意味においてこの論考は、一つの「試論」と呼ぶべきものでしかなく、その記述の妥当性に対しては、読者からの厳しい批判や叱正が与えられることを期待している。

しかし、本書の主目的が、先に述べたように、オウムという現象を広い視野から捉えること、それもただ徒に広い視野というわけではなく、近代の宗教やカルトの問題について考える上で必要な視野を確保し、そのために有用な理論的図式を提示することに置かれているという点は、繰り返し強調しておきたい。オウムをめぐる問題について、われわれはいまだ出口の見えない迷路のなかを彷徨《さまよ》っていると言わざるをえないが、本書で試みているのは、ただ闇雲に出口を探すことではなく、この「出口の見えない迷路」自体がどのような場所に置かれているのかを、鳥瞰的に示すことなのである。

これまでの学問的営為は、オウムという現象に対して有効な分析を行うことができなかった。それのみならず、私の専攻する宗教学という学問は、破綻へと向かうオウムの運動を、多分に後押しさえしてしまったのである。私を含め、現在の日本の宗教学者は、これまでの宗教学が、ある意味でオウムとの「共犯関係」にあったことを認めなければならない。そしてその上で、そのような関係がなぜ無自覚的に成立したのかということを、改めて問わなければならない。私は本書の作業が、日本の宗教学の再構築につながる一歩にもなりうることを信じている。

第1章　近代における「宗教」の位置

オウム真理教は近代の宗教の一つであるという、一見したところあまりにも自明の事実から、考察を始めることにしよう。

「近代」とは果たして、どのような時代だろうか。それは、ヨーロッパにおいて形成されたある社会原理が、日本を含む世界中の地域に「輸出」されることによって成立した時代である。近代以前の時代、すなわち中世のヨーロッパにおいては、キリスト教が社会の中心的位置を占めていた。ところが近代になると、「国家」が社会の中心を占め、キリスト教は周縁部へと追いやられるようになる。いわゆる「政教分離」原則の成立である。

オウムの教義や世界観は、表面的には仏教やヒンドゥー教（ヨーガ）を主体としており、そこにはキリスト教からの影響はほとんど及んでいないかのように見える。しかし実は、近代宗教としてのオウムには、ヨーロッパ特有の歴史的経緯によって成立した「宗教」の位置づけが、そしてそれに伴うキリスト教的な幻想が、その内部に確実に刻印されているのである。序章で提示した問い、すなわち、オウムの幻想が何に由来し、また何ゆえにリアリティを獲得しえたのかという問いに答えるためには、そもそも宗教とは何か、そしてそれは近代においてどのような位置を与えられているのかという基本的な事柄を理解しておく必要がある。あまりにも大きな主題であり、また直接的にはオウムと関係のない話になるが、まずはこのテーマについて、本章で可能な限り簡潔に論じておくことにしよう。

1　そもそも「宗教」とは何か

「つながり」を生きる人間

宗教とは何か――。この問いに対して、これまで多くの研究者や思想家が考察を続けてきたが、いまだ万人を納得させる答えを得ることができてはいない。「宗教」という言葉で名指される対象はきわめて巨大で複雑なものであるため、これを簡潔に定義することが難しいとしても、それはそれで当然のことなのかもしれない。とはいえ、少なくとも私自身が現時点において「宗教」をどのようなものと捉えているのかということは、本書の考察にとって基礎になることでもあるため、最初に簡単に論じておきたい。

多くの宗教においては、世界や人間についてのさまざまな物語が提示されている。例えば、聖書に描かれた天地創造の物語、ヒンドゥー教や仏教に見られる輪廻転生の死生観、古事記に見られる国産みの神話、等々。それらの物語にはしばしば、常識的な理性の範疇を超えた奇跡的なエピソードが含まれているため、単なる低次元な「迷信」であると断じられることも多い。次章で見るように、特に西欧近代の啓蒙思想においては、理性的な思考方法を発達させてゆくことによって、このような宗教的迷信からいずれ完全に脱却できると考えられもしたのだった。

しかし今日では、そうした予測は完全に誤っていたと言わなければならない。近代が成立して数百年が経ってなお、宗教にまつわる諸問題は、社会からまったく消えていないからである。いかに荒唐無稽なものに思われようとも、人はそう簡単に、宗教から自由になることはできない。果たしてそれはなぜだろうか。

少し遠回りな答えになるが、それは人間が、文化的な「つながり」によって生きる特殊な存在であるからだと思われる。人間以外の多くの動物では、新しく生まれてきた個体は、親からの保護や教育を受けることなく、独自の力で成長する。哺乳類のように幼少期に親からの授乳によって育てられる動物も、その期間は人間と比較すると著しく短く、また生きるのに必要な能力や知恵は、すでにあらかじめ本能のなかに組み込まれている。特に親から知識を伝達されることがなくとも、動物においては、必要な時期が来れば自動的に本能のスイッチが入り、生きるために必要な能力が発現するのである。

しかし人間の場合には、事情がまったく異なっている。人間は自らの身体を自由に動かすこともできないほど無力なまま出生し、しかもその状態はきわめて長期間にわたるため、親や家族はそのあいだ、幼児の生命を維持するために、彼に絶えず意を注がなければならない。そしてさらに重要なことは、人間の意識や理性は、言語を教わらなければ十分に作動することができないということである。

人間は言語を習得することによって初めて理性を目覚めさせ、世界や人間、自分自身のあり方について理解できるようになる。人は生きてゆくために、言語に基づく長期間の教育を通して、生活に関する実践的な知識、歌や踊りや物語といった文化的な知識、歴史や思想や科学といった学問的な知識など、さまざまな知識を習得しなければならないのである。

　このように人は、他者からの保護や教育を受けることによって、初めて生きうる存在となる。そして、人が教育において習得する知識のほとんどすべては、自分が生まれる前に存在した人々によって作り出され、伝達されてきたものなのである。この意味で言えば、人間の生は実は、その人物が生まれる前からすでに始まっている。人間は常に、自分より前に生きた人間の「続き」を生きてゆかなければならないのである。

　人間は、生まれ、育ち、老い、最後には死を迎える。死によって肉体は潰え、すべては無に帰るかのように見える。しかし、実はそうではない。死んだ人間が生きているあいだに作り上げた財産や、彼が伝達してきた知識は、残された生者たちのなかでなおも生き続けるからである。この意味において人間の生は、その死後もなお存続すると言わなければならない。

　このように一人の人間の一生は、その誕生で始まり、肉体的な死をもって終わるわけではない。その人生は実は、生まれる前からすでに始まっており、死後もなお継続される。人間は、他者との「つながり」のなかで生きてゆく存在なのである。

虚構の人格――宗教の変遷

人間が生死を超えた「つながり」のなかで生きていることを示し、物語ること。宗教が存在しているもっとも根源的な理由はここにあると思われる。宗教に見られるさまざまな物語の役割は、人間の諸文化がどのような起源を持つのか、そしてそれがどのような「つながり」のなかで継承されてきたのかということを指し示すことなのである。

このように、人間は生死を超えた「つながり」のなかに存在するため、ある人間が死んだとしても、それですべてが終わったわけではない。彼の死を看取る者たちは、意識的にせよ無意識的にせよ、そのことを感じ取る。人間が、死者の肉体をただの「ゴミ」として廃棄することができないのはそのためである。生者たちは、死者の遺体を何らかの形で保存し、死の事実を記録・記念するとともに、その生の継続を証し立てようとする。そしてそのために、人間の文化にとって不可欠である「葬儀」や「墓」の存在が要請される。そこにおいて死者は、「魂」や「霊」といった存在として、なおも生き続けると考えられるのである。

もちろん、一つの物質的な生物としては、死者はすでにこの世から消え去っているため、「魂」はあくまでフィクショナルな存在であり、現実には存在しない「虚構の人格」でしかない。しかしこの「虚構の人格」は、人間の社会が成り立つためには常に必要不可欠のものである。人間社会は、生死を超えたこの人格的存在を中心に据えることによって、その統合を保つのである。そしてこの「虚構の人格」は、時代の変遷においてその形を変え、それとともにさまざまな社会形態を創出してゆく。以下に、きわめて手短にその概要を見ておこう。

学問上でなお多様な議論が存在していることは確かだが、多くの学説においては、宗教の原初的な形態は「祖先崇拝」に関わるものであったと考えられている。すなわち、もっとも原始的な段階における宗教とは、家族内の死者を「祖先の魂」として祀るというものだったのである。そして家族は、「祖先の魂」を中心に据えることによって、その結束を保っていた。土地や家、田畑など、家族が所有するさまざまな財産を究極的に保持しているのは、「祖先の魂」であると考えられたのである。

このような所有の形態には、いくつかのメリットがある。まずその一つは、所有の正当性を示すことができる、という点である。例えば、この土地はどういう理由であなたたちが占有する権利があると見なされるのか、と問われたとしよう。その際に、この土地はわれわれの祖先が切り開き、その子孫の一族が代々継承してきたものである、そしてわれわれは、祖先の魂を弔う儀礼を今も継続しているため、この土地を所有する権利があるのだ、と説明するのである。国家のような超越的な権力が存在しない社会においては、各家族や部族がこのような説明を行い、相互にそれを承認することによって、所有の正当化が図られていたと考えられる。

二つ目には、所有のあり方が安定する、ということが挙げられる。生身の個人が何かを所有するということは、実はきわめて不安定な状態である。というのは、その個人が突然死んでしまった場合、その所有物がその後に誰のものになるのかが分からなくなるからである。それに対して、財産の所有者を「祖先の魂」であるとし、個々の人間はそれを中心とした共同体の成員であるとしておけば、所有は安定する。魂という「虚構の人格」は生死を超えた永続的な存在であり、突然死んだり消えたりすることがないからである。

こうして原始的な社会においては、祖先の魂を中心にして、家族的共同体が営まれていた（祖先崇拝の段階）。しかし人間が形成する社会や共同体のあり方は時代とともに推移し、より大規模なものとなる。そしてそれとともに、人間相互の「つながり」のあり方も、より複雑なものに変化する。そうした場合、死者の葬儀や供養は個々の家族ごとに継続されるにしても、共同体全体の「つながり」を証し立てるためには、祖先から子孫へ継承される「魂」の系譜という単線的なものでは十分ではなく、より高度で精妙な「虚構の人格」の存在が要請されるということになっただろう。その人格は、「魂」よりも抽象度が高く、むしろ個々の霊魂同士のつながりや、死後のあり方を定めるものであったと考えられる。そしてその存在は、一般に「神」と呼ばれる。

神は当初、民族的共同体や都市国家など、それぞれの土地に根差した地域的社会を統合するためのシンボルとして機能していた。また、神の存在をあらわす表象も、各地域にゆかりのある自然物から取られることが多かった。そして、その神の由来や性格を物語る神話や、神々の関係性を描く神統記などが生み出されていったのである（多神教の段階）。

しかし、多くの地域を征服しつつ拡大するような帝国的国家が成立すると、宗教の形態もさらに変化した。それまでの多神教的な信仰が廃され、世界全体を統治する唯一の神という存在が考案されたのである（一神教の段階）。一神教においては、血縁関係に基づく家族宗教や、地縁関係に基づく民族宗教とは異なり、一定の儀礼的手続きを踏みさえすれば、原則的に誰もがその共同体に参与しうるとされ、あらゆる人間、あらゆる民族にとって平等な原理が提示された。そして、そのような神の存在について物語るために、高度な神学的体系が整備され、多くの人間を適切に組織化しうるような法律の体系もまた、付随的に発達していったのである。

宗教とは何か、という問いに改めて回答しておくと、私はそれを、「虚構の人格」を中心として社会を組織すること、そしてそれによって、生死を超えた人間同士の「つながり」を確保することである、と考える。「虚構の人格」は、自然的には存在しない架空のものに過ぎないが、逆にそれゆえに、融通《ゆうずう》無《む》碍《げ》にその形を変えることができる。そして人間はこれまで、さまざまな神話や儀礼を案出することにより、さまざまな「虚構の人格」を創設し、その存在に基づくさまざまなタイプの社会を作り上げてきたのである。

2　キリスト教共同体の成立と崩壊

「キリストの身体」の分有

それでは次に、以上のような観点に照らしながら、近代の成立までに至るヨーロッパの宗教史について、具体的に見てゆくことにしよう。

ヨーロッパの歴史においては、ローマ帝国の統治下、ユダヤ民族の宗教的伝統のなかから、世界宗教となりうる形態の一神教が生まれた。すなわち、キリスト教である。ローマ帝国は当初キリスト教を弾圧したが、帝国の勢いに衰えが見られるようになると、キリスト教を国教化して、国内の社会的結束を強めるために利用しようとした。これによってキリスト教は急速に成長したが、ローマ帝国の衰退に歯止めは掛からず、三九五年に帝国は東西に分裂、四七六年には西ローマ帝国が滅亡する。そして、ある意味でローマ帝国の「落とし子」とも言えるキリスト教が、その後のヨーロッパ社会において中心的位置を占めるようになったのである。

それではキリスト教は、どのようにして社会の中心となったのだろうか。それは、教会や修道院といった宗教的共同体を形成し、それを普及させることによってである。そしてこれらの共同体は、新約聖書の福音書やパウロ書簡のなかで示された、「キリストの身体」という概念に基づいている。

それらの文書によれば、イエス・キリストは、神の子でありながら、人間の原罪を贖うため、十字架上での刑死を受けた。自らの死を悟ったキリストは、磔刑直前の「最後の晩餐」において弟子たちに、「これは、あなた方のために与える私の体である。私を想い起こすため、このように行いなさい」と言ってパンを食べさせ、「この杯は、あなた方のために流す私の血で立てられる新しい契約である」と言ってブドウ酒を飲ませる。こうして弟子たちは、犠牲として捧げられた「キリストの身体」を食するのである。以上のような聖書の一場面は、キリスト教の重要な儀礼である「聖餐礼（ミサ）」を成立させる根拠となっている。すなわち、キリスト教の信者たちは、聖餐礼においてパンとブドウ酒を分かち合って共食することにより、「キリストの身体」を分有し、共に体を同じくする＝共同体を結成することができる、と見なされるのである。

キリスト教の儀礼においては、このようにしてキリストの死の事実が記念されるとともに、いったんは死を遂げた「キリストの身体」が、新たな共同体として再生することが示されている。われわれの言葉で言い換えれば、キリストという「虚構の人格」を中心として、生死を超えた人々のつながりが確保されるのである。

中世のヨーロッパでは、キリスト教的な共同体である教会や修道院を中心に据えることによって、社会的統合が保たれていた。より具体的に言えば、教会においては、教会簿をもとにして地域住民の誕生・結婚・死亡について管理され、教会法に基づく裁判が行われた。修道院では、家族や地域を離れた人々が参集し、「祈りと労働」の生活、すなわち、日々の祈禱の他に、未開地を開墾しての農業や酪農、医療といった労働が行われた。その信仰のあり方は、近代のプロテスタンティズムにおける聖書主義や敬虔主義のように個人的なものではなく、強く社会的機能を帯びたものであった。

教皇主権から宗教改革へ

教会や修道院が、ヨーロッパ社会における基礎的な制度として根づくようになると、その全体を統括する存在であるローマ教皇の権威も、自然と高まっていった。世俗的な権力者である封建諸侯や王たちは、キリスト教を唯一の真正の宗教として受容する一方、教皇は彼らに対して、その支配の正当性を証し立てるという役割を果たした。教皇は王に「塗油」の儀礼を施し、その権力が神的な正当性を持つことを証明したのである。

当初、ローマ教皇という宗教的権威と、封建諸侯という政治的権力の関係は、互いを支え合う比較的対等なものであった。封建諸侯にとって、十分の一税を始めとする数々の徴税権を有していた教会や、労働と禁欲に基づく富の生産・集積を可能とする修道院は、経済的な観点からも多くの利点があったため、諸侯は自らの多くの財産を、教会や修道院に寄進した。それによって、聖職者の地位の多くを封建諸侯の縁者が占めるようになるなど、両権力は多分に癒着していたのである。

しかし一二世紀頃から、聖職者の叙任を決定する権利を、教権と俗権のどちらが有するべきかという「叙任権闘争」が発生し、両者のあいだに対立が芽生えると、教皇権は世俗権力に対する優越性を主張するようになった。一三世紀から一四世紀にかけて、教会の法律家たちは、教皇の権力は神から直接付与されたものであり、それは地上における「最高の権威（plenitudo potestatis 文字通りには「権力の完全性」）」であると唱えた。後に述べるように、軍事力を兼ね備えた近代の主権権力と異なり、教皇権の至高性という概念は、あくまで精神的かつ理念的なものに過ぎなかったが、何人かの政治史家や法制史家は、中世に現れた教皇権の完全性という概念こそが、近代的な主権論の原型となったと考えている（ダントレーヴ『国家とは何か』一一九頁、福田歓一『政治学史』一二八頁を参照）。

しかしながら、こうして教皇権が絶頂の段階を迎えると、逆説的にも、それに対する批判の風潮もまた高まっていった。世俗の世界に対する権力の絶対性を主張するような教会のあり方は、果たしてキリスト教の精神に照らして正しいものなのだろうかという、根本的な批判が提起されたのである。豪華を極めるサン・ピエトロ寺院の建築費を、贖宥状の販売によって徴収しようとした教皇レオ一〇世に対して、マルティン・ルターがこれを激しく非難し、そこから宗教改革が開始されたことは、あまりにも有名だろう。

この改革は、本来はキリスト教聖職者間の教義論争の一つに過ぎなかったが、教皇権の専横に対して不満を募らせていた一部の諸侯たちがルターを支持することによって、政治的な闘争の意味合いをも帯びるようになった。ヨーロッパの諸侯たちは、カトリック陣営とプロテスタント陣営に分かれ、相互に争ったのである。一七世紀前半に勃発したいわゆる「三〇年戦争」はそのもっとも顕著な現れであり、一説によるとこの戦争の戦場となった地域では、人口の三割から九割が失われたとさえ言われている。

3　近代の主権国家と政教分離

王権神授説から社会契約論へ

キリスト教信仰によって長いあいだ一体性を保っていたヨーロッパ社会は、今やその信仰ゆえに分裂し、争い合うようになった。それは社会統合の核から、戦乱の火種へと変化したのである。

これを見た世俗の君主たちは、もはや社会統治の礎《いしずえ》を、キリスト教に委ねておくことはできないと考えた。そこで最初に考案されたのは、王権神授説に基づく国家主権論である。中世においては、世俗的君主の行使する統治権の正当性は、カトリック教会に媒介されることによって、神に承認されると考えられていた。しかし王権神授説においては、「教会の媒介」はもはや不要であるとされる。国王や国家は、神から直接的に統治権を授与され、地上における至高の権力＝主権を行使することが許されるのである。神学的背景を持つ思想家のジャン・ボダン（一五三〇～一五九六）やボシュエ（一六二七～一七〇四）によって打ち立てられた主権論は、絶対王政を支えるための基礎的な理論となった。

国家主権論の端緒はこうして開かれたが、それをより近代的な構成へと仕立て直したのは、いわゆる社会契約論である。王権神授説が国王の主権性を主張するものであったのに対して、社会契約論においては主権を持つのは国家そのものであり、また国家設立の主体として想定されているのは、新興商工業者の階層であるブルジョワジー、すなわち都市市民層である。王権神授説が、国王の至高性を主張する「上からの主権論」であったのに対して、社会契約論では、自由で平等な主体としての諸個人が集合し、彼らが相互に契約を取り交わすことによって国家を形作るという、「下からの主権論」が構築された。社会契約論を展開した理論家としては、周知のようにトマス・ホッブズ（一五八八～一六七九）、ジョン・ロック（一六三二～一七〇四）、ジャン＝ジャック・ルソー（一七一二～一七七八）の三者が有名であるが、ここではホッブズとルソーの理論について瞥見することにしよう。

ホッブズの『リヴァイアサン』

ホッブズもまた、他の多くの国家主権論者と同様に、宗教的動乱のなかを生きた人であった。イギリス国王チャールズ一世は、王権神授説の立場から、王権が教会に対して優越する英国国教会のあり方を擁護し、ピューリタン（イギリスのカルヴァン派の通称）への抑圧を行った。その結果、ピューリタンを主体とする議会派と、王権＝国教会を支持する王党派のあいだに内戦が起こり、それは国王の処刑にまで至る清教徒革命へと発展した。ホッブズもまたこの動乱に巻き込まれ、長期にわたる亡命生活を余儀なくされている。

ホッブズの理論の前提となっているのは、もはやキリスト教信仰を中心としていては社会の混乱が避けられないということ、それゆえに、より安定して社会の統合を達成しうるような、新たな「虚構の人格」を作り上げなければならないということである。ホッブズが考案する「虚構の人格」は、聖書に登場する怪獣から名を取られ、「リヴァイアサン」と呼ばれる。

リヴァイアサンの必要性を明らかにするために、ホッブズはよく知られた思考実験を行う。人間は生来の自然な権利（＝自然権／人権）として、自己の生命や財産を維持するために自己の力を用いる自由を与えられている。しかし、各人がこの権利を放恣に行使すると、そこにどのような状態が現れることになるだろうか。それは「万人の万人に対する闘争」状態であり、自己の生命を維持しようとするために、逆にそれが常に危険にさらされ続けるという逆説的な事態である。理性的に思考し、それを避けようとするなら、各人が持つあらゆる力を一個の人格に譲り渡し、その者に万人の平和を委ねなければならない。「多数の人々が一個の人格に結合統一されたとき、それは《国家》と呼ばれる。かくてかの偉大なる《大怪物《リヴァイアサン》》が誕生する。否、むしろ「永遠不滅の神」のもとにあって、平和と防衛とを人間に保障する地上の神が生まれるのだと、畏敬の念をもっていうべきだろう」（『リヴァイアサン』一七章）。

天上にある「永遠不滅の神」と、地上の神としてのリヴァイアサン。このようにホッブズは、キリスト教の神と、地上における主権権力である国家を、厳密に区分しようとする。彼は、これまでカトリック教会が地上の支配に関与してきたことは端的な誤りであり、それによって生み出されたのは「暗黒の王国」であったと批判する。カトリックの「暗黒の王国」は、世俗の世界に介入することによって、聖俗のあいだで常に権力の所在を動揺させ続けてきた。ゆえに社会や国家の安定を得るためには、キリスト教会の影響力は、政治的領域から完全に排除されなければならないのである。

ルソーの『社会契約論』

ルソーが『社会契約論』において展開する理論も、基本的な構図はホッブズのそれと変わらない。人間が自分自身の生命や財産を守るためには、各個の力を一つに集合させる必要があるとされ、全構成員が自己をそのあらゆる権利とともに全体に譲り渡すことによって作られる共同体を、ルソーは「政治体（corps politique）」と呼ぶ。政治体は地上における至高の権力であり、キリスト教がそれに介入することは許されない。キリスト教が提唱した「霊の王国」という考え方は、国家的権力の所在を支配者と聖職者のあいだで常に分裂させる危険をもたらすものであると見なされ、厳しく批判される。

ホッブズの記述と比較した場合に、ルソーの特色として認められるのは、政治体の一体性と至高性を確保することの重要性が、ひときわ強調されている点にある。政治体を成立させ、それを指揮・運営するのは、全構成員が不可分となった状態で発せられる「一般意志」であり、この意志を成り立たせるのに妨害となるような部分的社会（教会や修道院、ギルドなど、国家から独立した別種の原理で運営される組織）は、国家のなかではその存在を許されない。また、ホッブズやロックが認めていたような国家への「抵抗権」は否定され、国家を存続させるためであれば、その成員は国家に命を捧げなければならないとされる。なぜなら、成員の命をそれまで守ってきたのは国家であり、ゆえに国家の存在は、個々の成員の生命よりも優位にあると考えられるからである。

さらに、政治体の至高性・主権性を市民が理解し、それを愛す

『リヴァイアサン』の表紙絵

るようにさせるために、「市民宗教」を普及させる必要があると説かれる。その宗教は、国家が市民に課す義務や法律の神聖性を示すためにのみ存在する控えめなものであるが、それに反する者は、国家から追放されるか、死をもって罰せられる。市民宗教を信じ、地上における国家の至高性を認めれば、他にどのような信仰を持つことも許されるが、それはあくまで「彼岸」についての意見や観念に限られ、地上的権力とはまったく無縁の存在であるべきとされる。

国家主権と政教分離——いくつかの問題点

さて、本章ではここまで、原初的な宗教の段階から、キリスト教が社会の中心であった中世を経て、近代的な主権国家の理論が成立するまでのヨーロッパの歴史を、きわめて手短に概観してきた。そして現在の日本もまた、天皇制というやや特殊な制度を抱えてはいるものの、ヨーロッパで生まれた近代性の原理に則った国家運営が行われているわけである。

近代的な政治を行うために必要とされる諸原理のなかでも、いわゆる「政教分離」の原則がもっとも根本的なものの一つであるということに、異論を唱える者はいないだろう。もちろん簡単に政教分離と言っても、そのあり方は各国の歴史的事情に応じてきわめて多様であり、一口で語れるような明確な原則があるわけではない。しかし、その原型を形作ったホッブズやルソーの国家主権論に照らしてみれば、そのアウトラインは以下のようなものとして理解することができる。

すなわち、彼らの理論の主眼は、「リヴァイアサン」や「政治体」など、社会契約によって形成される国家に対して、地上世界における揺るぎない主権性を付与するという点にあった。そしてそのためには、キリスト教信仰に基づく組織や権威が国家に対して介入することを、厳密に排除する必要があると考えられたのである。こうして、地上における主権権力としての国家と、天上世界や彼岸世界に関わるキリスト教信仰を分離させるという原則が打ち立てられることになった。これがもっとも広義における「政教分離」の原則である。

この点を押さえた上で、改めて次のことを問題にしてみよう。このような政教分離の原則、そして近代的な主権国家の原理は、何の問題点も孕んでいないのだろうか。近代の原理は、人間が構築しうるもっとも合理的で普遍的な制度なのだろうか。

否、単純にそう言うことはできない。天上世界への信仰と地上世界の主権権力を分離させるこのような原理は、明らかに多くの矛盾や無理を孕んでいる。ここではその問題点について、特に三つの事柄を指摘しておくことにしよう。

(1) 限界なき暴力装置としての主権国家

まず第一に、「地上世界の主権権力」としての国家のあり方に問題はないのか、ということが考えられる。そもそも「主権＝至高性（sovereignty）」という概念自体が、高度に神学的な背景を持ち、それを究極的に裏づけているものとは、神の絶対性や全能性の観念である。本章で見たように主権という概念は、「キリスト教共同体」と称される中世ヨーロッパ社会において、教皇権の完全性や至高性の理念としてその萌芽が現れ、王権神授説を経て、社会契約論へと受け継がれたのであった。言わば近代国家は、教皇の頭から主権という冠を取り上げ、それを自らの頭に冠したということになる。

しかしながら実は、キリスト教的権威としてのローマ教皇が主権性を主張する場合と、世俗的権力である国家が主権性を主張する場合では、重要な点で違いがある。それは、主権性に軍事力が付随しているか否かという点である。かつての教皇主権においては、いくらローマ教皇がその権力の完全性を主張すると言っても、教会組織は直接的には軍隊を保有していなかったため、その権力の行使には自ずから限界が伴っていた。中世の政治構造は、教皇や教会が発する宗教的威光に対して、軍事力を有する世俗的諸侯たちが服従するという仕方で、互いを牽制しつつバランスを保っていたのである。

しかし近代の国家は、主権性を主張すると同時に、それを実効的に支えるための強力な軍事力をも有している。もちろん近代国家の内部では、三権分立の仕組みなど、権力が一元化されないための予防策が講じられているのだが、それでも近代国家は基本的に、誰からの制限も受けない、限界知らずの暴力装置としての基本的性格を有することになる。ホッブズは自らが考案した形式の国家に対して「リヴァイアサン」という怪獣の名前を冠したが、それはおそらく、こうした暴力装置としての国家の性格を予感してのことであっただろう。

そして、リヴァイアサンとしての国家同士のあいだに戦争が発生した場合、それがどれほど凄惨なものになるかということを、われわれは二〇世紀の歴史を通じて知っている。ホッブズの言うとおり、主権国家の成立によって、キリスト教信仰をめぐる戦争、あるいは「万人の万人に対する闘争状態」には歯止めが掛けられたのかもしれないが、それはむしろ「万国の万国に対する闘争状態」へと繰り延べられ、近代人は常に、国家総力戦という地獄への恐怖に脅かされているのである。

（2）葬儀の公的性質の剥奪・「死」の問題の私事化

これまで述べてきたように、近代以前においては、キリスト教が社会の中心に位置しており、ゆえに教会で行われる葬儀にも、当然のことながら公的性質が伴っていた。しかし近代においては、主権国家が公的領域を独占し、キリスト教はそこから除外されるため、教会で行われる葬儀もまた、公的性質を剥奪されることになった。近代国家はキリスト教会から「教会簿」を継承し、身分登録簿や住民票によって国民の生死を記録・管理するが、だからといって国家が「彼岸（あの世）」の領域にまで積極的に関与するというわけではない。国家的権力が及ぶ範囲はあくまで「此岸《しがん》（この世）」の事柄に限られ、死後の世界や天上世界の事柄については関知しないとされているからである。

本章の最初に述べたように、本来であれば人間の社会にとって、どのような形で葬儀を行うか、死んだ人間が残したものをどのようにして引き継ぐかということは、公的事柄の中核に位置すべきことであるが、近代の社会においてそれは、私的な領域へと追いやられることになる。ひいては、「死」の問題そのものが私事化され、公的領域で取り扱うことができなくなってしまうのである。

また、（1）で述べたように近代国家は、その歯止めの利かない暴力性ゆえに、戦争によって多くの死者を生む。それでは、果たして国家は、自らが原因になって生じた死者に対して、適切な「慰霊」を行うことができるのだろうか。実はそれが難しい。なぜなら近代国家は、原則的に彼岸の事柄に関知することができないとされているからである。こうして多くの近代国家は原理的に、戦死者をどのようにして慰霊するべきかという問題を抱え込むことになる。ルソーが主張していたように、国家はしばしば国民に対して命を捧げることを求めるが、それにもかかわらず、その死後のあり方については関知しないという態度を取る。そこには根本的な矛盾があるのである。

(3)「宗教」の迷走

最後に、キリスト教信仰のあり方の問題、さらには「宗教」全般の問題について指摘しておこう。主権国家の成立によって、キリスト教信仰はどのような変質を被ったのだろうか。一言で言えばキリスト教は、公的・社会的性質を剥奪され、根本的に骨抜きにされることになった。本章で述べたように中世のキリスト教は、教会や修道院という組織によって、社会の基盤としてのさまざまな実効的役割を果たしていた。しかし近代においてそれらの役割は、国家が運営する役所や裁判所、あるいは会社や法人という世俗的な組織によって肩代わりされた。そしてキリスト教信仰は、プロテスタンティズム的な聖書主義や、彼岸の事柄に関する諸々の観念などといった、私的で主観的な次元のものに矮小化されてしまったのである。

こうしてキリスト教は、次第に社会的領域、公的領域からの撤退を余儀なくされ、私的な領域へと押し込められていった。それのみならず近代においては、政教分離の枠組みが世界中に輸出された結果として、キリスト教以外の諸宗教、ひいては「宗教」そのものが、本質的に個人の内面のみに関わる「心理的現象」であるとさえ考えられるようになったのである。そのことは次章において、具体的に見ることになるだろう。

主権国家は宗教とは関わりを持たず、宗教とは、あの世に関する事柄や、個人の心のなかに宿る主観的事象である――近代においては、政治と宗教に関するこうした理解が、徐々に一般化することになった。しかし宗教の存在を、社会を統合するために機能する「虚構の人格」として捉えるわれわれの立場から見れば、このような理解は実は、事態を正確に反映したものとは言い難い。ホッブズが「リヴァイアサン」を地上の神と呼び、ルソーが「政治体」の神聖性を承認させるために市民宗教の必要性を説いたように、近代の主権国家はむしろ、社会を統合するために案出された「新たな宗教」と見なされるべきであり、それは現に、国家という「虚構の人格」の実在を人々が信じることによって成り立っている。しかし、近代の政教分離原則において、国家の権限の及ぶ範囲が地上の事柄に限られるとされたため、国家という存在が根本的に「非宗教的」である一方、宗教とは、天上世界に関する観念や、個人の内面における主観的現象であるとする、短絡的な見方が一般化するようになっていったのである。

そして、こうした通念が徐々に広まった結果として、近代社会においては、もはや私的な妄想と区別のつかないさまざまな「宗教」が、数多く発生・繁茂するという傾向が生じた。同時にそれらの存在は、「信教の自由」の名において、いったんは擁護されるということになる。しかしそうした宗教が、国家からの保護を受けて成長し、徐々に社会的な影響力を持つようになると、その存在は「政教分離」の名の下に弾圧されることになるのである。近代において「宗教」は、原理的にこのようなダブルバインド的状況に置かれており、それがそのあり方を歪ませる大きな原因となっている。近代社会は根本的に、歪んだ「宗教」が数多く発生するような構造を備えているのである。

第2章　ロマン主義――闇に潜む「本当のわたし」

前章においては、そもそも宗教とは何か、近代において宗教はどのような位置づけを与えられたのかということを概観した。一言で言えば「宗教」は、表面上は公的な領域から追い払われ、私的な領域へと押し込められたのである。本章では、ロマン主義という思想の流れを見ることにより、個人の内面における心理的現象と捉えられた宗教に対してどのような理論が唱えられてきたのか、また、オウムの教義に見られる「真我の覚醒」といった観念がどのようにして生み出されたのかということを考察する。

オウムの教義において最重要視されていたのは、修行によって神秘的な現象を体験し、人間の潜在能力を開発して、ついには数々の超能力を身につけるということであった。そしてオウムで実践されていた修行とは主に、「クンダリニー・ヨーガ」と呼ばれるヨーガの技法である。それでは、オウムの教祖である麻原は、このような修行方法を、ヒンドゥー教や仏教の歴史を自ら精査することによって見出したのだろうか。否、明らかにそうではない。麻原が実際に読んでいたのは、一般に「オカルト」と見なされるような書物、具体的に言えば、神智学やニューエイジ思想、そして日本の精神世界論に属する書物であった。そしてこれらの思想は、巨視的に見れば、近代におけるロマン主義という潮流から生み出されたものとして理解することができる。そこでこの章では、ロマン主義の思想的輪郭とその歴史について見てゆくことにしよう。

1　ロマン主義とは何か

啓蒙主義——近代思想の二つの潮流（1）

前章で述べたように、近代とは、キリスト教が社会の中心的位置を喪失し、社会を成り立たせるための新しい原理が求められた時代であった。そして近代においては、その要請に応えるためにきわめて多様な思想が生み出されていったのだが、大胆に言えばそれらの思想は、大別して二つの潮流に分類することができる。それは、「啓蒙主義」と「ロマン主義」である。このうち、啓蒙主義が近代の表舞台を作り上げた思想であるのに対して、ロマン主義はその裏舞台となった思想である、と見なすことができるだろう。ここではまず、啓蒙主義の概要について述べておくことにしたい。

啓蒙主義においてもっとも基礎的な原理に据えられたのは、「人間の理性」の存在である。キリスト教神学の枠内においてそれは、神の「似姿」として創造された人間に対し、神によって付与されたものという二次的な位置づけしか与えられていなかったが、近代の啓蒙思想においては、その独立性・自律性が強調されるようになる。

人間理性の近代的なあり方の原型を提示したのは、デカルト（一五九六～一六五〇）の哲学である。デカルトは『方法序説』において、確実な思惟を展開するための方法として、自己思惟する理性を第一原理に置いた（「我思う、ゆえに我あり」）。デカルトによれば、あらゆる人間には、「理性」や「良識」と呼ばれる「自然の光」が備わっている。その光を曇らせる誤謬を取り除き、明晰判明な思考を積み重ねてゆくことによって、人間は世界の姿についての正確な認識に至ることができるのである。

「理性の光」によって世界や人間について正しく知ることができるとするデカルトの方法論は、後に展開する啓蒙思想の基本的な方向性を形作った。啓蒙とはまさに「光を灯すこと（enlightenment）」を意味している。啓蒙主義は、近代のあらゆる学知にとってその基礎を為しているとさえ言いうるが、ここでは、啓蒙主義に属する哲学・政治学・自然学・宗教論について、簡単に触れておこう。

先に述べたようにデカルトの哲学は、人間が自らの理性のあり方について自己吟味することを、その出発点に置いていた。近代哲学においては、そうした方法論が徹底され、一般に「人間知性論」や「認識論」と呼ばれる主題が形成される。そこでは、人間の理性はどのような性質と能力を持っているのか、またどのような方法によれば事物を正確に認識しうるのかということが論じられる。その分野の代表的な著作としては、ジョン・ロックの『人間知性論』や、イマニュエル・カントの『純粋理性批判』などが挙げられるだろう。

哲学的な認識論は、前章で触れた社会契約論の基礎にもなっている。すなわち、人間理性のあり方に照らして、どのような社会組織を形成し、どのような政治を運営するのがもっとも合理的かということが論じられるのである。ホッブズの『リヴァイアサン』の第一部は「人間について」と題され、そこで認識論的な議論が行われており、それを前提とした上で、第二部以降の政治論が展開されるという構成が取られている。また先に述べたように、社会契約論の代表的論者の一人であるロックには、『人間知性論』という認識論的著作がある。

啓蒙主義は、近代的な自然科学の発展を強く後押しする役割をも担った。ディドロやダランベールが『百科全書』を編纂し、人間精神を唯一の準拠点として、あらゆる知識の秩序と関連を可能な限り合理的に解明しようと試みたことは、広く知られている。

啓蒙主義的な自然科学観は、宗教に対する考え方にも影響を与え、「理神論」と呼ばれる神学説を生んだ。キリスト教の神は、自然法則を超えた数々の奇跡を行う存在とされているが、神が自然法則を破ったり、変更したりすることがあるという可能性を考慮に入れると、近代的な自然科学は成り立たなくなってしまう。ゆえに理神論では、神の奇跡や啓示によって自然法則が破られることはない、自然法則は神によって作られた理性的なものであり、神もまたその秩序に従う、という主張が為されたのである。

ロマン主義――近代思想の二つの潮流(2)

人間は、自身に内在する「理性の光」によって世界を照らし出すことで、その隅々まで正確に知ることができる。また、理性に基づいて合理的な国家や社会を建設することができる――。ごく簡単に言えば、啓蒙主義はこのような見解を打ち出したわけだが、こうしたポジティブな姿勢が支配的になると、当然のことながらそれに対する反動も生まれてくる。それが、ロマン主義という思想的な流れである。

ロマン主義は、啓蒙主義が唱える「光」の思想に対して、強く異を唱える。人間の持つ「理性の光」は、果たして世界を隈なく照らし出すことができるのだろうか。実はそうではなく、どれだけ的確に理性を使用し、どれだけ正確に世界について記述しても、そこには明晰判明には把握できない「暗部」が残るのではないだろうか――。一言で言ってしまえば、これがロマン主義の主張である。啓蒙主義を「光の思想」と捉えれば、ロマン主義は、それに対抗する「闇の思想」であると言うことができるだろう。

それでは、理性的な光の影に潜む「闇」とは、具体的には何を指しているのだろうか。もちろん「闇」は、明確には記述できないゆえにそう呼ばれるのであり、ここでロマン主義は、自らがその存在を指摘しようとするものを明確に表現できないという深刻な自己矛盾に陥るのだが、むしろそこから、何らかの仕方でそれを表現するために、さまざまな技法を編み出してゆくことになる。ロマン主義の表現方法はまさに多種多様であり、それゆえに研究者のなかには、ロマン主義の本質や性質を一義的に規定することは不可能であると主張する者もいるが、全体的に見れば、ロマン主義の思想的特色はおおむね以下のように列挙できる。そのすべてが啓蒙主義への対抗であると考えると、理解しやすいだろう（エレンベルガー『無意識の発見』上巻、二三八～二四〇頁を参照）。

(1) 感情の重視――啓蒙主義において、人間に普遍的に備わる理性が重視されるのに対して、ロマン主義においては、個人の内面に湧き上がる独特の感情にこそ、人間の本質が現れると見なされる。

(2) 自然への回帰――啓蒙主義では、理性に基づく世界秩序の解明や社会建設が企図されるが、ロマン主義では、人為的な所作を捨てて自然に回帰するべきであると主張される。

(3) 不可視の次元の探求――啓蒙主義は、すべてのものは理性の光によって照らし出されると考えるが、ロマン主義は、目に見えないものこそが世界の基底になっていると考え、その存在を探求する。

(4) 生成の愛好――啓蒙主義では、明晰な記述によって事物の本性を固定的に捉えることが目指されるが、ロマン主義では、常に変化し続けるもの、流体的なものが愛好される。

(5) 個人の固有性――啓蒙主義は、あらゆる人間は等しい理性を持つと考えるが、ロマン主義は、それぞれの人間には他に還元できない固有性があると主張する。

(6) 民族の固有性――啓蒙主義は、人間が合理的な契約を取り交わすことによって社会を形成しうると考えるが、ロマン主義は、人間の共同体が成立するためには、契約などでは生み出しえない民族的固有性が不可欠であると主張する。

全般的に言えば、啓蒙主義が、フランスやイギリスといった近代化先進国で進展し、自然科学や政治学に重心を置いていたのに対して、ロマン主義は、近代化後進国であるドイツで興隆し、文学や芸術論、および宗教論に重心を置いていたと見ることができる。

社会の巨大化・流動化・複雑化

先ほど、啓蒙主義は近代の表舞台を作り上げた思想であり、ロマン主義はその裏舞台となった思想であると述べた。これを換言すれば、啓蒙主義が、近代という時代を造形するための理念であるのに対して、ロマン主義は、その裏側から絶えず滲み出てくる幻想であるということになるだろう。啓蒙主義が社会を形作るための具体的な力を持つのに対して、ロマン主義は実は、はかない幻想でしかない。しかし、にもかかわらず、近代社会はこうした幻想を必要とし、背後で常にそれを生み出し続ける。果たしてそれはなぜだろうか。再び大きな話となるが、近代社会の特質とはどのようなものかということについて、ここで概括しておこう。

近代社会の特色としてまず挙げられるのは、人口の膨大な増加と、それに伴う社会の巨大化である。本格的な近代化が始まる以前、一七世紀の半ばまでは、世界の人口は約五億人であり、それまでの長いあいだ、ほぼ横ばいの状態が続いていたと想定されている。しかし近代化が始まって以降、世界の人口は急速に増大する。一九世紀初頭で一〇億人、二〇世紀初頭で二〇億人、二〇世紀半ばで三〇億人、二〇世紀末で六〇億人と、人口は等比級数的に増大していったのである。それに伴って社会的なネットワークも拡大の一途をたどり、瞬く間に世界規模にまで巨大化した。

そして次の特色は、社会のあり方や人間の生活スタイルが流動化しているということである。近代以前の社会において大半の人々は、農業や漁業、牧畜などに従事し、生まれ故郷の土地に根づいた生活を送っていた。しかし近代になると、それらの第一次産業に代わって、工業や運輸業、金融業やサービス業など、第二次・第三次産業が主流となる。そして人々は、故郷の土地を離れて都市に集合し、「群衆」という生存形態を取るようになった。また、その就労の形態は、産業技術の変化や経済状況に応じて絶えず変動する傾向を持つ。都市の群衆は、アノミー的で根無し草的な生活を余儀なくされることになったのである。

こうして近代においては、前章で祖述したような主権国家の枠組みのもと、科学力・経済力・軍事力等が歴史的に類を見ない速度で発展し、またそれに伴って、社会の巨大化と流動化と複雑化が右肩上がりに進行していった。それではこのような社会において、人々が心理的に求めるものとは何だろうか。

まずそれは、世界の全体像を知りたい、ということである。今や社会はあまりにも巨大化しており、事実上、誰もその全体像を一つの視野に収めることができない。また、社会はあまりにも高度に複雑化しており、誰もその詳細を見通すことができない。誤解してはならないのは、社会の全体像を把握することができないのは、それが非合理的な存在だからではなく、合理的に組み上げられたネットワークそのものが、今やあまりにも巨大で複雑なものと化しているからである。しかし人々は、自分が生きている世界の構造を知り、その全体像を見渡したいという欲望を断念することができない。そこから、幻想的な「世界観」が生まれることになる。

そして次に、自分が生きている意味を知りたい、ということである。啓蒙主義は、万人には平等な理性が与えられていると説くが、このような主張は実は、群衆社会に生きている人々にとっては、不安や恐怖の原因でしかない。なぜならそれは、自分自身が他の誰とでも交換可能な存在に過ぎないということを示すものだからである。人々はむしろ、自分がかけがえのない存在であり、自分の人生に固有の意味があるということを実感したいと欲する。複雑な社会のなかで一つの部品のように生きている自分は「偽りの自分」に過ぎず、「本当の自分」は見えないところに隠れている、と考えるのである。

　近代人のこのような心理的欲望から、多種多様な幻想が析出されてくることになるが、ロマン主義という思想は、その主なものの一つである。以下では、宗教をめぐるロマン主義の思索を取り上げ、その内容を具体的に見てゆくことにしよう。

2　ロマン主義の宗教論

シュライアマハーの『宗教論』

　ロマン主義的宗教論の系譜をたどる上で、最初に取り上げておきたいのは、ドイツの神学者フリードリッヒ・シュライアマハー（一七六八～一八三四）が著した『宗教論』という著作である。シュライアマハーは、プロテスタントの神学者・思想家として、キリスト教信仰の核心とは何かという問題に取り組むと同時に、社会のなかで宗教が重要性を失ってゆくことに思い悩んでいた。一七九九年に初版が公刊された『宗教論』は、副題に「宗教を軽んずる教養人への講話」と記されており、もはや人間は宗教という迷信にすがる必要はないとする、当時の先進的知識人に向けた反論として執筆されている。

シュライアマハーは、幼少時より宗教感情を重視する敬虔主義の教育を受け、また青年期にベルリンに出てからは、多くのロマン主義者たちと交流した。その影響から彼は、宗教の本質は知識や行為にではなく、「直観と感情」にあると規定する。『宗教論』という著作では、従来の誤った宗教観が退けられるとともに、「直観と感情」に基づく新たな宗教観を構築することが目指されるのである。その内容を見てみよう。

『宗教論』においてはまず、これまでに存在した三つの典型的な宗教観が批判される。その三つとは、第一にカトリックの宗教観である。シュライアマハーによれば、信仰者が集う共同体は、自発的で流動的なものでなければならない。しかしながらカトリックは、教会や修道院といった堅牢な組織を作り出し、宗教の生命を、固定化したヒエラルキーのなかに押し込めてしまった。また、そうした諸制度によって世俗の領域に対して支配力を行使し、政治権力と癒着することにもなったのである。彼は、宗教団体を固定化するカトリックの見解は誤っていると指摘する。

第二に、プロテスタンティズムにおける聖書主義が批判される。言うまでもなく聖書は尊重されるべき書物であり、それが聖人たちの宗教的情熱や直観によって生み出されたことは確かであるが、聖書はあくまで、遥かな過去を生きた人間が経験した宗教的直観を、断片的かつ不完全な仕方で記述したものに過ぎない。そのような聖典を絶対視し、現在の人間に対してそのまま崇拝するように仕向けるのは、誤りである。

第三に、啓蒙主義的な宗教論である理神論が取り上げられる。理神論において神は、自然の秩序に服従する弱々しい存在へと貶められている。しかし真実の神は、そのように消極的で脆弱な存在ではなく、人間の生を根底から変えてしまうような力強さを有しているのである。

こうしてシュライアマハーは、従来の典型的な宗教観をすべて否定する。それでは彼によれば、宗教とは本来どのようなものであり、人間に対してどのような力を及ぼすのだろうか。『宗教論』からまずは二箇所を引用しよう。

宗教は、人それぞれのすぐれた魂の内部から必然的に、おのずと湧き出てくるということ、それがなんらの制約もうけずに支配を行なう固有の領域は心情の中にあるということ、宗教はそのもっとも内的な力によって、このうえなく気高く優秀な人々を感動させ、彼らからその内的な本質に応じて認められるだけの価値があるということ、これが私の主張したいことであり、進んでそうだと断言したいことである。

（『宗教論』三〇頁）

宗教の本質は、思惟することでも行動することでもない。それは直観そして感情である。宇宙を直観しようとするのである。宇宙の独自な、さまざまの表現、行動の中にひたって、うやうやしく宇宙に聴き入り、子供のようにものを受け入れる態度で宇宙の影響にとらえられよう、宇宙に充たされよう、とするのである。

（『宗教論』四二頁）

シュライアマハーは、宗教の固有の領域は人間の「心情の中」にあり、宗教的感情は、「人それぞれのすぐれた魂の内部から必然的に、おのずと湧き出てくる」ものであると主張する。前章で見たように、地上における主権的地位を国家が掌握する近代世界では、キリスト教信仰が政治や社会の領域に介入することは許されず、事実上、個々人の主観的領域に追いやられていた。そのため、宗教を「心情の中」で発生する事象と見なすシュライアマハーの見解は、そのような時代的要請に見合うものであったとも考えられるだろう。

また彼は、心のなかに湧き上がる宗教的感情について、それを「宇宙の直観」と呼ぶ。『宗教論』においては、究極的存在者を指示する際に「神」という言葉があまり用いられず、むしろ「宇宙」や「無限（者）」という用語が使用される。『宗教論』という著作は、もちろんキリスト教の本質を捉えることを目的としているが、実はそれ以上に、個別宗教としてのキリスト教やその人格神の観念を突き抜け、宗教一般の本質へと到達しようとしたものなのである。ゆえにシュライアマハーは、究極的存在を「神」や「キリスト」ではなく、「宇宙」と呼ぶ。

そして彼が言う「宇宙」とは、当然のことながら、望遠鏡で観察することができるような、物理的宇宙ではない。それは、目に見える宇宙の背後に、あるいは人間の心の深部に存在する、不可視で精神的な「宇宙」なのである。

それでは、「宇宙（無限者）を直観する」とは、言葉で言うのは簡単だが、具体的にはどのような経験を指しているのだろうか。シュライアマハーは、宗教経験は言語を超えたものであるため、明確に表現するのが不可能であることを前提した上で、それを描写するために次のような詩的な叙述を試みている。

そういう瞬間を冒瀆することなしに語ること、少なくとも暗示することができたら、いや許されるなら、どんなによいだろう。その瞬間は、目をさました花々に朝露が吹きかける息のようにはかなく、透明であり、乙女の口づけのように恥じらいを帯びてやさしく、花嫁の抱擁のように浄らかにゆたかである。いや、それらのようではなくて、現にそれらのものそのものとしてあるのだ。現象、出来事は、たちまち、魔術のように姿を変えて、宇宙の像となる。それがいとしい、いつも探し求めている姿に形づくられると、わたしの魂はそこに向かって逃げこんでゆく。わたしは、それを影としてではなく、聖なる存在そのものとして抱きしめる。わたしは無限世界の胸にもたれかかる。その瞬間、わたしは世界の魂だ。世界のあらゆる力、無限の生命を自分自身のもののように感じているからだ。その瞬間、わたしは世界のからだだ。わたしは世界の筋肉と四肢の中に、わたし自身のそれのように滲《し》みとおってゆき、世界の中枢神経は自分のもののように、わたしの心とわたしの予感にしたがって動く。（中略）この瞬間こそ、宗教が花咲く瞬間である。もしこの瞬間を創り出すことができたら、わたしは一つの神になってしまうことだろう。

（『宗教論』六〇～六一頁、強調は原文）

シュライアマハーによれば、「宇宙の直観」とは、処女が花嫁として宇宙に抱かれるような経験である。人間は暗闇のなかで宇宙と交合し、一体化する。それは自分自身が神になってしまうかのような、神秘的で圧倒的な経験なのである。

このような経験を経た後、人間はどうなるのだろうか。彼はこの経験を「創造の闇」と呼び、それによって新しい「生命」が現出すると考える。それまで凡庸な人格として生きてきた人間は、この経験によって、まったく独特で斬新な個体として再生する。「このように、無限な意識の一部分が分離して、有機的進化の一系列の中の特定の瞬間に、有限な意識として出発することによって、新しい一人の人間が、つまり、一つの独自な存在が生まれるのだ」（二〇九頁）。

このように『宗教論』では、宇宙との一体化を経験することによって、人間が個性的な存在として再生することこそが、宗教の本質であると見なされる。それでは、こうした形態の宗教を実現するためには、どのような条件が必要とされるのだろうか。

まずシュライアマハーは、宗教団体の構成を流動的な状態に保つべきであると説く。これまでの宗教においては、カトリック教会における「聖職者」と「平信徒」の区別のように、信者のあいだにヒエラルキーが設定されてきた。しかし上述のような宗教の本質に照らして考えれば、このような区別は何の意味も持たない。宗教の核心に到達しようと思う者は、宇宙との一体化という神秘経験を目指して、独立独歩で進むべきである。とはいえ、互いを高め合うという目的のためであれば、人々が集合することには意味がある。そしてその共同体においては、固定した人間関係は存在するべきではない。人は、自分が経験した直観に基づいて宇宙を語り、周囲の人々は神聖な沈黙をもってその言葉に耳を傾け、自らの感情を高めてゆく。各人の立場は平等であり、成員はときに指導者にもなれば民衆ともなる。そこには完全に自由で平等な「共和国」が実現するのである。

また、宗教の本質を極めるためには、さまざまな芸術や、キリスト教以外の世界の諸宗教から積極的に学ぶことが求められる。「宇宙の直観」を表現しているのは、何もキリスト教だけではない。数々の芸術作品では、それが美的な仕方で表現されている。そして、これまで「異教」や「異端」として貶められてきた世界の諸宗教においても、「宇宙の直観」がそれぞれの文化に即した形で表現されているため、それらについて学ぶことは優れて有益であると提言される。

『宗教論』とオウムの教義の共通性

『宗教論』という著作は、美しい文体と説得力のある論理の運びによって多くの読者を獲得し、後世にも長く影響を与え続けた。現代の人間が読んでみても、その内容に思わず納得を覚える人は少なくないのではないだろうか。

しかし実際には、シュライアマハーが提唱したことをそのまま実現すると、オウムのような「カルト」的傾向を帯びた形態の宗教が立ち現れてくることになる、と考えなければならない。『宗教論』の主張には、オウムの教義と通底するような要素が、すでにいくつも潜在しているのである。両者に共通していると思われる四つの点を、試みに以下に列挙してみよう。

(1) 宗教経験論——後に見るように麻原は、宗教の本質は修行によって神秘的経験を体感することにあり、制度や儀礼などはまったく重要ではないと主張したが、この主張はシュライアマハーと共通している。またシュライアマハーが、宇宙との「合一」の経験を性的な隠喩を用いて描写している一方、オウムが重視したクンダリニー・ヨーガもまた、その究極的な目的を、宇宙の主宰者であるシヴァ神との性的な合一に置くものであった。

(2) 人間神化――オウムの教義では、人は修行を積むことによって超能力を獲得し、生死を超えた神的存在になることが可能であるとされた。麻原は自身をシヴァ神やキリストの化身であると主張し、高弟たちにも「ホーリーネーム」として神々や聖人の名前を与えたのである。シュライアマハーもまた、宇宙との一体化という神秘的経験において、人は神のような存在になりうると語っている。

(3) 神秘的宇宙論とシンクレティズム――シュライアマハーは、究極的存在を人格神と見なさず、「宇宙」と名指した。また、宇宙の内容を知るために、さまざまな宗教からの知見を活用するべきであると主張した。本章で後に見るようにこの枠組みは、神智学やニューエイジ思想における さまざまな宇宙論や、オウムもそこに含まれる日本の「精神世界」論に引き継がれている。そこでは神秘的で精神的な宇宙の存在が説かれるとともに、その構造を説明するために、多くの宗教からの知見や概念を援用するという、混淆主義《シンクレティズム》的な傾向が見られる。

(4) 明確な規範のない教団――シュライアマハーは理想的な教団を、全員が平等な立場にある「共和国」として描いている。この点は一見したところ、教団内に「ステージ」と呼ばれる階級制度が存在したオウムとは、大きく異なると思われるかもしれない。しかし両者は、団体の秩序を律するための明確な規範が存在せず、神秘経験の深さという客観的な証明が不可能な基準によって「指導者」が決定されるという点で、共通性がある。

シュライアマハーの『宗教論』とオウムの教義のあいだにはこのような共通性が見られるが、しかしもちろん、両者が直接的に結びついているわけではないため、こうした指摘はやや唐突に思われるかもしれない。ここでは拙速を慎み、シュライアマハーが提起した宗教論の骨格にその後どのような肉付けが行われたのか、その経緯を引き続き追ってゆくことにしよう。

3 宗教心理学

ジェイムズの『宗教的経験の諸相』

シュライアマハーは、人間の心のなかに「宇宙」という無限の世界が広がっており、それに触れて自己を変革することに、宗教の本質があると説いた。彼のこうしたアイディアはその後、数々の心理学者たちによって具体的に展開されるが、それに先鞭をつけたと考えられるのは、ウィリアム・ジェイムズ（一八四二～一九一〇）の『宗教的経験の諸相』という著作である（以下『諸相』と略す）。ジェイムズはプラグマティズムの哲学者として有名であり、また彼には、脳科学の先駆となった『心理学』という著作もある。

ジェイムズの父は、自由な宗教思想家として知られた人物であり、一カ所に定住せずさまざまな地域を転々として生活した。ジェイムズも父に連れられ、アメリカとヨーロッパの各地を遍歴する少年時代を過ごしたが、このような「根無し草」としての生活が影響を与えたのか、彼はある時期から、深刻なアイデンティティの危機を感じるようになった。青年時には画家を志望していたが、才能がないことを知って断念し、その後はハーバード大学で化学や医学を学んだ。そして二〇代の半ば頃から、不眠、眼疾、憂鬱などの症状に悩まされるようになる。

『諸相』は一九〇一年から〇二年にかけて、スコットランドのエディンバラ大学で行われたギフォード講義の内容をまとめたものであり、ジェイムズの生涯において晩年の作品に当たる。この著作は、さまざまな宗教的現象を客観的に分析したものに留まらず、長いあいだ精神的病を抱え続けたジェイムズが、いかにしてその健康を取り戻すかという実存的問題に取り組んだものでもあった。

『諸相』では、古今東西の多様な宗教的事例、作家や思想家や一般人が経験した宗教的感情の描写が数多く収集され、いくつかのテーマに分類して考察が行われる。そのためこの著作は、今日では宗教心理学の古典であるとともに、比較宗教学の古典とも見なされている。しかしながら、その手法に大きな問題がないわけではない。世界中の諸宗教を幅広く観察し、それらを比較分析したと言えば聞こえは良いが、実際にはそれぞれの事例が属している歴史的文脈を捨象し、表面的な類似性のみに着目して多くの事例を羅列しているという印象を免れないからである。しかしそうした難点はここでは措き、まずはこの著作の全体的構成を概観しておこう。

『諸相』ではまず、宗教全体が「制度的宗教」と「個人的宗教」に大別される。制度的宗教を構成するのは、儀礼や神学、教会組織であり、それに対して個人的宗教は、人間の良心や回心、自己の無力さの痛感など、個人の心情をその本領とする。そしてジェイムズによれば、宗教にとって本源的なことは、神と人間との個人的な交わりであり、それは心から心、魂から魂へと、直接的に結ばれる。これに対して、神学や教会組織といった制度は、信仰を継続するために存在する副次的なものに過ぎない。ゆえに『諸相』では、制度的宗教は捨象され、個人的宗教のみを対象とすることが宣言される。宗教の制度的側面を副次的なものとして退け、個人の内面的心理に主眼を置く点は、シュライアマハーの『宗教論』の立場と基本的に同一であると見ることができるだろう。

次にジェイムズは、個人の心理におけるさまざまな宗教的経験を、「健全な心の宗教」と「病める魂の宗教」に大別する。前者は、自然の美しさや神の慈悲深さを抵抗なく受け入れ、讃美することができる心の現れであり、これに対して後者は、苦難の連続を体験し、自分自身の根底に悪が横たわっていることを感じざるをえない魂の状態を指す。ジェイムズは表面的には淡々と記述を進めているが、もちろん彼自身の関心が、深く「病める魂の宗教」にあることは明らかである。そして『諸相』の結論部では、「病める魂」を抱えた人間が、宗教的回心を経験することによって、いかにして精神的健康を回復しうるかということが主題にされる。ジェイムズはその要点を、以下のように記述している。

私たちの見いだした宗教的生活の特徴を、できるだけ大ざっぱに総括してみると、それは次のような信念を含んでいる。

一、目に見える世界は、より霊的な宇宙の部分であって、この宇宙から世界はその主要な意義を得る。

二、このより高い宇宙との合一あるいは調和的関係が、私たちの真の目的である。

三、祈り、あるいは、より高い宇宙の霊――それが「神」であろうと「法則」であろうと――との内的な交わりは、現実的に業《わざ》の行なわれる方法であり、それによって霊的エネルギーが現象世界のなかへ流れ込み、現象世界に心理的あるいは物質的な効果が生み出される。
宗教はまた次のような心理学的な特徴をも含んでいる。――
四、ある新しい刺激が、何か贈り物のように、生活に付加され、それが叙情的な感激か、それとも真剣さおよび英雄主義への訴えかのいずれかの形をとる。
五、安全だという確信、平安の気持が生じ、他者との関係において、愛情が優れて力強くなってくる。

（『諸相』下巻、三三八～三三九頁、傍点は引用者）

ジェイムズが『諸相』において宗教の本質として指摘しているのは、シュライアマハーと同じく「宇宙との合一」、霊的な宇宙との合一である。そして、宇宙からもたらされる霊的エネルギーは、各人の心のなかに流れ込み、平安な気持ちや愛情に満ちた力強さを与える。病める魂は、宇宙からの力によって癒されるのである。

それでは、この霊的な宇宙とは、世界のどこに存在するのだろうか。ジェイムズは、人間の意識のなかには、霊的宇宙を知覚するための潜在的な層が存在していると主張する。人間の意識の深部には「潜在的な自己」が存在し、人間はそれによって、物理的次元を越えた霊的宇宙を知覚することができるのである。ジェイムズはある書簡のなかで、それを次のように表現している。

私は神秘的あるいは宗教的意識を、神託が侵入してくる薄い隔膜をもった広い識閾《しきいき》下の自己というものをもっていることに結びつけて考えます。私たちは、私たちの通常の意識よりもいっそう大きくていっそう力強い、それにもかかわらず私たちの意識が連続している、ひとつの生命圏の現前を知らされずにはいられません。そこから私たちが受けとる印象や刺激や情緒や興奮は、私たちが生きていくのに力をかしてくれます、（中略）私たちの心を動かし、あらゆるものに意義と価値を与えて、私たちを幸福にしてくれます。みずからそれを経験した個人はそうなり、他の者はそういう人々に従うのです。宗教はこうして不滅なものです。

（『諸相』下巻、四一七頁に所収）

ジェイムズの『諸相』という著作は、宗教的経験の具体的な姿が描かれた多様な文章を収録し、それらに詳細な分析を加えている点に新しさがあったが、理論の全体的構成や結論そのものは、実はシュライアマハーのそれと大差がない。ジェイムズもまた、宇宙と合一することによって、潜在的な自己、すなわち「本当の自分」に目覚めることができると主張し、その点にこそ宗教の本質があると捉えた。同時に、それによって彼は、根無し草としての不安定で病的な自己の状態を脱却して、確固としたアイデンティティを獲得しうると考えたのである。また、深い宗教的意識に到達した人間こそが、宗教における指導者となるべきとされている点も、シュライアマハーの主張と共通している。

ユングによる「自己」の心理学

世界中のさまざまな宗教を観察し、そこから人間心理の本質を探り出そうとする試みは、スイス出身の心理学者C・G・ユング（一八七五〜一九六一）によって、いっそう徹底して突き詰められた。

長期間にわたる情緒不安定に悩まされたという点で、ユングの生涯はジェイムズのそれと類似している。ユングはプロテスタントの牧師の息子として生まれ、幼少時からキリスト教への関心を深く抱いていたが、信仰の本質をつかむことができないという不安感に、常に苛まれていた。成年に達したユングは、バーゼル大学の医学部を卒業して精神科医になり、ジークムント・フロイトと協調して精神分析学の発展に寄与したが、次第にフロイトの考えとの相違が明らかになり、両者は決裂する。それを契機にユングは強い方向喪失感に見舞われ、三〇代の終わりから五〇代の頭にまで至る十数年間、ほとんど目立った仕事ができなくなる。そしてこの期間にユングは、自らの内的危機を克服するために、「自己実現」を目的とする独自の心理学的体系を構築したのである。

ユングが残した著作は膨大なものに上るが、ここではユング理論の体系が簡潔に示された『自我と無意識の関係』（一九二八年に発表）という論文を参照し、その概要を押さえておくことにしよう。

ユングとフロイトが決別するに至った根本的な原因は、「無意識」の存在に対する考え方が、両者のあいだで大きく異なっていたことにある。フロイトの理論において無意識は、家族内の人間関係の力学によって生み出される個人的な領域、あるいはリビドーという性的なエネルギーに満たされた領域と位置づけられたが、ユングはそれを、より広大な領域として想定した。彼は、フロイトの言う無意識を「個人的無意識」と呼び、そのさらに深層に「集合的無意識」という領野が広がっていると考えたのである。

ユングによれば、現代人は、他人から自分がどう見えるかということを基準にして、「ペルソナ（ラテン語で「仮面」の意）」を身にまとって生活している。社会との摩擦を起こさないために、表面的でステレオタイプな生き方を強いられているのである。しかしこうした抑圧の多い生活は、ユング自身もそうであったように、現代人の精神的健康を次第に損なうことになる。そして、現代人が精神の活力を再び取り戻すためには、ペルソナによって抑圧された自我のあり方をいったん解体し、その背後に存在する無意識の領野を探求しなければならない。分析の過程においては、最初に無意識の内部から、過去の記憶やトラウマ的経験などの個人的なものが現れるが、その内容は次第に集合的なものへと変化してゆく。「個人的無意識」のさらに下層から、「集合的無意識」が姿を現すのである。ユングは集合的無意識の存在について、次のように言及している。

個人的抑圧が排除されると、互いに混じり合った形で、個性と集合的な心とが登場し、それまで抑圧されていた個人的な幻想の代りをつとめる。これから現われる幻想や夢は、様相を少々異にする。集合的なイメージのまぎれもない特徴は、「宇宙的なもの」であるらしい。つまり、夢のイメージや幻想のイメージが宇宙的な諸性質に関連しているのである。たとえば、時間的・空間的無限性、運動の巨大なスピードと拡がり、「占星術」的連関、地球や月や太陽とのアナロジー、明らかな肉体上のプロポーションの変化などなどである。また夢のなかに神話や宗教のモティーフが明瞭に用いられることも、集合的無意識の活動を示唆している。

（『自我と無意識の関係』六三〜六四頁）

集合的無意識とは、個人が保有しているという以上に、さまざまな民族、さらには人類全体が集合的に保有している無意識である。その性質は全体として「宇宙的なもの」であり、その領域は、宗教や神話に由来する種々のモチーフや、原始的な神イメージで満たされている。

集合的無意識に触れることは、個人に対して神秘的な恍惚感をもたらすが、同時に圧倒的なエネルギーの力によってペルソナが消失してしまうため、自我を錯乱状態に追い込むことにもなる。このような危機を乗り越えるためには、集合的無意識の運動や論理をさらに深く探求することによって、自我に代わる意識の新しい中心点を見出さなければならない。ユングはそれを「自己（Selbst）」と呼ぶ。

ユングによれば、集合的無意識に現れる数々の心理的元型は、善と悪、光と闇、知性と感情、男性と女性など、さまざまな対立物が組になることによって構成されている。そして通常、人間の自我は、このような対立物のなかでどちらか一方を、自分のアイデンティティに適合するものとして選択的に取り入れている。しかし新しい意識を獲得するためには、元型の両価性のうち片面を排除して抑圧するのではなく、対立物を結合させてその全体を受容しなければならない。それに成功し、集合的無意識への抑圧が解除されたときに、人間は「自己」へと到達することができる。「自己」とは、社会からの要請によって形成されたステレオタイプな「ペルソナ」とは異なり、豊穣で個性的な「本当の自分」なのである。

またユングは、「自己」が永続的に生成変化するということについて、次のように言っている。

われわれの生命の体系の総体としてのわれわれの本来的自己は、すべての生きられた生の沈澱物と総和を含むばかりではない。一切の未来の生の出発点であり、可能性をはらんだ母なる大地である。内面感情には歴史的局面と同じように、この未来の生の前もっての予感も明白に与えられているのである。このような心理学的基盤から不死の理念も合法的に生じるわけである。

（『自我と無意識の関係』一一六頁、傍点は引用者）

これまで見てきたように集合的無意識とは、個人的無意識と異なり、民族や人類によって集合的に保持されている意識である。それは原理的に、個人の限界を、その生死の限界を超えている。ゆえに、集合的無意識のなかから現れた新しい意識の中心点としての「自己」の存在は、当然のことながら「不死の理念」と結びつくことになるのではないだろうか――ユングはこのように主張している。

「自己」は果たして、不死の存在であるか否か。あくまで近代的な経験主義に則した一人の科学者であることを自認したユングは、この問いに対して確定的な答えを与えようとはしなかった（結局は主観の域を出ることができない「宗教経験」を、本当に近代的な経験科学の範疇で扱うことができるのかということは、大いに疑問ではあるが）。しかしユングは後に、「自己」の存在を「内なる神」とも称するようになり、その心理学的体系は、自己神化を目的とした神秘主義としての傾向を色濃くしていったのである。

二〇世紀に入って多くの宗教文献に関する研究が進んだこともあり、ユングの宗教研究は、ジェイムズと比較しても格段に詳細なものとなっている。ユングがその膨大な著作のなかで論じた対象は、キリスト教神学、グノーシス主義、錬金術、占星術、神秘主義、禅、密教、ヨーガなど、きわめて多彩である。

しかしながら、このような変化が本当に宗教研究の進歩につながったのかと言えば、容易にはそう見なし難い。各宗教に対する個別研究として見た場合、ユングの記述は全体としてきわめて杜撰であると言わざるをえず、対象の内在的論理やそれを取り巻く歴史的文脈を十分に顧慮しないまま、そのあり方をしばしば自らの心理学的体系に都合の良いように歪曲しているからである。

また、ユング理論の体系についても、その骨格はシュライアマハー、ひいてはジェイムズのそれから基本的に変化していないということが見て取れる。要するにそこで主張されているのは、自我やペルソナといった人間の通常の意識が、心のなかに潜在している「宇宙的なもの」に触れて根本的に変容し、神的な「本当の自分」が覚醒するという図式なのである。心理学説史家のエレンベルガーがユングの業績を、前世紀のロマン主義への素朴な再帰と捉えたように（『無意識の発見』下巻、二八九頁）、その理論的骨格はロマン主義から一歩も脱していないと見なければならないだろう。

4　神智学

ブラヴァツキー夫人と神智学

なおユングは、先に挙げた諸宗教のなかでも、ヨーガの思想、とりわけクンダリニー・ヨーガについて特別な関心を示しており、一九三二年にはそれに関する内輪向けの講義を数度にわたって行っている（邦訳は『クンダリニー・ヨーガの心理学』）。このなかでユングは、段階的に「自己」に目覚めてゆく分析心理学の営みと、「真我」への覚醒を目指すヨーガの技法とのあいだに著しい共通性が見られるという議論を展開している。

しかし彼は、一人の科学者、一人の精神科医として、自らヨーガの身体技法を本格的に実践することはなかったし、死後の世界の存在や、輪廻転生説について明言するということもなかった。あくまでその研究対象は、生存中の人間心理の枠内に抑えられていたのである。

ところが、宗教心理学におけるこうした抑制は、その進展とほぼ同時期、すなわち一九世紀の後半から二〇世紀の前半にかけて発展していた神秘主義的宗教運動である「神智学」においては、軽々と放棄されることになる。

宇宙に触れることによって本当の自分に目覚めるという、本章で追っている思想の流れは、ヒンドゥー教に由来する宇宙論や身体論、特に、「真我《アートマン》」と「宇宙《ブラフマン》」の究極的同一性を主張する「梵我一如」という観念によって具体的に肉づけされるのだが、そうした東西思想の融合を成し遂げる上で決定的に重要な役割を果たしたのは、神智学という宗教思想運動であった。「インドの神秘」に対する憧憬は、ドイツのロマン主義者たちのあいだでかなり以前から表明されていたが、インドという場に実際に踏み込んでいったのは、主に英米圏で広がりを見せていた神智学の運動だったのである（もちろんその背景には、当時のインドがイギリスによって植民地化されていたという事実がある）。

神智学の創始者は、ロシア出身の霊媒であるH・P・ブラヴァツキー夫人（一八三一～一八九一）である。彼女の生涯に関する記録は数々の謎に包まれており、それは伝記と言うより伝説と言った方が適切に思われるが、その概略は以下のようなものである。

彼女はウクライナ地方で生まれ、若くしてニキフォル・ブラヴァツキー将軍と結婚した。しかし間もなく夫のもとを去り、世界各地を転々とする。この間、イギリスの有名な霊媒であるD・D・ホームとの接触があったとも言われており、自身も主に霊媒として活動していたと見られる。

一八七三年にアメリカに移住、霊媒現象に強い関心を抱いていたヘンリー・S・オルコット大佐（一八三二～一九〇七）に出会い、七五年、共同でニューヨークに神智学協会を設立する。その四年後、協会の本部をインドのアディヤールに移転するが、その頃からブラヴァツキーは、「マハトマ」と呼ばれる霊的な大師《マスター》から、宇宙に関する特別な教えを伝授されたと吹聴し始める。彼女によればマハトマは、チベットの奥地に存在する聖地（「シャンバラ」とも呼ばれる）で「グレイト・ホワイト同胞団」という神聖な秘密結社を結成しており、そこでは宇宙と人間の起源に関する秘義が伝承されているのである。その教えは、世界のさまざまな神話や宗教の源泉であり、不完全な仕方でそれらのなかにも表現されているが、神智学はその教えをもっとも純粋かつ完全に復原したものであると主張される。

『ヴェールを脱いだイシス』（一八七七年）や『秘密教義』（一八八八年）といったブラヴァツキーの主著では、東西のさまざまな宗教思想、神秘思想、オカルト思想からの多数の引用が見られるが、彼女によればそれは、諸宗教に存在する雑多で混淆的な知識のなかから、曇りのない秘義を抽出することによって叙述されたものなのである。

ブラヴァツキーは、マハトマからのメッセージが何もない空間から手紙の形で現れると称していたが、八四年に英国心霊研究協会の調査によってそのトリックが暴かれたため、インドの神智学協会本部は大騒動に陥った。その後ブラヴァツキーは、混乱したインドを離れてロンドンに移住し、著作の執筆や後進の育成に努めながら、その生涯を終えた。

神智学の宇宙論・身体論・転生論

ブラヴァツキーの没後に神智学は、イギリスの女性運動家アニー・ベサント（一八四七〜一九三三）、英国国教会の聖職者を志願していたものの、神智学に転向しインドで活躍したC・W・リードビーター（一八四七〜一九三四）、ドイツ・ロマン主義の系譜を引く思想家ルドルフ・シュタイナー（一八六一〜一九二五）など、数々の後継者の働きによって世界各地で発展してゆく。ブラヴァツキーの場合、彼女の著作は難解をもって知られ、またその宗教的知識は西洋オカルティズムに重心が置かれていたが、特にリードビーターによってヨーガの理論が本格的に導入されるとともに、神智学の平明な体系化が図られたと見ることができる。ここでは、彼の著作である『神智学入門』や『チャクラ』を参照することにより、神智学の体系を概観することにしよう。

まず神智学においては、宇宙の存在を感覚的な次元に限定する唯物論的な科学や、物質主義的な人生観が批判される。神智学によれば、目に見える宇宙の背後には、不可視で広大な宇宙が多次元にわたって存在しているのである。リードビーターは宇宙を七つの界面に区分し、それらを高次元のものから順に、「神界」「モナド界」「精霊界」「直観界」「メンタル界」「アストラル界」「物質界」と名づけている。

人間の身体についても、存在しているのは物質的な肉体のみではない。肉体の周囲には、オーラのような高次元の身体が存在し、肉体を包み込んでいる。ヨーガの身体論においては、身体が「原因身」「微細身」「粗大身（肉体）」に大別されるが、このような枠組みが神智学にも導入される。リードビーターは身体を、高次元のものから順に、「コーザル体」「メンタル体」「アストラル体」「エーテル体」「肉体」の五つに区分している。

神智学の宇宙論や身体論は、壮大であると同時にきわめて詳細なものだが、こうした理論を学ぶことには、どのような意味や効用があるのだろうか。リードビーターはそれについて次のように論じる。

神智学の真理を十分に理解するとき出てくる最も重要で実際的な成果の一つは、わたしたちの死にたいする態度が完全に変化することであって、それはこの理解にともなって必然的に起こるのである。この死というたった一つの問題について、単なる無知と迷信から人類全体が蒙《こうむ》っているところの、この全く不必要な悲惨と恐怖と不幸の巨大な量がどれほどのものであるかを測ることは不可能である。（中略）そういう誤信・謬信をとり除くなら、それはおよそ人類に与えられる最大の恩恵の一つとなるであろう。

（『神智学入門』五五頁）

リードビーターによれば、現代人はまったく不合理な死生観を抱いて生きている。この世を物質でしかないと考えるため、生きているあいだは、可能な限り深く物質的な快楽を味わおうとして、徒に奔走する。しかし実際に死が近づくと、生前に味わった快楽や貯め込んだ財産などはもはや何の意味もないことに気がつき、逃げ場のない絶望に苛まれる。現代人の生は、空虚な欲望と絶望感によって満たされているのである。

これに対して神智学の世界観は、死を乗り越える方法を教える。確かに、死によって物質的肉体は潰え去るが、「真我」（本当の自分）は、コーザル体やメンタル体といったより高次の身体のなかで生き続ける。また、霊性の高さに応じて住まうことのできる世界も、物質界とは別に存在する。むしろ、人が物質界で生きる究極的な目的とは、霊性を高めることによって、より高次の世界に進むことなのである。

人は霊性の進化のために必要な事柄を、たった一度の生涯で学び尽くすことができるわけではない。いったん肉体を脱ぎ捨てた者も、再びこの世に転生し、さらなる学びを続ける。その際に人間は、因果応報に基づく「カルマの法則」に支配される。それによれば、物質界で発せられた思念は、自分自身の高次の身体にも影響を及ぼし、良い意志や行為は良い結果として、悪い意志や行為は悪い結果として、いずれ自分に返ってくる。それは必ずしも、今生のことだけに限らない。現世での行いは、来世以降も続く未来の自分のあり方を決定することになる。

個人の霊性を高めるための具体的な方法とは、正しい知識を学んで迷信を退けることや、自分が発する思念を適切にコントロールすることなどであるが、リードビーターは『チャクラ』（一九二七年刊）という著作において、より直接的な方法を提唱している。それがすなわち、クンダリニー・ヨーガの技法である。

クンダリニー・ヨーガとは、尾骶骨付近に蛇の形で眠り込んでいる「クンダリニー」という名の性力《シャクティー》を覚醒させ、脊椎に沿わせて頭頂へと上昇させる技法を指す。その上昇の過程で、生命エネルギーの結節点である七つの「チャクラ」（輪）が開いてゆき、それによって修行者は、これまで秘められていた超自然的な能力を獲得することができるとされる。また、生命力が上昇して知覚が鋭敏化し、他人の心を読むことが可能になるとともに、エーテル体やアストラル体といった、これまでは不可視であった身体が目に見えるようになる。さらに、クンダリニーが頭頂部のサハスラーラ・チャクラにまで到達すると、次のような状態がもたらされる。

> クンダリニーの力が各チャクラに入ると、そこにはいちじるしい生命力の昂揚がみられるが、クンダリニーの目的は最高の状態まで至ることなので、それはさらに上昇をつづけ、頭頂の中枢であるサハスラーラの蓮華（王冠のチャクラ）にまで至るのである。象徴的説明によれば、女性であるクンダリニーはここで、彼女の主人である最高のシヴァ神との合一の幸福をたのしむ。
>
> （『チャクラ』一四八頁）

サハスラーラ・チャクラを開花させ、シヴァ神との合一という究極的状態を達成すると、人は意識を持ったまま肉体を離れることができるようになる。それは、死によって意識が肉体から離れる状態と事実上同義であり、修行者はこれによって、生きながらにして死後の世界を体験することができるのである。

不死の超人

このようにリードビーターは、死によってすべてが終わると考え、それを恐怖することの誤りと愚かさを説く。喪服や黒い羽根飾りなどの気味の悪い装身具をまとって葬儀を行うことは、死に対する無知の現れであり、嘲笑すべき児戯的な虚構に他ならない。また、多くの人は葬儀で個人の死を悼むが、それも本来は避けるべきこととされる。なぜなら、悲しみという否定的な想念を発することは、この世を去った人間の意識体に悪影響を与えかねないからである。死とは、衣服を取り替えるように物質的な肉体を脱ぎ捨てるというだけのことであり、何ら悲しむべきような事態ではない。

神智学においてはこうした理論によって、生死を超えた人間存在の連続性が説かれるわけだが、人間の不死性に関するこのような観念が、従来の宗教によって唱えられてきたものとは決定的に異質であることに注意しなければならない。というのは第1章で述べたように、宗教においては一般に、「葬儀」というものがきわめて重要な役割を果たすからである。葬儀ではまず、ある人間が死んだという事実が確定される。その上でなお、死者が完全に消え去ったわけではないこと、その思いや知識や財産を残された者たちが引き継ぐということが宣誓される。死者の魂は、残された他者たちによって継承されるのである。

しかしながら神智学の教えによれば、魂の連続性を確保するために、このような儀礼的手続きは何ら必要ではない。わざわざ他者によって記念されることがなくとも、人間の魂は、本来的に、それ自体として不死だからである。むしろ重要なのは、「真我」が死なないことを前提としてその霊性を高めてゆくことであり、ひいては超人となって「マハトマ」たちの集団に加わることであると主張される。

さらに、マハトマたちの結社について、かつてブラヴァツキーが唱えていた「グレイト・ホワイト同胞団」は、あくまで彼女自身の想像上の存在であり、また彼らからのメッセージを受け取る際にも、霊媒としての特殊な能力が必要であるとされていた。これに対してリードビーターは、霊的集団をより現実的なものにするための一歩を踏み出している。それは第一に、インドでヨーガの導師《グル》を見つけて指導を受け、自らクンダリニーの覚醒に成功したということである。リードビーターは当初、自分には霊能者としての素質が備わっていないと考えていたが、グルからの指導を受けることによって、誰にでも霊性の開発が可能であると考えるようになった。また彼は、インドで出会ったバラモンの青年クリシュナムルティ（一八九五〜一九八六）を神の化身であると捉え、彼を教祖に据えて「東洋の星の教団」という宗教団体を主宰しようとしたのである。

この教団自体は、クリシュナムルティ自身が教祖としての地位を拒否することによって、中途で空中分解してしまう。しかし、むしろそれによって神智学の体系は、世界中のさまざまな宗教運動へと飛び火していった。その一つはアメリカのニューエイジ思想であり、さらには、オウムを含む日本の精神世界運動である。序章で触れたように、これまでのオウム論ではしばしば、オウム的な世界観や教義は、一九七〇年代以降の日本において初めて生み出されたと考えられてきた。しかし世界的に見ればその全体的輪郭は、すでに二〇世紀の初頭には、神智学によって整えられていたのである。

5　ニューエイジ思想

ニューエイジ思想とは何か

それでは次に、アメリカで起こったニューエイジ思想について概観することにしよう。ニューエイジ思想とは、一九六〇年代のカウンターカルチャーに起源を持ち、七〇年代から八〇年代にかけて流行した精神文化運動である。その名称は西洋占星術に由来し、これまでの「魚座の時代」が終わり、今後は「水瓶座《アクエリアス》の時代」という新しい時代《ニューエイジ》が幕を開ける、ということを意味している。

ニューエイジ思想はきわめて雑多な運動体であり、その明確な輪郭は定めがたい。島薗進は『精神世界のゆくえ』という著作で、ニューエイジが多様な要素を含み込んでいることを認めた上で、その基本的性格を次のような七点に整理している（三二一〜三二三頁）。すなわち、(1) 自己変容あるいは霊性的覚醒の体験による自己実現。(2) 宇宙や自然の聖性、またそれと本来的自己の一体性の認識。(3) 感性・神秘性の尊重。(4) 自己変容は癒しと環境の変化をもたらす。(5) 死後の生への関心。(6) 旧来の宗教や近代合理主義から霊性／科学の統合へ。(7) エコロジーや女性原理の尊重。

このように整理してみれば、ニューエイジ思想がロマン主義と著しい共通性を持っていることが分かるだろう。大胆に言ってしまえばニューエイジ思想とは、現代アメリカ版のロマン主義なのである。次章で見るようにヨーロッパのロマン主義は、その多くがナチズムの運動と接触を持ってしまったために、戦後のヨーロッパ社会ではその扱いに慎重が期されるようになった。ところが、ユング心理学や神智学といったロマン主義的諸理論は、逆に戦勝国のアメリカでポピュラリティを獲得するようになり、その地における反近代主義の流れのなかで、ニューエイジ思想として開花したのである。ここではその多様な現象のなかから、オウムとの深い関係が認められるいくつかの側面について触れておこう。

トランスパーソナル心理学

まず注目したいのは、トランスパーソナル心理学についてである。「トランスパーソナル」という用語はウィリアム・ジェイムズの発案にさかのぼるとされ、この心理学では文字通り、自分を超えること、通常の自我《パーソナル》を超え《トランス》て、本来的自己へと覚醒することが目指される。

トランスパーソナル心理学の理論書のなかから、その典型的なものの一つとして、ケン・ウィルバー（一九四九〜）が一九八〇年に公刊した『アートマン・プロジェクト』という著作について見ておこう。その冒頭には、次のような記述がある。

> 本書のテーマは基本的には単純である。発達とは進化であり、進化とは超越であり、超越の最終的なゴールはアートマン、ないし〈唯神〉における究極的統合意識にほかならない。あらゆる動因《ドライブ》はその〈動因〉の部分集合であり、あらゆる突き上げはその〈引き〉の部分集合である――そしてその動き全体をわれわれは《アートマン・プロジェクト》と呼ぶ。神による神への、仏《ブッダ》による仏《ブッダ》への、ブラフマンによるブラフマンへの動因《ドライブ》――。（中略）そしてこの進化の全運動は、

最後にただ〈統一体《ユニティ》〉のみが残るまでひたすら統一から統一へと継続し、アートマン・プロジェクトは最終的にまさに〈アートマン〉そのものの衝撃のうちに解消するのである。
（『アートマン・プロジェクト』v〜vi頁、強調は原文）

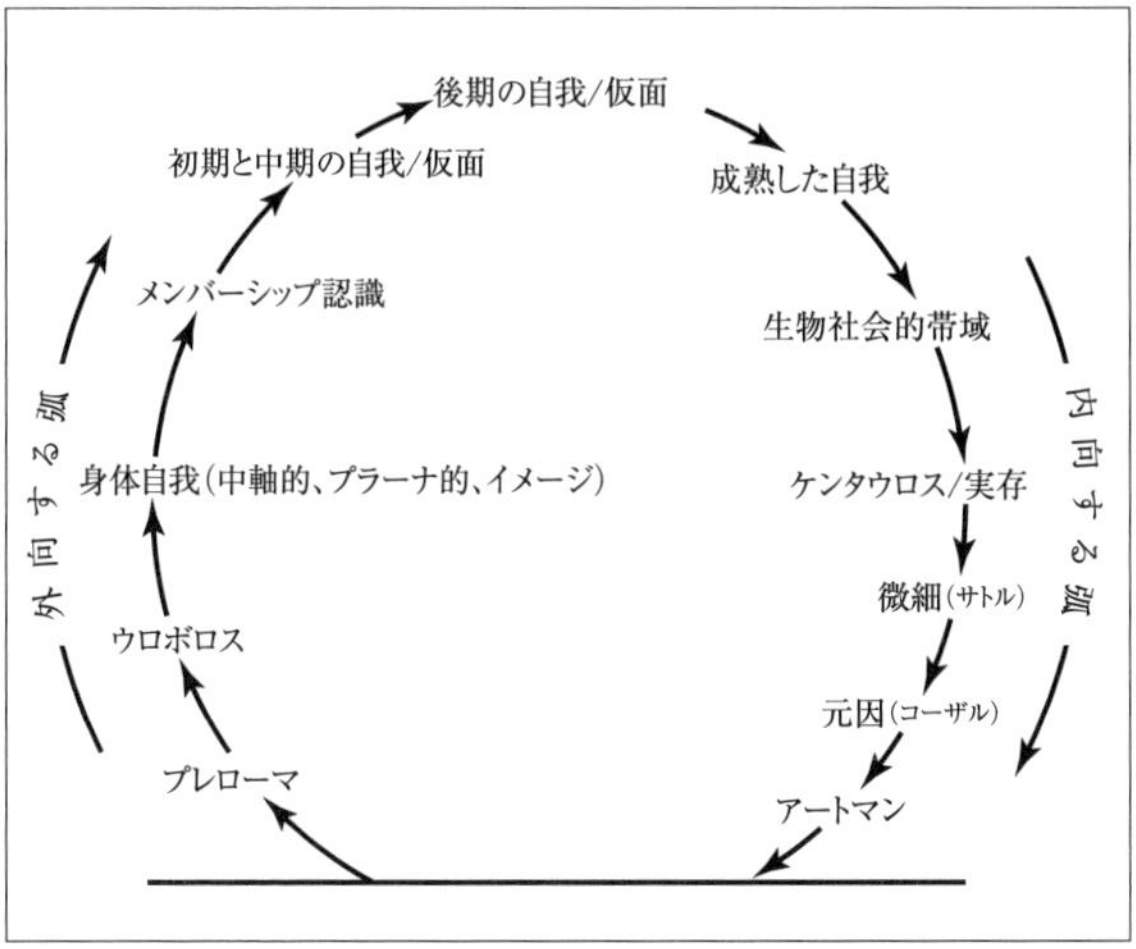

ウィルバーのライフ・サイクル論

この著作においてウィルバーが提示しているのは、上図のような「ライフサイクル」の図式である（同書一〇頁より）。ライフサイクルという概念自体は、発達心理学者のエリク・エリクソンによって提唱されたものであるが、しかしウィルバーの理論がそれと一線を画している点は、死後の世界がその射程に含まれていることである。

ウィルバーによれば、出生直後の人間は、自他の区別がつかない混沌とした充溢のなかに生きている（ユングも愛好したグノーシス主義の用語に倣って、「プレローマ（ギリシャ語で「充溢」の意）」と呼ばれる）。それは、自我がまだ芽生えていない「プレパーソナル」の段階である。その後、人間精神は発達し、自分と他人の区別ができるようになる。自分が人間たちの社会のなかで生きていることを学び、社会においてどのように振る舞うべきか、自分が果たすべき役割はどのようなものかということを習得するのである。そして自我の意識が生まれるとともに、社会的な「仮面（ペルソナ）」が身につく。これが「パーソナル」＝自我の段階である。

通常の心理学であれば、自我の働きの健全性をいかにして保つかということに主眼が置かれるのであるが、トランスパーソナル心理学の場合はさらに、自我を超えてゆくことが目指される。ウィルバーによれば、自我が成熟すると、単に精神的な安定が得られるのではなく、逆に実存的な危機が生じるようになる。自我にとって、身についたペルソナは次第に自己を束縛する桎梏《しっこく》のように感じられるようになり、社会が与える生きる意味は、究極的にはすべて無意味なのではないかという根源的な疑念が生じてくる。こうして人は、自我を超え、トランスパーソナルな領域への探求に進む。

その探求において明らかになるのは、この世界は目に見える次元がすべてではなく、その背後には不可視で微細な宇宙が広がっているということである。その領域を描くためにウィルバーは、「微細《サトル》」や「元因《コーザル》」、「真我《アートマン》」といったヨーガの概念を用いている。人間の精神は徐々に高次で精妙な宇宙と一体化し、最終的には純粋な真我《アートマン》の状態に達する。この段階の意識について、ウィルバーは次のように描写する。

> 万物に浸透する全包括的な無限の意識として、それは〈一〉であり〈多〉であり、〈唯一〉であり〈全て〉であり、〈源〉であり〈真如〉であり、〈原因〉であり〈状態〉である。そのため、す

べての物事はこの〈一〉の身振りにすぎず、あらゆる物事がその遊戯となる。それは無限として神秘を、神として礼拝を、真理として知恵を、神の〈自己〉としてアイデンティティを要求する。

（『アートマン・プロジェクト』三一二頁）

しかしながら、生きているあいだに誰もがアートマンの意識に到達できるわけではないし、いったんアートマンに到達した人間も、その意識を恒常的に持続できるとは限らない。そして肉体が死を迎えると、生前に獲得したものの「内化」が始まる。ここでウィルバーは、チベット仏教ニンマ派の教典である『チベットの死者の書』に描かれた、「中陰《バルド》」の記述を援用する。人間が死に至るとき、その眼前には、生前に背負ったカルマに応じてさまざまな神的イメージが登場し、その先に「転生」と「解脱」という二つの道が現れてくる。そして、真実のアートマンの意識に到達することのできない多くの人間は、「梵我一如」の解脱への道ではなく、転生による再受肉化への経路をたどる。その人間の魂は、前世の記憶を消去された後、幼児的な「プレローマ」の状態に再帰するのである。このサイクルは、人が完全なアートマンに到達するまで、幾度となく繰り返されることになる。

トランスパーソナル心理学の理論は、全体として言えば、ユング心理学の体系に神智学的なヨーガ論を融合させたものと見ることができる。本章でこれまで見てきたように、ユング心理学と神智学はともに「宇宙的存在に触れることで本当の自分に目覚める」というモチーフを理論的な骨格として用いているため、両者を融合させることにそれほどの困難は存在しなかっただろう。

また先に述べたように、ユングは死後の世界の実在について明言することはなかったが、トランスパーソナル心理学においては、あらかじめそれが前提とされている、あるいは少なくとも、一つの仮説として理論のなかに組み込まれている。同時にトランスパーソナル心理学の実践においては、ニューエイジ思想に先行するヒューマン・ポテンシャル運動で開発されていた集団療法の技法が積極的に取り込まれ、数多くのワークショップやセミナーが開催された。こうしてトランスパーソナル心理学は、ユング心理学や神智学の体系を、世界的によりポピュラーなものとして普及させるために一役買ったのである。

ドラッグ神秘主義

次に、神秘的現象の経験や潜在意識の開発のために、ドラッグを用いるという動きについて見てみよう。

メスカリンやLSDといったドラッグの摂取によって、誰でも容易に神秘的経験を体感できるということは、ニューエイジ思想にとって重要な要素の一つとなった。ウィリアム・ジェイムズがすでに酸化窒素やペヨーテの服用を試みていたことが知られているが、ドラッグ体験と宗教の関係性をより積極的に説いたのは、著名な作家のオルダス・ハクスリー(一八九四〜一九六三)である。そしてハクスリーの探求は、心理学者ティモシー・リアリー(一九二〇〜一九九六)に受け継がれ、カウンターカルチャーの運動へと合流していった。ここでは、この二者の活動について見ておこう。

ドラッグに対するハクスリーの態度には、大きな変化が見られる。一九三二年に発表された小説

『すばらしい新世界』は、近未来の全体主義的な管理社会を描いた作品として、ジョージ・オーウェルの『一九八四年』と並んで有名である。そこでは、独裁者ムスタファ・モンドが国の頂点に君臨し、生殖から社会階級の編制に至るすべてが人工的に管理され、不満やストレスを感じる人間には麻薬の「ソーマ」が投与されて、快楽のうちに自由意志を失ってゆくディストピア（逆ユートピア）社会が描かれている。この小説で、ハクスリーはドラッグを、人間を全体主義社会に順応させるための宗教の代用品として捉えていたのである。

しかしその後、ハクスリーはインド哲学や神秘主義への傾倒を深め、さらにはアメリカ移住後の一九五三年、カリフォルニアで自らメスカリンの服用を体験したことから、ドラッグに対する考え方を大きく転換させる。彼はその体験を、人間の潜在意識を覚醒させるもの、名だたる神秘家や一流の芸術家のみが垣間見ることのできたヴィジョンを、誰にでも見ることができるようにするものとして捉え直すようになる。

その翌年に発表された評論『知覚の扉』によれば、人間の意識のなかには本来「宇宙精神」と名指される広大な空間が潜在しているが、人間が物質的世界で生きてゆくために作り上げられたさまざまな原理、すなわち言語やシンボル組織の働きによって、普段はその空間を知覚する能力が抑制されている。しかし、ドラッグを摂取することによって「知覚の扉」が押し広げられると、宇宙精神を感知するための潜在的な能力が発現するのである。

ハクスリーのこうした考え方は、ハーバード大学で人間の心理と行動の関係について研究していたティモシー・リアリーに受け継がれた。リアリーもまた、一九六〇年にメキシコでマジックマッシュルームを摂取し、大きな知覚の変容を経験する。リアリーはその経験について次のように述べている。

幻覚剤は、普段とは別のレベルの知覚や経験をもたらすので、その使用は、現実の本質、私たちが主観的に信じこんでいるはかない体系の本質に私たちを直面させるという、まったく哲学的な試みなのだ。その現実と、われわれの信じこんでいる体系とのコントラストが笑いを生み、また恐怖をも生む。これまでずっと自分たちがプログラムされてきたこと、これまで現実だと思ってきたことがただの社会的な虚構にすぎないことに、突然気づくのである。（中略）私は、脳が何十億というアクセスされていないニューロンを持つ、十分には利用されていないバイオ・コンピュータであることを知った。通常の意識は、知能という大海の一滴にすぎないことを知った。意識や知能は体系的に拡張できることを知った。脳はプログラムしなおすことができるのだ。
（『フラッシュバックス』五一頁）

リアリーは、ハーバード大学の同僚であったリチャード・アルパート、ビートニクの詩人アレン・ギンズバーグ、そしてオルダス・ハクスリーらと協力し、ドラッグ体験と人格変容の関係についての研究を開始する。特に六二年以降は、半合成の幻覚剤であるＬＳＤの効能が高いことが分かり、当時その使用は非合法とされていなかったことから、実験の際には主にＬＳＤを使うようになる。その研究は多くの人々の注目を集め、リアリーは周囲から「ＬＳＤの教祖」と称された。

しかし彼の研究は、その大胆さゆえに、賞賛以上に多くの非難を社会から被るようになる。大学内では次第に反ドラッグ運動が活発化し、リアリーは大学を去らざるをえなかった。また当時は東西の冷戦構造下にあったため、当初はCIAが、LSDをスパイの洗脳や自白に用いることができないかという関心からリアリーに接近したが、彼の活動が根本的に反国家的であると判断すると、一転して彼に対する弾圧を開始した。リアリーは幾度も逮捕・投獄されたものの、脱獄や亡命、政治参加などによって国家に対抗し、六〇年代カウンターカルチャーの偶像《アイドル》へと成長してゆく（その波乱に満ちた生涯については、彼の自伝『フラッシュバックス』を参照してほしい）。

先の引用にも見られるとおり、リアリーの発想は、形而上的世界や精神的世界の実在を素朴に肯定するというよりは、むしろ唯物論的見地に立っており、脳科学や情報論をその基調としている。しかしこのことは、リアリーの理論がロマン主義的宗教論と対立することを即座に意味しているわけではない。ウィリアム・ジェイムズがすでに一部で脳科学的な見方を採用していたように、宗教を「心のなかの現象」として捉えるロマン主義は、それを「脳のなかの現象」として捉える脳科学と、実は親和的なのである。

リアリーは、一九七七年に公刊した『神経政治学』という著作において、人間の脳の回路を八つに大別している。それは低次のものから、(1)生物生存回路、(2)感情回路、(3)器用さ・シンボリズム回路、(4)社会的・性的回路、(5)神経肉体回路、(6)神経電気回路、(7)神経遺伝子回路、(8)神経原子回路、である。リアリーによれば、現在の人類の意識においては、五番目の回路までしか使用されておらず、他の高次の回路は、不活性のまま眠り込んだ状態にある。そしてそれらの回路を開くためには、ヨーガの訓練によって肉体を刺激したり、ドラッグによって神経を活性化させたりしなければならない。さらにリアリーは、潜在回路を完全に起動させるには、重力の制限や政治的抑圧などの束縛を受ける地上を離れて宇宙へ移住し、そこに新しいコミューンを作り上げるべきだと言うのである。リアリーはこの構想を「スマイル計画」と称している。

もはや荒唐無稽なSF的発想と言わざるをえないが、『神経政治学』の訳者の山形浩生が同書のあとがきで述べているように（三三七頁）、この発想は実は、日本の読者にとって馴染みの深いものである。日本の有名なアニメ「機動戦士ガンダム」には、地球の重力が人間の意識を拘束しており、宇宙で生活することによってさまざまな超能力が覚醒するという「ニュータイプ」という概念が存在する。そしてオウム信者のなかには、自分も宇宙意識に目覚めてニュータイプになりたいという動機を抱えた者が、多数存在していたのである。

リアリーの活動においてもう一つ注目すべき点は、『チベットの死者の書』を、ヒッピーのあいだでの教典的な存在にしたということである。同書は、神智学に傾倒していたアメリカ人のエヴァンス・ヴェンツ（一八七八〜一九六五）によって、すでに一九二七年に英語訳が刊行され、ユングもこれに関心を寄せていたことが知られている。

『死者の書』は、先に述べたようにチベット密教ニンマ派の教典であり、死者の魂を解脱へと導くための書である。それによれば、魂は死後、六道輪廻に由来するさまざまな幻影に苦しめられる一方で、「光明《クリヤーライト》」という解脱への光を見る。チベット僧は「中陰《バルド》」の期間に当たる四九日間、死者への呼びかけを続け、彼を解脱へと導こうとする。

リアリーは、ＬＳＤの実験を繰り返し行うことによって、ドラッグ体験が天国のように甘美なものとなる場合（グッドトリップ）と、地獄のように苦痛に満ちたものとなる場合（バッドトリップ）があるという事態に直面した。そして、ドラッグ服用者の精神を周囲の人間が適切に導く必要があるということ、そのための手引き書《マニュアル》として『死者の書』を用いることを提案したのである。

ドラッグ体験においては、一時的に自我の枠組みが解体・解消されるが、多くの人間はそのことに強い恐怖を覚える。それは実に、死に類似した経験だからである。しかし、恐怖という否定的な感情がいったん芽生えると、それ以降の幻覚もまた苦痛に満ちたものになってしまう。ゆえに、自我の解体を肯定的なものとして受容させるための導きが必要とされるのである。

リアリーは一九六四年、リチャード・アルパートらとともに『サイケデリック経験』（邦題は『チベットの死者の書――サイケデリックバージョン』）という書物を公刊した。これは、ドラッグ体験を快適なものにするために、セッションの際に唱えられるべき文言を集めたものであり、『死者の書』を翻案することによって成り立っている。この書物は、当時のヒッピーたちに熱狂的に迎えられた。オルダス・ハクスリーもまた、死の直前にＬＳＤを摂取し、リアリーからの指示に従って、妻のローラが彼の枕元で『死者の書』の文言を唱えたと言われている。

インドの導師《グル》たち

ベトナム反戦運動に端を発した一九六〇年代アメリカのカウンターカルチャーは、反国家、反近代、反文明の運動として、広範に展開した。そして、人種差別や同性愛差別への反対、産業主義がもたらす公害や環境破壊への反対から、文明社会を離れて自然に回帰するという流れが生まれ、アメリカの郊外には多数のコミューンが作られた。そこで生活する人々は、「ヒッピー」と称されるようになる。やがてヒッピーの運動は、アメリカを越えて世界中へ伝播し、欧米先進国の若者たちがインドやネパールに押し寄せて、ドラッグとフリーセックス、ヨーガや瞑想に耽溺する生活を送るという現象を生み出してゆく。

このような運動に先鞭をつけたのは、先ほど述べたティモシー・リアリーや、詩人のアレン・ギンズバーグであったが、インド文化に誰よりも深く傾倒し、自らヨーガのグルにまでなった人物は、リアリーのハーバード大学の同僚であったリチャード・アルパート（一九三一〜）である。

アルパートは、ユダヤ人の伝統的な家庭に育ち、若くしてハーバード大学の心理学教授となったエリートの一人であった。しかし実際には彼の心は、激しい空虚感に苛まれていた。彼の学術的な論文は、大学での地位を得るために便宜的に書き上げられたものに過ぎず、彼が講義で発する言葉には、何の実感も伴っていなかったからである。彼は長いあいだ神経症に苦しみ、精神分析のカウンセリングを受け続けていたが、あるときハーバード大学に赴任してきたリアリーと出会い、彼の勧めでLSDの服用を体験する。それによって彼は、今まで自分が暮らしてきた世界が、意識によって作り出された虚構のゲームの一つに過ぎなかったということを悟り、大学を離れることを決意する。

その後アルパートは、LSDによって与えられた経験がどのような意味を持っているのかを探求するため、数年にわたってインドを放浪し、あるときニーム・カロリ・ババ（通称マハラジ）という名のヒンディーのグルに出会う。そのときマハラジは彼を一瞥して、誰にも告白できなかった深い悩みや、過去の経験を見抜いてしまう。その体験について、彼は次のように記す。

考えに考え抜いた結果、ちょうどコンピュータが回答不能な情報をインプットされたような状態に陥ったのです。非常ベルが鳴り、赤ランプが点滅し、コンピュータは作動をストップしました。私は思考を停止したのです。なんとかこの事態を解釈しようと焦ったあまり、判断回路が焼き切れてしまったのです。論理的世界で何らかの結論に近づこうとしましたが、無駄でした。この事態からのがれる場所はもうありません。そのとき、私は胸部に極度の苦痛を覚え、おそるべき力でからだがしめつけられるような感覚におそわれて、泣きだしたのです。泣いて泣いて、泣きじゃくりました。喜びでも悲しみでもない。そうした感情的な涙ではありません。私はただ、こう感じていただけでした……家に帰ってきた。旅は終わった。私は終わったのだ……。

（『ビー・ヒア・ナウ』五五〜五六頁）

アルパートはマハラジに、LSD体験の意味を尋ねた。するとマハラジは、そのときアルパートが持っていた大量のLSDを取り上げて一度に飲み込んだが、彼の身には何の変化も起こらなかったという。アルパートは弟子として彼に帰依することを決意し、その後は「ラム・ダス」と名乗るようになる。

ヨーガの道場《アシュラム》で数年の修行を実践した後、ラム・ダスは六九年にアメリカに戻り、七一年には、自らの回心体験やヨーガの修行方法をまとめた書物『ビー・ヒア・ナウ』を出版する。その書名が意味するのは、理性的に物事を思考するのではなく、「この時この場所」のありのままの姿を実感せよ、ということであり、この書物はニューエイジ思想の聖典としてヒッピーたちに熱狂的に迎えられた。

彼はその後、七四年にカリフォルニアで「ハヌマン・ファウンデーション」という名の組織を設立し、産業主義・利益至上主義に抵抗するさまざまな社会運動をリードした。

カウンターカルチャーやニューエイジは、万人の究極的な自由と平等を追求する運動であったが、こうした運動は逆説的にも、運動の中心となる精神的な「指導者」を何人も生み出すことになった。なかでも、ヒッピーたちの多くのコミューンが作られたインドでは、さまざまな「聖者」がカリスマとして崇拝され、彼らは逆にアメリカに移住してさらに多くの信者を集めた。「グルはインドの主要な輸出品である」と揶揄されるような状況が見られたわけである。ここでは、インドの著名なグルたちのなかから、超越瞑想を提唱したマハリシ・マヘーシュ・ヨーギー（一九一八～二〇〇八）と、性に対する開放的な態度で知られたバグワン・シュリ・ラジニーシ（一九三一～一九九〇）の二人について、簡単に触れておこう。

マハリシは、インド古来の宗教的伝統であるヴェーダの知恵に基づき、「超越瞑想（TM）」と呼ばれる瞑想の実践を提唱した。マハリシによればこの世界は、「宇宙法」という純粋意識の流れ、生命の流れによって維持されており、世界の変化や進化もこの法則に従っている。そして人間は、超越瞑想を実践することによって宇宙的な純粋意識に到達し、心の平安や身体の健康を得ることができるのである。

マハリシの瞑想法はヒッピーたちからの多くの支持を集め、彼はアルメニア出身の神秘思想家グルジェフ、神智学協会に見出されたクリシュナムルティと並んで、「ヒッピーたちの三大グル」と称されるようになる。一時期はビートルズのメンバーもマハリシに帰依し、インドで超越瞑想を受講したことが知られている。

七〇年代後半以降、超越瞑想の運動はアメリカを中心にして世界的に拡大するが、その理由の一つとして、それが近代の科学主義や産業主義に対して必ずしも対抗的ではなく、一面では順応的な姿勢を示したことが挙げられる。瞑想の効果は科学的に測定可能であるとし、脳波の変化の分析データや、病気の発生率に関する統計データなどが数多く発表された。また、短時間の瞑想によって現代人のストレスを軽減し、労働効率を飛躍的に高めることができると主張されたため、多くの企業において社員研修のプログラムの一つとして採用されたのである。

しかし超越瞑想の運動は、現代社会のあり方に対してまったく順応的というわけではない。その根底には、革命的なユートピア思想が存在しているのである。超越瞑想のプログラムはいくつかの段階によって構成されるが、その上級プログラムとして「TMシディ・プログラム」というものが存在する。このプログラムを実践して宇宙法の流れに一体化し、深い「三昧《サマーディ》」の状態を実現すると、その現れとして「空中浮遊《フライング》」が可能になるというのである。

サマーディの状態においては、敵意や怨恨といったあらゆる否定的な想念が消滅するため、そうした意識を実現できる「空中浮遊者《フライヤー》」の存在は、社会を平和にすることに貢献する。マハリシは、約一万人の空中浮遊者を生み出すことができれば、彼らの発する肯定的なヴァイブレーションの力によって、世界全体は平和の方向に進むようになるだろうと主張する。そのとき、政府や教育機関、病院や農園などは、すべてヴェーダの知恵に基づいて運営されるようになり、そこに「地上の楽園」が実現するという。このような発想は、霊的全体主義とでも呼びうるものだが、第5章で見るように、オウムが唱えた「日本シャンバラ化計画」というユートピア思想とも多分に共鳴する点があると考えられる。

次に、ラジニーシ（「Osho」という名でも知られる）は、タントリズムに基づく瞑想法を提唱することで、大きな人気を得たグルであった。ラジニーシによれば、世界のすべては人間の心の現れから成り立っており、そこに苦しみや悩みが満ちているとすれば、それは一人一人の想念に、歪みや責任回避といった否定的な要因が含まれていることに起因する。彼は瞑想の実践によって、不合理な因習や固定観念から心を解放することが必要であると説いた。

ラジニーシの教えにおいて特に強調されたのは、性的欲望の解放である。性的欲望は生命エネルギーそのものであるため、結婚という社会制度や宗教的禁欲によってそれを抑圧することは、人間の意識を歪め、その能力を萎縮させてしまうことにつながる。人はむしろ性の快楽を徹底して享受し、それを崇高なものにまで引き上げるべきなのである。ラジニーシの高弟の一人であり、後にその教団の内実を批判的に暴露したヒュー・ミルンは、ラジニーシのタントリズムの教えを次のように要約している。

タントラの基本的な認識は、人間の持つダイナミックな諸エネルギーを覚醒させることは可能であるというものだ。タントラでは、すべてのエネルギーは基本的に性的なものであり、そのエネルギーの源は背骨の基底部に存在するという。エネルギーが適切な方法で解放されれば、それは背骨を通って脳に上昇し、心および霊的中枢と一体化し、愛と意識の抱擁が起こる。（中略）人間の持つ自然な欲望は、注意深く賢明な方法によって充足されるべきである。欲望の抑制は果てしない問題を生じさせることになるからだ。タントラでは次のように説かれる——この世の快楽を享受するがいい、しかしそれと同時に神の存在を汝の内に見出せ、と。タントラはけっして性行為を非難したりはしない。というのも、自覚を伴った耽溺を通してタントラ行者は至高の意識との歓喜に満ちた合一に導かれる、というのがその信念だからだ。

（『ラジニーシ・堕ちた神《グル》』四四〜四五頁）

一九七四年、南インドの避暑地として有名なプーナにラジニーシの修行場《アシュラム》が設けられると、彼の語るユーモラスな講話や、新しい瞑想法やセラピーの実践、さらには大胆で開放的な性の実験によって世間からの注目を集め、多くのヒッピーたちがそこに集合した。そして、教団が急速に拡大したこと、また伝統遵守的なインド社会からの反発が強まったことを受け、ラジニーシは八一年に教団をアメリカのオレゴン州に移し、「ラジニーシプーラム」と呼ばれる巨大なコミューンの建設に着手する。

しかし、ユートピア的な自治都市の建設を開始したこの頃から、教団は明らかな変質を見せ始める。都市の建設は信者たちの自主的な労働によって担われたが、コミューン以外に帰属先を持たない多くの信者たちにとって、その労働は事実上強制的なものとなり、同時に、ラジニーシの愛弟子である女性信者が彼らに対して独裁的な権力を振るうようになったからである。また、住人の少ない田舎町に突然巨大な宗教的コミューンが作られたことに、地元民から大きな反発が起こり、両者の対立が激化した。コミューンの内部では、周囲の社会に対する反感から、数年以内に破局的な核戦争や地震が発生するという終末論が説かれ、戦争に備えて大量のライフルや機関銃が備蓄されるようになる。コミューン内に敵のスパイが入り込んでいるという妄想もふくらみ、それを探り出すため、信者同士の会話の盗聴も行われた。

地域住民とのあいだには多くの裁判沙汰が発生したが、コミューンに有利な判決を出させるために、ラジニーシの教団は法律改正を求めて政治進出を目論んだ。そして選挙の直前、住民たちの投票を妨害するために、町の中心のレストランでサルモネラ菌を散布するという事件を起こす。それによって、およそ七〇〇人の被害者が出たが、幸いにして死者は出なかった。八五年、ラジニーシは国外退去処分を受け、コミューンは崩壊する。

ラジニーシ教団の発展から崩壊に至るまでの経緯は、オウムのそれと類似した点を多く含んでおり、大変興味深い。同時にこのことは、オウムのような現象が、決して日本のみに見られる特殊なものではないということを示してもいるだろう。

6 日本の精神世界論におけるヨーガと密教

本山博の超心理学

一九世紀にヨーロッパで生まれたロマン主義という潮流は、二〇世紀後半のアメリカ・ニューエイジ思想においてヴァラエティに富む表現や実践方法を獲得し、一九六〇年代以降、日本社会にも流れ込んできた。特に日本では、「精神世界」というカテゴリーが作り出され、ニューエイジ思想以上に雑多な内容のものがそこに放り込まれた。具体的には、東西の神秘主義、錬金術、魔術、ヨーガ、密教、禅、仙道、輪廻転生、超能力、占星術、チャネリング、深層心理学、UFO、古代偽史などであり、一見したところ相互にどのような関連を持っているのか見分けがたいが、その大枠は、何か「宇宙的なもの」を感じさせてくれる対象の集まり、ということになるだろう。本章で見たように、かつてロマン主義の神学者シュライアマハーは、「心のなかの宇宙」に触れて本当の自分に目覚めることを宗教の本質とし、宇宙を経験するために古今東西のさまざまな宗教について学ぶべきであると提唱したが、日本の「精神世界」論は、ポピュラーな水準でそれを具体化したものと見ることができる。そしてオウムもまた、こうした精神世界論のなかから生み出されたものの一つだったのである。

日本の精神世界運動の内容はきわめて多岐にわたるため、ここでは、オウムの教義が成立する上でもっとも重要な役割を果たした、ヨーガや密教の理論の受容について中心的に見ることにしよう。日本にヨーガを持ち込んだのは、心身統一論で知られる中村天風（一八七六〜一九六八）、神智学系のヨーガ団体の竜王会を主催した三浦関造（一八八三〜一九六〇）、ヨーガ教典の翻訳に努めた佐保田鶴治（一八九九〜一九八六）などがその先駆けとなるが、クンダリニー・ヨーガを広く社会に浸透させたという点から考えると、超心理学を提唱した本山博、阿含宗の教祖である桐山靖雄に注目する必要がある。

本山博（一九二五〜）は、霊能者の母を持ち、幼少時から滝行や断食といった修行を実践して、数々の神秘的現象を経験していた。その後、東京文理科大学（現・筑波大学）で博士号を取得した本山は、自らの神秘的経験を科学的に検証することを志す。その成果として一九六三年に公刊された彼の処女作が、『宗教経験の世界』という著作である。

この著作では、超感覚的な存在を科学的に探求する試みが世界中で始まっていることが紹介され、その具体例として、J・B・ラインの超能力（ESP）研究、ユングの深層心理学、そしてヨーガの実践による超感覚的なものの体験が挙げられている。論理構成としては、ヨーガの修行者や霊能者が主観的に体験している超感覚の世界を、いかにして科学的に明らかにしうるかという問題が取り上げられ、ESPテストや神経機能検査による実証的検証、深層心理学による理論的把握の必要性が主張される。著作の結論部においては、宗教経験に全体として三つの段階の深まりがあること、その第三段階においては「神霊との全き一致」が生じることが論じられる。

その後の本山の活動は、「超心理学会」の開設や「宗教心理学研究所」の運営など多岐にわたるが、もっとも重点が置かれたのは、ヨーガの実践方法、特にクンダリニー・ヨーガの技法を紹介・指導するということであった。一九七八年に公刊された『密教ヨーガ』という著作では、ヨーガの目的が「身体や心を健全にするだけでなく、人間の存在そのものを霊的に進化させ、宇宙の絶対者と一体にならしめるところにある」（二頁）と説かれ、宇宙との一体化を実現するためには、クンダリニーを覚醒させ、身体内の七つのチャクラを開くことが必要であると説かれる。この著作には、本山自身の体験についても豊富な記載があるが、そのなかでは、クンダリニーが覚醒したとき、一時的に身体が空中に浮揚したということが述べられている。

ある朝、いつものように御神前で行をしているとき、尾骶骨から下腹部がすごく熱くなり、下腹部の中に丸い、赤い、多少黒みがかった光が、熱い白い水蒸気がシュッシュッと漲《みなぎ》っている真只中に、爆発寸前の火の玉のようにオドロオドロしく見えました。すると脊柱を、ものすごい力が頭頂まで突きぬけて、座ったままで自分の肉体が3～5cmほど上昇しました。ほんの1～2秒の出来事でしたが、たしかに自分の肉体が持ち上がったのです。非常な驚きと、恐怖と戦慄を感じました。

（『密教ヨーガ』一九五～一九六頁）

『密教ヨーガ』を含む本山の著作では、ヨーガに熟達するための方法が詳細に解説されるとともに、本格的な実習のためには、師からの指導を直接受けることが推奨された。ヨーガの伝統は本来、師子相伝によって守られてきたものだからである。本山自身もクンダリニー・ヨーガの道場を開き、ヨーガの指導に努めた。オウムの信者のなかには、本山の著作や指導によって最初にヨーガに触れたという者も数多く存在したのである。

桐山靖雄の阿含宗

ヨーガや密教の修行をポピュラーなものとするのにより大きな役割を果たしたのは、本山の活動と並行して発展した、桐山靖雄（一九二一～）の「阿含宗《あごん》」である。オウムの初期信者たちの多くが阿含宗に所属しており、麻原自身もかつて阿含宗で修行していたことが知られている。

桐山の名を一躍有名なものとしたのは、一九七一年に公刊されてベストセラーとなった『変身の原理』という書物である。この著作では、密教とは人間の能力開発のための科学的な技法であり、その教えを「信仰」する必要はない、そのシステムに従ってトレーニングを積めば、誰でも超能力が得られると主張されている。

その理論的根拠として用いられるのは、脳生理学と深層心理学の知見である。脳生理学によれば、脳の機能は、身体の反射活動や自動調節作用など、生命維持の基本的部分を司る脳幹・脊髄系、本能行動や情動行動を司る大脳辺縁系、思考や理性を司る新皮質系に三分される。桐山は、現在の人類（知恵ある人《ホモ・サピエンス》）は新皮質系の機能に頼りすぎており、その分、大脳辺縁系の働きを抑圧してきたと主張する。そして密教のトレーニングによって大脳辺縁系に直接的な刺激を与えると、それまで眠り込んでいた潜在的な意識と能力を覚醒させることができるというのである。密教のトレーニングを行うことにより、人は誰でも超能力者に「変身」する。桐山は、自分が超能力を持っている証明として、念力で火を熾《おこ》して護摩を焚くことができるとアピールした。

『変身の原理』の成功を受けて翌年に公刊された『密教――超能力の秘密』では、その主張がより具体的で先鋭なものとなっている。前著では実際には、密教修行の方法についてほとんどページが割かれていなかったのだが、『密教』では、三浦関造や佐保田鶴治、神智学者リードビーターの著作が参照され、クンダリニー・ヨーガこそが人間の超能力を開花させるもっとも有効な方法であると論じられる。クンダリニーを覚醒させ、チャクラを開くことによって、人は「ホモ・サピエンス」から「ホモ・エクセレンス（卓越した人類）」へと生まれ変わることができると、桐山は唱えたのである。

人間はこれまで、サルから猿人、原人、旧人、新人（ホモ・サピエンス）へと、絶えざる進化を続けてきた。しかし桐山によれば、新人の作り出してきた文明は、今や行き詰まりを見せている。そして、新人からホモ・エクセレンスへの進化を成し遂げなければ、人類は滅亡の危機に瀕することになるのである。

ホモ・サピエンスの知能がつくり出した文明は極限に達した。もしもこの世界が生き残ろうと望むならば、あらたな文明が生まれ出なければならない。（中略）限界に達した生物がさいごにえらぶ道は「集団自殺」である。いま、その集団自殺が地上に展開している。環境汚染と公害と戦乱――すべてホモ・サピエンス自身がつくり出したものである。結局、ホモ・サピエンスは集団闘争による集団自殺によって絶滅するであろう。（中略）淘汰がはじまっているのである。滅びるべきものは滅び去るがよい。それでヒト・属は絶えはしない。あたらしい種の胎動がここにある。（中略）そのあとに、ホモ・エクセレンスはあたらしい科学、あたらしい技術、あたらしい宗教、あたらしい芸術をつくり出す。それは、ホモ・サピエンスとは比較にならぬ高度の知性と悟性が生み出したあたらしい次元のものである。

（『密教』三三～三四頁）

桐山は八一年に『一九九九年カルマと霊障からの脱出』という著作を公刊し、当時流行していたノストラダムス・ブームに荷担するとともに、悪しきカルマの増大によってこの世に破局が訪れるという形式の終末論を唱えた。そしてその論法は、オウムにも引き継がれていったのである。とはいえ終末論の問題については、本書の第4章で改めて考察することにしよう。

桐山の主張は、密教の修行によって誰でも超能力が獲得できること、その際に煩わしい儀礼や難解な教義は不要であること、しかし、卓越した新人類に生まれ変わることができなければ破滅が待っていることなど、きわめて分かりやすく扇動的でもあったため、多くの人々の関心を集めた。彼の教団は、一九七八年に「観音慈恵会」から「阿含宗」へと名を改め、急速に成長することになったのである。

中沢新一のチベット密教研究

阿含宗はその関連会社として平河出版社を経営しており、そこでは主に桐山の著作が公刊されるとともに、ニューエイジ思想の関連本も多数出版された。平河出版社は当時、日本の精神世界運動における重要な一翼を担っていたわけである。そして、そのなかの一冊として一九八一年に公刊されたのが、宗教学者の中沢新一（一九五〇〜）による『虹の階梯――チベット仏教の瞑想修行』である。

中沢はネパールの寺院において、ケツン・サンポという名の師《ラマ》から、約一年半にわたってチベット仏教ニンマ派の瞑想修行を受けた経験を持つ。『虹の階梯』は、『クンサン・ラマの教え』という一九世紀のテキストをもとにケツン・サンポが行った講義の内容を、中沢が記録・整理したものである。中沢によれば、「大究竟《ゾクチェン》」と呼ばれるニンマ派の密教修行の本質は、心の本性を学ぶことであり、瞑想によって心を支配するすべての幻影を突き抜けたとき、心が放つ自然な輝きが、立ち上る虹のような美しい姿で現れるという。こうした神秘的経験に至るまでには、いくつもの修行の階梯を踏む必要があり、『虹の階梯』にはその方法や内容が詳細に叙述されている。

この著作で特に印象深く思われる点を二つ挙げるとすれば、それは第一に、修行において徹底して「グル」（チベット語では「ラマ」）に帰依する必要性が強調されていることである。修行者は自らの意志を放棄して、心身ともにグルに帰依しなければならない。『虹の階梯』では、グルが弟子に対して無理難題を持ちかけ、弟子が身を捨ててそれを実行することによって、より高い精神的境地に達するという説話が数多く収録されており、その手法が「グル・ヨーガ」と称されている。弟子は、それまでの人生で身に付けてきた観念をすべて幻影として退け、ひたすらグルの教えと意志に従わなければならないのである。その方法は、次のように説明される。


成就者たちはしばしば人の理解を絶した力をふるうものだ。だから、何よりもうぬぼれや奢りを捨て、自分をむなしくして、純粋な心で相手を見つめていなければいけない。そうしなければ、せっかく精神の導師たるべき人が目の前にいても、それに気づかずに終わってしまうだろう。とにかく自分の導師を探しだしたいのなら、ありきたりの考えにしばられていてはだめだ。こうして求めるラマにめぐりあうことができたなら、ラマに自分のすべてを投げだすような純粋な信頼を託して、その教えのすべてをまるで瓶の水をそっくり別の瓶に移し変える気がまえで学びとっていくのである。ラマの心を自分の心の連続体にまるごと移してしまうような気持ちで、その教えに向かわなければいけないのだ。

（『虹の階梯』一四七頁）

オウムは後に、自己を完全に空っぽにして、グルのエネルギーをその内部に満ち溢れさせること、グルの持つ真理のデータを注入してグルの「クローン」になることの重要性を強調した。序章で触れたように、地下鉄サリン事件後に中沢は、オウムのこうした考え方を「情報論的」であると批判したが（「「尊師」のニヒリズム」二七〇頁）、オウムにおけるこうしたグルイズムはむしろ、中沢が『虹の階梯』で記述したグル・ヨーガの方法を、文字通りに実践することによって生まれたと考えなければならないだろう。

『虹の階梯』で注目しておくべき第二の点は、意識を移し変えるための「ポワ」という身体技法について記述されていることである。ポワの技法は、大別して二つに分けられる。その一つは、瞑想修行に熟達した者が、自分の意識を生身の肉体から、法身・報身・応身といった別種の身体へと移転《ポワ》させる方法であり、もう一つは、「死者の意識を追跡して慈悲の釣り針で釣り上げる」という移転《ポワ》の方法である。「大究竟《ゾクチェン》」の修行を成就した者は、自分の意識を生きたまま肉体の外に飛ばし、生死を超えた境地から自分や世界を眺めることができる。しかしながら、生前にこのような境地にまで達することのできる者は、きわめて希《まれ》である。現世において仏教修行を十分に進めることのできなかった凡夫は、死後にそのカルマに応じて、否応なく六道輪廻の流れに巻き込まれてゆく。そしてそのとき、ゾクチェンに通じた行者は、現世と来世の狭間にある「中陰《バルド》」に介入し、死者の意識を解脱への道に、あるいは可能な限り高い世界へと引き上げることができる。先に触れた『チベットの死者の書』はニンマ派に属する教典であり、ニンマ派のゾクチェンの教えは、こうした秘儀に特に通じたものとされる。また、死後にこうした「ポワ」を授けてもらうためにも、生前に優れた師《グル》を見出し、十分に帰依しておくことが必要なのである。

本節で取り上げてきた本山博や桐山靖雄もまた、密教修行を実践する際にグルに帰依することの必要性を説いていたが、その実態がどのようなものであるのかについては、十分に明らかにされていなかった。中沢の『虹の階梯』という著作は、その欠を補うものとして肯定的に受容されたのである。

また、アカデミズムの世界に身を置く研究者である中沢が、チベット密教の瞑想やそこで起こる神秘的経験についてポジティブに語ったということも、社会的に大きな意味を持った。中沢が自ら密教の修行を実践したということについては、それは従来の宗教学や人類学で行われてきた「参与観察」の範疇にかろうじて入ると言うこともできるだろう。しかし通常の研究であれば、参与観察によって得られた知見に対し、歴史的背景や学問的理論に照らして分析を行い、対象を客観的に把握することが目指されるわけだが、中沢が行ったのはその種のことではなかった。そもそも、近代学にうまく馴染めずに苦悩する一人の煩悶青年であった当時の中沢にとって、チベット密教の修行やグルへの帰依によって、自分が納得できる世界観や精神的安定を得ることが何よりの目的だったのであり、その意味で彼は、きわめて確信犯的な仕方で「ミイラ取りがミイラになった」のである。

『虹の階梯』の公刊以降、中沢は、チベット密教の世界観やそこで得られる神秘経験の真理性に軸足を置き、さらにその魅力を、ジュリア・クリステヴァやジル・ドゥルーズといったフランス現代思想の理論家たちのレトリックを用いて表現しようとした。八三年に公刊された『チベットのモーツァルト』では、自身が経験したポワの修行や、空中浮遊を行う「風《ルン》の行者《ゴムパ》」の伝説などについて論じられ、それらに見られる特異な身体性は、例えばドゥルーズの論じる「器官なき身体」のイメージと共振するものではないだろうかといった事柄が、飽きもせずに延々と論じられる。今となっては興ざめの一語に尽きると言う他ないが、当時この書物はベストセラーとなり、中沢は『構造と力』を著した浅田彰と並んで、ニューアカデミズムの旗手と見なされるようになった。

ここでは詳しく述べることができないが、二〇世紀後半のポストモダニズム、そして日本におけるニューアカデミズムの運動は、ロマン主義と同種の反近代主義をその基調としており、そこでは「無底」「リゾーム」「交通空間」「郵便空間」などといった、数々の潜在的時空の存在が喧伝され続けた。そして序章でも述べたように、ポストモダンのイデオローグたちはしばしば、自覚的にせよ無自覚的にせよ、そうした不可視の時空の存在を感知する特別な能力を持った一人のカリスマであるかのように振る舞ったのである。言葉遣いの難解さの点で違いこそあれ、精神世界論とポストモダニズム論は、実は大枠の構造において同型であり、そこに麻原と中沢のあいだに共鳴が生じた原因や、当時の代表的知識人がオウムを適切に批判できなかった原因があると思われる。

*

さてここまで、神学や心理学や神智学、あるいはニューエイジ思想や精神世界運動など、さまざまな領域について触れながら、オウムの教義の精神史的ルーツを探ってきた。いささか多岐に及ぶ記述になってしまったが、「宇宙という無限の闇のなかに本当の自分を見出す」というロマン主義的モチーフが幾度も反復される過程で、ヨーガの修行や超能力、ドラッグ神秘主義や師弟論などの数々の具体的要素がそこに吸い寄せられていったということを、ある程度明らかにすることができたのではないだろうか。教団の破綻からかなりの時間がたち、その幻想のオーラがほとんど雲散霧消している現在であれば、序章で要約したようなオウムの世界観はまったく荒唐無稽なものに思われるのだが、当時の環境においては、そうした幻想にリアリティを与えるようないくつもの要因が、オウムの周囲に存在していたということを見逃すことはできない。

しかしながら、オウムがその内部に抱え込んだ幻想は、ロマン主義だけではない。次章でさらに、全体主義の思想的系譜に関する考察へと進もう。

第3章　全体主義——超人とユートピア

フランス革命の標語「自由・平等・友愛」に端的に示されているように、近代社会を支える理念とは、簡潔に言えば、個々の人間が自由で平等な主体として存立し、友愛の念を持って相互に尊重し合うということである。前章では、近代における主要な二つの思想の流れとして、啓蒙主義とロマン主義について触れたが、人間が本来的に「平等」であることは、両思想においてもそれぞれの仕方で表現されている。すなわち啓蒙主義においては、あらゆる人間には平等に理性が備わっているとされ、またロマン主義においては、個々の人間は他に還元できないかけがえのない固有性を持っていると見なされる。人間のあいだの共通性に着眼するのか、あるいは差異性に着眼するのかという点において、啓蒙主義とロマン主義の主張は対極的であるが、それでも両思想のベースには、人間の本来的平等の観念が存在していると見ることができるだろう。

しかし、地縁や血縁から切り離された「自由で平等」な諸個人が都市部に集合して群衆化し、アノミー的に蠢《うごめ》き続けるという状態が現出する近代社会において、人々は逆説的にも、生の指針を示し、自分を導いてくれる、特権的な人物の存在を強く希求するようになる。一例を挙げれば、啓蒙的な自主独立の精神に立脚していたはずのフランス革命は、実際にはロベスピエールという一人の「カリスマ」によって唱導された。また、前章でその系譜をたどったロマン主義の思想において、当初宗教の本質は、個々人の心のなかに潜む宇宙を独自に探求することであるとされたが、自らの霊性をどれほど深く探求し、開発したかということに応じて、人々から「導師《グル》」として仰がれるような高位の人物が現れてきたのである。

万人が根無し草的な状態で平等の立場に置かれる近代社会は、実は特権的指導者やカリスマを生み出しやすい構造を備えており、そのとき指導者は、神秘的なオーラをまとって群衆の前に登場する。彼の命令は絶対的なものであり、それに異論を唱えることは許されない。そうしたカリスマ的な指導者に対して、万人が盲目的に服従する政治体制は、一般に「全体主義」と呼ばれる。

周知のようにオウムの教団においては、教祖である麻原が信者たちの絶対的なグルであると見なされ、彼の命令がいかに理不尽に思われようとも、それに反対することは許されなかった。信者たちの運命、すなわち、彼らが解脱を遂げるか、あるいは地獄に落ちるかということは、すべてグルの意志によって決定されるとさえ考えられたのである。オウムの教団の体制は、正確に全体主義と呼ばれるべき種類のものであった。それでは全体主義とは、具体的にはどのようなものなのだろうか。そのことを、本章で考察していこう。

1　全体主義とは何か

アーレントの『全体主義の起原』

全体主義という政治体制が、二〇世紀の世界にどれほどの惨禍を及ぼしたかということを知らない人はいないだろう。しかしながら、その体制がどのような条件において成立し、どのような内実を備えていたかについて、一般にはそれほど理解されていないように思われる。ここではまず、政治哲学者ハンナ・アーレント（一九〇六～一九七五）の著作『全体主義の起原』を参照し、全体主義の基本的性格について整理しておくことにしよう。

全体主義的な政治体制が成立するために、その必須の前提条件となるのは、近代的な群衆社会が形成されるということである。近代が始まった当初、その社会構造はいまだ多分に中世的な階級組織を残しており、各地域を統治する封建権力が、政治的な支配力を保っていた。そして、議会や政党において政治家は、それぞれの地域や階級の権益を代表する存在として行動していたのである。しかし近代のシステムが深く浸透するようになると、こうした社会構造は大きく変動した。すなわち、主要な産業が第一次産業から第二次・第三次産業へと変化し、会社や工場や大学のある都市部が急速に成長する一方で、各地域において力を持っていた封建貴族や聖職者は弱体化したのである。人々は故郷の土地を離れて大都市へ参集し、その多くは会社や工場で働く労働者となった。こうして、近代的な群衆社会が成立したのである。

前章でも述べたように、近代は人口の爆発的な増加と、それに伴う社会の複雑化をその特色としており、大都市で生活する群衆は、社会や世界はどのように構成されているのか、自分は何者なのかということを、明確に理解することができないという状況に置かれる。彼が働く職場は多数の部署に細かく分割されており、自分が取り組んでいる仕事の全体像さえ見渡すことができない。また、原因のよく分からない金融恐慌がしばしば発生することによって、それまで蓄えてきた財産を根こそぎ奪われる。家族は両親と子供の二世代を単位とする小規模なものに縮小しており、財産の安定的な継承やアイデンティティ形成のための機能をもはや欠いている——。都市の住民は、巨大で複雑で流動的なネットワークのなかに投げ込まれたような状態で、その生活を送るのである。

こうした環境において、群衆の意識のなかに芽生えてくるのは、目に見えるものによっては世界を十分に理解することができない、という感覚である。アーレントは群衆意識の性質について、次のように述べている。

大衆は目に見える世界の現実を信ぜず、自分たちのコントロールの可能な経験を頼りとせず、自分の五感を信用していない。それ故に彼らには或る種の想像力が発達していて、いかにも宇宙的な意味と首尾一貫性を持つように見えるものならなんにでも動かされる。事実というものは大衆を説得する力を失ってしまったから、偽りの事実ですら彼らには何の印象も与えない。大衆を動かし得るのは、彼らを包み込んでくれると約束する、勝手にこしらえ上げた統一的体系の首尾一貫性だけである。

（『全体主義の起原』第三巻、八〇頁、傍点は引用者）

群衆は、実際に目に見えるものを信じないが、自らを包み込んでくれる不可視の統一的体系を提示されると、いとも簡単にその実在を信じ込んでしまう。そして政治家は、群衆のこうした傾向を巧みに利用する。すでに述べたように従来の政治家は、特定の地域や階級の権益を代表することを、その主な職分としていた。しかし、階級や地域的出自が大きな意味を持たなくなった近代の群衆社会においては、特定の利害を代表するという仕方によっては、政治家は多くの人間からの支持を集めることができない。人々の利害はあまりに細分化・多極化しており、すべての人間に共通する利害を見出すことが難しいからである。

ゆえに政治家や運動家は、特定の利害ではなく、ある「世界観」、明確に目には見えないものの、個々人がそこに自らの生の基盤があることを実感し、自我を没入させることができるような「世界観」を提示しようとする。全体主義とは一言で言えば、孤立化した個々の群衆を特定の世界観のなかにすべて融解させてしまおうとする運動なのである。アーレントは、全体主義が構築する世界観について、次のように論じる。

> 全体主義運動は（中略）権力を握る以前から、首尾一貫性の虚構の世界をつくり出す。この虚構の世界は現実そのものよりはるかによく人間的心情の欲求に適っていて、ここで初めて根無し草の大衆は人間の想像力の助けによって世界に適応することが可能となり、現実の生活が人間とその期待に与えるあの絶え間ない衝撃を免れるようになる。運動が鉄のカーテンを張りめぐらす権

力を握り、現実の中にうちたてたトータルな空想世界の恐るべき静寂を外界からの僅かな物音にも邪魔されないように守れるようになる以前から、全体主義プロパガンダは大衆を空想によって現実の世界から遮断する力をすでに持っている。不幸の打撃に見舞われるごとに嘘を信じ易くなってゆく大衆にとって、現実の世界で理解できる唯一のものは、言わば現実世界の割れ目、すなわち、世間が公然とは論議したがらない問題、あるいは、たとえ歪められた形ではあってもとにかく何らかの急所に触れているために世間が公然と反駁できないでいる噂などである。

（『全体主義の起原』第三巻、八三頁）

自身が生活する現実世界の全体像を見渡すことができない群衆は、現実世界の「割れ目」に存在するものを手掛かりにして、幻想的な世界観を作り上げる。後に見るように、ナチズムの場合で言えばそれは、肯定的な存在としては「ゲルマン民族の血の高貴さ」であり、否定的な存在としては「ユダヤ＝フリーメイソンの陰謀」ということになるだろう。群衆はこうした不可視の想像物を基礎に据えることによって、幻想的で二元論的な世界観を構築する。すなわち彼らは、自らの本来的アイデンティティはゲルマン民族としての血統にあるが、劣等民族であるユダヤ人や秘密結社のフリーメイソンがその高貴さを汚そうとしている、こうした相克こそが世界の実相である、と思い込むのである。

全体主義の運動家は、世界はどのように成り立っているか、何が善で何が悪か、ということに関する幻想的な世界観を提示することによって、群衆を扇動し、自身が主唱する運動に彼らを巻き込んでゆく。彼は、世界の隠された実相を見抜くことができる神秘的な洞察者としての、そして同時に、群衆に対してその行動の指針を示すカリスマ的な指導者としての役割を演じるのである。
指導者は選び抜かれた精鋭たちによって取り囲まれ、その集団は、彼の持つ神秘的雰囲気をいっそう高める役割を果たす。またこれらの精鋭組織は、党や団体にとって都合の悪い人間を排除するための暴力組織という側面も持っている。その行動は、できるだけ人々に知られないような仕方で実行に移される。そして組織の成員たちは、そのような秘密を共有することによって、相互の結束をさらに強固なものとする。

全体主義によって形成される共同体は、著しい排他性をその特色とする。それは周囲の社会から隔絶され、外部との交流は原則的に遮断される。そして共同体の内部において、何が善か、何が悪かを決定するのは、先に述べたように指導者の一存にかかっており、それに反駁することは許されない。指導者の意志に反抗したり、これを軽んじたりする人間は、人格的に問題があると見なされ、強制収容施設に連行されて人格の改造が行われるか、あるいはその存在自体をこの世から抹消される。

全体主義的な社会はかくも不自由なものであり、外部から冷めた目でこれを眺めれば、いったい誰がこのような体制の下で生きることを自ら望むのだろうか、と不可解に思われてくる。しかし、エーリッヒ・フロムがナチズムの運動に雪崩れ込んでいった群衆の心理を「自由からの逃走」と呼んだように、根無し草としての放恣な自由に疲れ、苦悩を抱える群衆は、その心の奥底では、強固な束縛こそを希求しているのである。「大衆がひたすら現実を逃れ矛盾のない虚構の世界を憑かれたように求めるのは、アナーキックな偶然が壊滅的な破局の形で支配するようになったこの世界にいたたまれなくなった彼らの故郷喪失の故である」（『全体主義の起原』第三巻、八一頁）。群衆は、真空の自由よりは、幻想の大地を望む。しかし、全体主義的プロパガンダの夢が覚め、幻想の大地が雲散霧消すると、人々はあたかも何事もなかったように、色あせた現実の世界に再び帰ってゆくのである。

全体主義的体制の特色

全体主義は、ナチズムやスターリニズムがそうであるように、典型的にはある種の国家体制の特質を示すための用語であり、それは近代的主権国家＝リヴァイアサンの「暴走」の一形態であると、取りあえずは理解することができるだろう。しかし、そうした体制が見られるのは、必ずしも国家のみに限定されるわけではない。国家ほど徹底することはできなくとも、さまざまな団体、特に脱世俗的で反社会的な性質を帯びたカルト的宗教団体においては、しばしば全体主義的な体制が取られ、事実上の「国家内国家」を形成しているケースも多い。

周知のように全体主義という概念は、二〇世紀におけるさまざまなイデオロギー対立を背景に、政治的かつ歴史的負荷を多分に被ったものであり、ゆえに客観的な分析概念としては、もはや使用に耐えないという批判も存在する（トラヴェルソ『全体主義』を参照）。しかし私は、全体主義という概念は、その特質を適切に整理すれば今もなお有効であり、特にオウムを含む近代のカルト的宗教団体の性質を分析する際には、必要不可欠のものでさえあると考える。

それでは、全体主義的体制の特質とはどのようなものだろうか。箇条書きとして整理すれば、それは次のようになるだろう。

(1) あまりにも巨大で混沌として見えるこの世界には、実は隠された真の秩序や法則が存在する、と唱えられる。(幻想的世界観)

(2) 真実の世界観を看取する特別な能力を持った人物がカリスマと見なされ、彼が団体を専制的に支配する。(カリスマ的支配)

(3) 指導者の主張する事柄が絶対的な善であり、それに反するものは消し去るべき悪であるとする、二元論的基準が立てられる。(二元論的基準)

(4) 信奉者たちは、自我や自由意志を捨て、指導者の人格に没入することが求められる。彼らの自我は、指導者のそれを模倣《コピー》したものとなる。(神秘的融合、人格改造)

(5) 周囲の社会から隔絶した、指導者を頂点とする共同体が作られ、個人の自由より共同体の規律が優先される。(自閉的共同体)

(6) 指導者の身辺は、選び抜かれた精鋭組織によって護衛される。精鋭組織は暴力集団でもあり、組織に都合の悪い人間を秘密裏に排除する。(暴力的精鋭組織)

(7) その存在や行動が不適切であると考えられる人間は、強制収容施設に入れられて人格を矯正される、あるいはその存在を抹消される。(強制収容)

(8) 共同体のなかに異分子が入りこんでいないかを、審査機関が絶えずチェックし、それを排除する。(異分子排除、情報防衛)

これら八つの特質はあくまで暫定的に列挙したものであり、そのすべてを満たさなければ全体主義とは呼びえないというほどに厳密なものではない。全体主義に見られる傾向性から八つの指標を取り出せばこのようになる、あるいは、全体主義の運動を徹底して推し進めれば、次第にこうした特色が表に出るようになると考えられる。またより具体的には、後に述べるように、オウムとナチズムのあいだに見られる共通性としても捉えることができるだろう。

この八点のなかでも、全体主義の顕著な特質であり、それが形成される出発点となるのは、(1)と(2)、すなわち、独自の世界観を主唱する指導者が登場し、彼がその個人的な才能や資質によって群衆を魅了するという点に認められるだろう。現に全体主義の運動の多くは、特別な資質を備えたある人物が現れ、彼の周囲に徐々に信奉者たちが集まり、それが拡大してゆくという経緯をたどる。こうした特別な資質、あるいはそれを持った個人は、「神から授かった特殊な能力」を意味する「カリスマ」という言葉で呼ばれる。カリスマとは、果たしてどのような存在なのだろうか。まずはそのことを、次節で見てみよう。

2　カリスマについての諸理論

メスメリズム

カリスマについての研究としては、後に触れるマックス・ウェーバーのそれが広く知られているが、現代の研究書のなかでは、アメリカの人類学者リンドホルムが執筆した『カリスマ』という著作に、見通しの利いた議論が展開されている。本節ではこの著作を適宜参照しながら、カリスマについての諸理論を概観することにしよう。

近代初頭に現れたカリスマの典型としてリンドホルムがまず注目するのは、一般には「催眠術」の創始者として知られる、フランツ・アントン・メスマー（一七三四〜一八一五）である。心理学説史家のエレンベルガーが記しているように、メスマーは力動精神医学の基礎となる諸概念を打ち出した理論家であったとともに、自ら一人のカリスマとして振る舞った人物でもあった（『無意識の発見』上巻、六六頁以下）。

メスマーは、カトリックの悪魔払い師《エクソシスト》として知られていたガスナーの手法に範を取り、「動物磁気」と呼ばれる体内エネルギーを駆使することによって、人々の病気を治癒することができると唱えた。メスマーは、患者の体に磁石を押し当てたり、直接患者に触れたりすることで、「分利《クリーズ》」と呼ばれる発作的な症状を意図的に作り出し、その際に現れる磁気流を操作することによって、患者の症状を消失させることができると吹聴したのである。当初メスマーはウィーンで活動していたが、いまだ多分に保守的な気風を保っていたその都市では、彼の理論は肯定的に受容されなかった。しかし、先進的な大都市であるパリに移ると、彼の活動はその地で熱狂的に迎えられることになる。リンドホルムは、メスマーの理論の概要について次のように記している。

彼は一七七八年にパリに到着し、自分は宇宙全体にうねっている（と彼が信じる）不可視のエネルギー体の流れをコントロールし、方向づけることのできる特殊な能力をもっていると主張した。

彼は旧約聖書の預言者のように、森のなかを三カ月間もあてどもなく忘我状態でさまよったあと、はじめてこの能力を獲得した。「おお自然よ、私はあの発作のなかでさけんだ。汝は私に何を望むのか？」自然はこれに応えて「社会から得たすべての観念を心から消去し、言葉なしで考えよ」という霊感を彼にふきこんだ。彼はこのうっとりするような無意識状態のなかで、不可視のエネルギー流体が存在することを直観的につかみとり、それを自己の哲学の基礎としたのであった。

（『カリスマ』六五〜六六頁）

メスマーによれば、宇宙には不可視のエネルギー流体、すなわち「動物磁気」が満ちており、それは人間の体内にも流れるとともに、人間同士を交感させている。このエネルギーの存在は、個々人がトランス状態において主観的に経験することができるものであり、また将来においては、科学的に測定可能となるはずのものであった。彼は、動物磁気を操作することによって「個人や集団のなかにせきとめられていたエネルギーを解放し、病気をなおし、社会の病を根絶し、全人類がみずからと自然とに調和して生きられる新しい楽園を到来させることに貢献できる」（『カリスマ』六六頁）と考えた。

このように、神秘的でロマン主義的でもある世界観を提唱したメスマーは、動物磁気というエネルギー流体を駆使できるカリスマとして、パリで評判を呼んだ。彼は患者の両膝を自分の両膝のあいだに挟み込み、患者の上腹部を集中的に手で打ちながら、自分の目から相手の目へと動物磁気を放射するという技法を用いた。メスマーによれば、彼自身が生命エネルギーの結節点や水路となるための特別な能力を有しており、強力なエネルギーを自分から患者に流し込むことによって、その病を治癒することができるのである。その技法を受けた患者には、しばしば激しい発作や夢遊病的なトランス状態が発生し、それを契機に病気の症状が消失することもあった。

メスメリズムの運動は急速に発展し、基本的な教義が整備されるとともに、「調和協会」という名の団体が形成された。調和協会に入会するためには高額の入会金を支払う必要があったが、それでも順調に会員数を伸ばし、多くの支部が設けられた。メスマーの評判を聞きつけ、彼のもとに駆けつける患者の数も増加したため、動物磁気の調和と分有によって多くの患者たちを一度に治癒するために、次のような儀礼めいた行為が考案された。すなわち、「分利室」と呼ばれる部屋が設けられ、その部屋の中心に水を張った桶を置き、メスマーがこれを凝視することによって、水のなかに動物磁気を満たす。桶のなかからは数十本の針金が伸ばされており、患者たちはその端を握って桶の回りに座った。そしてメスマーは、簡単な目配せや手の動きを示すだけで、患者たちに痙攣やトランス状態を引き起こすことができたという。

メスマーの磁気桶

メスメリズムの運動自体は、弟子たちの離反や、治療したはずの病が実はまったく治癒していなかったというスキャンダルの発生、当時の科学者たちからの反論などにより、次第に下火に向かう。メスマーも、フランス革命直前の一七八五年にパリを離れ、最後は故郷近くの町で寂しく息を引き取ったと言われる。オウムを含め、近代社会において は、神秘的な力を持つと自称するカリスマが現れ、その資質によって群衆を魅了し、彼を頂点とする集団が形成されるという現象がしばしば見られるが、メスマーはその先駆けとなったと見ることができるだろう。

ニーチェの超人思想

メスマーとは発想も立場も大きく異にするが、近代人にその生の指針を示すために「超人」というヴィジョンを提示したのは、哲学者のフリードリヒ・ニーチェ（一八四四～一九〇〇）である。ニーチェは、近代の世界においてはもはやキリスト教の原理が通用しないこと、より具体的に言えば、キリスト教が提示してきた目的論的な歴史観が失効してしまったという事態に対して、もっとも正面から向き合おうとした思想家であった。

一八八五年に発表されたニーチェの主著の一つ『ツァラトゥストラ』は、超人賛歌と呼びうる詩的な作品である。主人公のツァラトゥストラは、三〇歳からの一〇年間、一人で孤独に山中に隠棲していたが、神が死んだ後の世界に対し、人間の生の指針となる「超人」のあり方を示すために、山から下りて人間たちと接触する。しかし、興味本位でツァラトゥストラに近寄ってきた群衆は、彼の語る言葉をまったく理解しようとしない。彼らは、「われわれは幸福を発明した」と口にして、現状に深く自足した態度を見せる。そして彼らはツァラトゥストラに「愛とは何か、創造とは何か、憧れとは何か、星とは何か」といった哲学風の空虚な問いを向けては、思わせぶりな瞬《まばた》きを繰り返すばかりであった。ツァラトゥストラは、神が死んだということにさえ気づかず、功利主義的で教養俗物的な生き方に自足している群衆を「末人」や「畜群」と呼んで蔑《さげす》み、彼らのもとを離れる。

群衆から身を遠ざけたツァラトゥストラは、独白に近いスタイルで「超人」について語り始める。しかしそもそも、なにゆえに超人の存在が必要とされるのだろうか。

一言で言えばそれは、キリスト教の神がすでに死んでしまったため、神の存在を基準として人間主体を陶冶してゆくという従来の方法が、もはや通用しなくなったからである。ニーチェは、キリスト教的な主体から超人へと至る精神の歩みを、駱駝《らくだ》、獅子、小児という三段階の比喩を用いて語っている。ここで駱駝とは、敬虔の念に溢れた重荷に耐える精神、すなわちキリスト教の規範に従属する禁欲的精神のことを指すが、これに対して獅子は、「われは欲す」という欲望と意志の言葉によって、その生き方を打ち砕く。しかし獅子も、新しい価値を自ら創造することはできない。それが可能なのは、無垢な小児である。小児は、過去については忘却し、その目は常に新しい始まりに対して開かれ、世界生成のありのままの姿を肯定する。「創造の遊戯」によって新たな価値を生み出すことができるのは、小児＝超人なのである。

ニーチェは、プラトン主義的な形而上学や、神の国の実現という目的＝終末《テロス》を設定するキリスト教的な歴史観を、空虚な「背後世界」の存在を仮定し、それによって人間の価値や存在意義を捏造しようとする錯誤的な思考であるとして、厳しく退ける。それに代わってニーチェが持ち出すのは、いわゆる「永劫回帰」の世界観である。それによれば、あの世などという「背後世界」は実在せず、存在するのはあくまでこの世だけである。そしてこの世において、万物は流れ去るとともに、再び同一の状態へと回帰する。死もまた、人間の生にピリオドを打つものではない。人の一生はまったく同じあり方で、同じ世界のなかに再び回帰してくるからである。何らの意味も目的も終わりもなく、流れ去っては永久に回帰し続ける世界――こうした世界観を肯定的に受容できるかどうかという点に、人間が超人へと変容する際の試金石があると、ニーチェは主張する。

既存の意味や目的が失効した時代にあって、その空虚さを肯定的に受け止め、むしろ自ら新しい価値を生み出すことのできる存在＝超人になること、そこにこそ、人間の生の意味がある。こうしたニーチェの主張は、きわめて根深い逆説性を孕んだものであり、その思考の歩みはまさに苦闘と呼ばれるにふさわしい。そしてニーチェの思想も、超人という人間観や、永劫回帰の世界観といったその大枠によって評価されるべきではなく、むしろ逆説に満ちた思想的葛藤のなかで彼が示した具体的な霊感の数々によってその真価を計られるべきであると思われる。また私は、ニーチェの超人思想が、オウムの思考と直結していると言うつもりもない。なぜなら、ニーチェはあの世の存在を明確に否定しているし、また超人を、群衆に対して背を向ける孤独な存在として描いているからである。

しかしそれでもなお、思想史の流れを大局的に見れば、オウムが唱えた「超人類」や「解脱者」につながるような人間像が、ニーチェの超人思想によってかなりの程度造形されたということは、否定しえないように思われる。それは第一に、キリスト教的理念やその目的論的歴史観を退け、世界の実相として円環的な永久運動を想定したこと、そして第二に、そうした世界観を前提として、人間が現在の自己を超えた存在へと進化しうると唱えたことである。『ツァラトゥストラ』（＝ゾロアスター）というタイトルも相まって、ニーチェの提示した永劫回帰の世界観は、優れて東洋的なものとして一般に受容された。また永劫回帰の世界観においては、人間は事実上不死の存在として捉えられ、そして超人は、今や消失した神に取って代わる存在へと高められているのである。ニーチェの思想は、シユタイナーやユングのような二〇世紀のロマン主義者たちに多くの霊感を与え、また後に見るように、ナチズムにおける進化論や人種論を支えるバックボーンともなったのだった。

ウェーバーのカリスマ論

カリスマという存在に対して初めて理論的な考察を試みたのは、社会学者のマックス・ウェーバー（一八六四〜一九二〇）である。ウェーバーは『支配の社会学』という著作で、人間社会における支配の形態を、合法的支配、伝統的支配、カリスマ的支配の三つに大別した。このなかで合法的支配とは、形式的に正しい手続きで定められた規則に基づいて行われる支配形態であり、典型的には官僚制を指す。次に伝統的支配とは、古《いにしえ》から存在する秩序と支配の神聖性に対する畏敬の念に基づくものであり、典型的には家父長制を指す。最後にカリスマ的支配とは、支配者の持つ天与の資質（カリスマ）、とりわけ呪術的能力や英雄性、弁舌の才に対する信奉者の情緒的な帰依によって成立する支配形態であるとされる。

ウェーバーはさらに、カリスマ的支配を二つの形式に区分する。その一つは、伝統的支配と強く結びついたカリスマ的支配であり、具体例としては、カトリックのローマ教皇やチベットのダライ・ラマといった宗教的権威が挙げられる。これらの人物は、確かに特別な神秘的能力を有すると見なされるが、その力は個人的資質によるというよりも、宗教的な伝統を継承することによって生み出されたものである。これに対して、第二のカリスマの形態は、より純粋なカリスマのあり方を示している。彼は、すべての制度的・伝統的な既定事項に反対し、合理的な操作による支配を否定し、むしろ非合理なまでに昂進された情動の力によって、新たな「自然法」を革命的に創出しようとする。リンドホルムは、ウェーバーの提示するカリスマ像について、次のように述べている。

> カリスマがもつ磁力の源泉についてウェーバーがどう考えていたかは、彼がどのような人間たちをカリスマ的指導者の原型とよんでいるかを見れば明らかになる。それはシャーマン、癲癇病者、狂暴な戦士、海賊、デマゴーグ、預言者であった。ウェーバーによればこのような人物たちは、いかなる種類のものであれ、強烈な色調をおびた感情を露わにしめすことができる独特な生得的能力においてきわだっている点で、カリスマ的である。ニーチェの場合と同様、ウェーバーがイメージするカリスマ的人物は、平凡な人間たちよりも生気にとんでいる。つまり彼らは、世俗のあり方からはずれた、しかも通常の感情生活よりも大きな潜在的可能性をもった、変異せる強烈な意識状態のうちに存在しているとみなされるのである。
>
> （『カリスマ』四四頁）

近年のウェーバー研究においては、彼がニーチェの哲学から深い影響を受け、その世界観に魅了されていたということが明らかにされている。前章で見たジェイムズやユングと同様に、長期間にわたる鬱的症状に悩まされていたウェーバーにとって、いかにして精神的活力を取り戻すことができるかということは、彼自身の抱える重要な実存的課題であった。そうしたウェーバーの目に、ニーチェの「超人」のヴィジョンがきわめて魅力的に映ったこと、またそれが彼のカリスマ論に何らかの影響を及ぼしたということは、想像に難くない。

しかしウェーバーの思い描いた未来像は、ニーチェのそれより遥かに悲観的なものであった。ウェーバーの歴史観とは、社会は紆余曲折の末、全体としては脱魔術化・合理化の過程をたどるというものである。そして、合理化が深く進行する近代においては、これまで社会の秩序が大きく転換する際に重要な役割を果たしてきたカリスマも、その存在を許されなくなる。『プロテスタンティズムの倫理と資本主義の精神』の末尾においてウェーバーは、ニーチェの概念に依拠しながら次のような有名な言葉を記している。

こうした文化発展の最後に現われる「末人たち」にとっては、次の言葉が真理となるのではなかろうか。「精神のない専門人、心情のない享楽人。この無の《ニヒツ》ものは、人間性のかつて達したことのない段階にまですでに登りつめた、と自惚れるだろう」と。

（『プロテスタンティズムの倫理と資本主義の精神』三六六頁）

近代の資本主義システムが進展した結果として現れるのは、精神のない専門人、心情のない享楽人といった、無数の「末人」たちであり、そこに「超人」の占めるべき余地はまったくない。『支配の社会学』の枠組みに照らせば、これを次のように理解することができるだろう。かつてルターやカルヴァンといったカリスマ的人物によって喚起され、「召命＝天職《ベルーフ》」に基づく自己の陶冶という新しい主体形成の方途を作り上げた宗教改革の精神も、資本主義の進展の過程において、自動機械のように組み上げられた精緻な官僚制機構に取って代わられ、それは誰もそこから逃れることのできない「鉄の檻」として機能する。そして資本主義は、化石燃料の最後の一欠片を燃やし尽くすまで、その運動を止めることがないのである。

群衆心理学

生気を失った、精巧な自動機械としての群衆社会。ニーチェやウェーバーが思考の対象とし続けたもの、そして自らがその波に呑み込まれることを恐れたものは、こうした群衆社会の有り様であった。そして、ニーチェの構想した「超人」は、群衆と折り合うことなく彼らに背を向け、ウェーバーの描く「カリスマ」は、合理化された社会システムに侵食されて歴史から姿を消してゆく——それが彼らの思い描いた未来の姿だったのである。

しかし他方、ニーチェやウェーバーと同時期に、ギュスターヴ・ル・ボン（一八四一〜一九三一）やガブリエル・タルド（一八四三〜一九〇三）といったフランスの社会学者たちによって提唱された「群衆心理学」の知見は、彼らと同じく群衆とカリスマの関係を問題にしながらも、まったく正反対の結論に到達している。ル・ボンやタルドによれば、近代の群衆社会においてはむしろ、カリスマ的指導者がかつてないほどに強い力をふるうことになるというのである。

こうした見解の相違の背景には、近代フランスの歴史が、ロベスピエールやナポレオンといったカリスマ的指導者によって大きく左右されてきたという事実がある。フランス革命の際に群衆が見せた激しい「集合的沸騰」の有り様は、デュルケムを含めたフランスの社会学者に決定的な影響を与えた。一つの場所に多くの群衆が集合すると、彼らは理性や道徳意識を欠落させて、容易に感情を暴発させるようになる。そして、いったん群衆の感情に火がつくと、彼らは著しい昂揚感のなかで、外部からの暗示にかかりやすい状態に陥るのである。あたかもメスマーが催眠術によって患者を自由に操作したのと同じように、指導者は群衆を意のままに操ることができるようになる。ル・ボンは、指導者のあり方について次のように述べている。

指導者は、多くの場合、思想家ではなくて、実行家であり、あまり明晰な頭脳を具えていないし、またそれを具えることはできないであろう。なぜならば、明晰な頭脳は、概して人を懐疑と非行動へ導くからである。指導者は、特に狂気とすれすれのところにいる興奮した人や、半狂人のなかから輩出する。彼等の擁護する思想や、その追求する目的が、どんなに不条理であろうとも、その確信に対しては、どんな議論の鋭鋒もくじけてしまう。軽蔑も迫害も、かえって指導者をいっそう奮起させるだけである。一身の利益も家庭も、一切が犠牲にされている。指導者にあっては、保存本能すら消えうせて、遂には、殉教ということが、しばしば彼等の求める唯一の報酬となるのだ。強烈な信仰が、大きな暗示力を彼等の言葉に与える。常に大衆は、強固な意志を具えた人間の言葉に傾聴するものである。群衆中の個人は、全く意志を失って、それを具えている者のほうへ本能的に向うのである。

(『群衆心理』一五一～一五二頁)

群衆は指導者の命令を受けて、あるときには普段は見られないような過激な暴力性を、あるときにはきわめて粘り強い忍耐力を発揮する。それでは指導者は、どのような仕方で群衆を彼の命令に従属させるのだろうか。ル・ボンが述べているようにそれは、緻密に組み立てられた理性的な議論によって群衆を説得する、ということではない。むしろ指導者は、論理的に反駁することのできない次元の事柄を、強い意志のもとに無条件に断言し、その言葉を幾度となく反復するのである。「断言された事柄は、反復によって、人々の頭のなかに固定して、遂にはあたかも論証ずみの真理のように、承認されるにいたる」(『群衆心理』一六〇頁)。指導者の熱狂、強固な意志、反復される断言は、群衆の一人一人に感染する。彼らはあたかも指導者の分身《コピー》であるかのように振る舞い、その意志に従うのである。

また、カリスマ的指導者となる人物は、誰にでも好意を抱かれるような、明朗で物わかりの良い存在というわけではない。むしろその逆である。彼はしばしば犯罪歴のある前科者であり、社会に対して強い敵意を向け、その一方で、同じほどの強さの深い自己陶酔の感情に浸っている。一言で言えば典型的なカリスマ像とは、反社会的な自惚れ屋、ということになるのだが、しかし群衆はこうした人物を、しばしば社会の舞台の中心に上らせようとする。というのは、一人の根無し草として自己の根拠の喪失に常に苦悩している群衆にとって、自己の内的なヴィジョンに心を集中しているカリスマは、完全なる自己統御を成し遂げた人物であるかのように見えるからである。カリスマは無数の群衆の上に君臨するが、彼と群衆一人一人の関係は、内密でプライベートなものとして経験される。カリスマの言葉は、普段の振る舞いにおいて隠されている彼らの後ろ暗い欲望を揺り動かし、群衆はカリスマの言葉を、あたかも自分一人だけに語りかけられた声であるかのように傾聴するのである。

精神分析のパラノイア論

群衆心理学の知見によれば、集合的沸騰の状態において群衆は、日常的な理性や道徳意識の箍《たが》を外し、指導者の放つ扇動的文言に対して恍惚的に身を委ねることになる。それではこうした現象は、どのような原因とメカニズムによって発生するのだろうか。それを明らかにしたのは、ある意味でメスマーの後継者であり、群衆心理学の後継者でもあった、ジークムント・フロイト（一八五六〜一九三九）の精神分析学である。

人間の人格形成に関する精神分析の理論において、重要な基礎を為している概念は、「自己愛《ナルシシズム》」というものである。通常、愛や欲望は、当然のことながら自分以外の外的な対象に向けられるが、しかし人間においては、自分自身を愛するといった倒錯的な愛情の形態が見られる。それどころか精神分析によれば、自己愛という契機は、人間主体が形成される上でもっとも根本的な要素にさえなっているのである。

人間はなぜ、自分自身を愛するのだろうか。その原因を精神分析は、人間がきわめて未成熟な状態で生まれてくるという生物学的事実に求める。生まれたばかりの人間は、自分の身体を自由に動かすだけの筋肉が備わっていないばかりか、神経系の未発達さゆえに、自己の輪郭の総体を有機的に知覚することさえできない。幼児の意識は、自己と他者、思念と現実の区別をつけることができないまま、周囲の環境のなかに溶け込んでいる。そして幼児の欲望は、うまく外部の対象を見つけることができない状態のなかで、知らず知らずのうちに自分自身の身体へと向けられることになるのである。精神分析はこれを「自体愛（オートエロティスム）」と呼ぶ。

人間の幼児は、ほんの数日間でも親から放置されれば、それだけで命を落としてしまうような、か弱く無能な存在である。それゆえに親は、幼児が泣けばすぐに駆けつけ、乳を与えたりおしめを替えたり頭を撫でたり、彼のために意を尽くすのであるが、このような環境は逆説的にも、幼児に対して誇大な自己意識を与えることになる。幼児が何らかの欲求や欠乏を感じて声を上げると、それはすぐさま、何かの力によって充足される。すると幼児は、自分は思ったことを直ちに現実化できる全能の存在であると思い込むのである。フロイトは幼児をしばしば「赤ん坊殿下」と称し、その内面は「幼児的全能感」によって満たされていると考えた。

このように精神分析によれば、人間の主体において最初に芽生える自我の形態は、きわめて自閉的で、幻想的な全能感に満たされている。その後の成長過程で人間は、こうした幻想的で自己愛的な自我を、周囲の社会環境に適合させるために、より現実的な自我の形態へと造形し直してゆくことになる。しかし誰もが、そのプロセスに成功するわけではない。その過程ではさまざまな障害が発生し、それに応じた精神的疾患が生まれる。そして、催眠療法や精神分析的カウンセリング（自由連想法）とは、患者の意識を意図的に過去の段階にまで退行させ、そのなかで健全な自我が育つことを阻害した心理的「外傷《トラウマ》」を発見し、治療者への愛情の芽生え（「陽性転移」と呼ばれる）を手掛かりとして、欲望を他者へと開くための回路を再建することであると理解することができる。

しかしフロイトによれば、多くの患者たちのなかには、精神分析の療法が通用しない者たち、他者からの呼びかけにほとんど応答せず、自分自身が作り上げた妄想世界のなかに完全に閉じこもっているように見える一群の患者たちが存在する。フロイトはそれを「パラフレニー」と称した。この疾患は、今日の精神医学用語では「妄想性統合失調症」に当たると考えられるが、ここでは簡単に「パラノイア（妄想症）」と呼んでおこう。フロイトの取り上げたパラノイアの症例としては、ドレスデン控訴院民事部部長を務める法曹界の重鎮であった一方、帝国議会議員選挙に落選したことを切っ掛けに病を発症した、ダニエル・パウル・シュレーバー（一八四二〜一九一一）が有名である。シュレーバーが一九〇三年に公刊した『ある神経病者の回想録』（邦訳は『シュレーバー回想録』）には、シュレーバーが「神の女」となり、神と性交して、その言語を神経に直接刻まれるといった神秘的な恍惚体験や、医師から不当な監視や虐待を受けているという被害妄想、世界没落の幻想などが、精緻な筆致で記述されている。リンドホルムは、フロイトやその他の分析家たちが直面した「パラノイアの宇宙」について、次のように要約している。

その研究のなかで彼が発見したもの――そしてのちの研究家によって彫琢されたもの――は、時間が意味をもたず、空間が相互貫入可能で、思考が傍受され、世界が生きた諸力でみちあふれ、通常の論理規則など通用しない、奇妙な主観的宇宙であった。つまりそれは、強力な感情的衝動が支配し、全能的誇大感がパラノイア的な恐怖や激怒、また分割や投影といった認知プロセスによって増幅された内的世界であった。言いかえれば、フロイトとその弟子たちはパラフレニー病者たちのなかに、これまでに見た他の社会理論家たちがカリスマ状態の特徴として描いた非合理な信念や自己喪失・自他融合への欲望と大きな共通性をもった、無意識という精神宇宙を発見したわけである。（『カリスマ』一〇八〜一〇九頁）

少しだけ前章のテーマに戻るとすれば、このような精神宇宙は、ユングが「集合的無意識」と呼んだものにほぼ等しい。そしてフロイト自身もその存在を、パラノイアの症例を通してすでに知っていたわけである。しかしユングがそれを、そのなかに「本当の自分」を発見することができる神秘的空間として肯定的に捉えたのに対して、フロイトは幼児的全能感への退行、自己愛の病的な肥大化と見なしたのであった。

パラノイアに見られる妄想の性質は、それぞれのケースによって多種多様であり、またその一方、カリスマ的指導者の自我はいまだ現実に適応するための機能を失っているわけではないため、パラノイアとカリスマを安易に同一視することはまったくの誤りであると言わなければならない。しかし巨視的に眺めると、パラノイアの妄想とカリスマの世界観のあいだには、思考方法における次のような類似性が見られる。まず、自己の存在がきわめて重要かつ巨大なものであり、自らの意識状態や振舞いが、世界や宇宙全体に影響を与えるという考え（誇大妄想）。自分はそうした重要人物であるため、その行動はある勢力によって密かに監視されているという考え（注察妄想）。また、そのような秘密の勢力が、自分の活力や才能がうまく発揮されるのを妨げているという考え（被害妄想）。そして、これまでかろうじて支えられてきた世界の秩序が、今にも崩壊しかねないという考え（世界没落妄想）などである。

総体として言えば、パラノイアの妄想やカリスマの世界観においては、自己意識の輪郭や外縁がきわめて曖昧なものと化しており、それは茫洋としたまま宇宙全体にまで広がっている。そして彼は、自分と他人の違い、思念と現実の違いについて明瞭に区別することができないため、対象の性質を客観的に捉えることができず、それに対する彼の判断は、善かそうでなければ悪かという、単純な二者択一に陥りやすい。精神分析の理論は、このような思考が実は、幼児的な意識状態への退行から生まれるということを明らかにしたのである。

カリスマと群衆の交感

カリスマに関する諸理論を概観したこれまでの議論を、ここで簡単に整理しておこう。

カリスマの意識において、自己の存在はきわめて肥大化しており、彼は自分の意志の力によって、宇宙全体の秩序に働きかけることが可能であるとさえ考えている。彼は根深い自己陶酔の感情に浸っており、凡庸な人間たちを蔑視し、自分の偉大さを認めない社会に対して敵対的な思いを抱いている。このようにカリスマは、一見したところ、身の程知らずの自惚れ屋であり、しばしば反社会的な存在でさえあるが、しかし近代の群衆は、必ずしも彼の精神宇宙を幼稚で病的なものと見なさないばかりか、その教えや世界観を歓呼して迎えもする。果たして、それはなぜだろうか。

その理由は、次のような二つの側面から考えることができるだろう。まず第一に、カリスマの精神宇宙は、自我が未発達な時期において誰もが経験する意識の状態と近似的であり、その意味では一見していかに荒唐無稽に思われるとしても、誰もがそれに無意識的な親近性を感じ取ることができる、ということである（念のために書き添えておけば、精神分析の知見からすれば、このことを説明するのに、ユングの「集合的無意識」のような、それ自体が新たな誇大妄想の一つであるような仮説を持ち出す必要性はまったくない）。

そして第二に、近代の社会においては、自我を成熟させ、安定したアイデンティティを保つということが、きわめて困難であるということが挙げられる。これまですでに述べてきたように、近代においては社会があまりに巨大化しており、誰一人として社会の全体像を見渡すことができない。そして、社会のあり方を正確に知ることができないゆえに、人は社会における自分のあり方についても、正確に理解することができない。巨大で流動的な社会のなかで、見ず知らずの多くの他人たちと否応なく触れ合い、そのことに過分なストレスを感じながら、消費文化から生み出されるさまざまなツールを利用して仮初めにそれを誤魔化しているというのが、群衆の一般的な心理状態である。そして群衆は、お仕着せの仮面《ペルソナ》のような自我をまとわされていることに不満と鬱屈を感じ、適切な機会さえあればそれを脱ぎ捨てたいと欲している。リンドホルムは、そのことを次のように論じる。

麻薬やセックス、あるいは物質的な財の消費によってこの衰弱した状況を脱出しようとする人々の試みは、真の満足をもたらすことがない。なぜなら彼らの基本的な欲望は、原初的溶融の瞬間にあった安心とエクスタシーを取り戻したいということだからである。ある心理学者は、ナルシシズム的パーソナリティ類型に関する論文のなかで、その点を次のように書いている。「他の人間と部分的に溶融あるいは合一化した関係に自分が置かれていないとき、彼らは自分を空虚な、断片的な、孤独な存在として感じ、自分がだれなのか、また相手がだれなのかということさえも、はっきりとは分からなくなる」（アドラー）。このような人間たちは、自分が同一化することのできる人間、またその人間ならば完全な人格解体の恐れなしに自他境界喪失の力強い感情を見出すことができる、というような人間をたえず探しもとめるであろう。

（『カリスマ』一五六～一五七頁）

『ツァラトゥストラ』の記述において事実に反しているように思われるのは、ニーチェが「末人」たちを、現状に自足した存在として描いていることである。実際には群衆は、現状に満足などしていない。彼らは、多くの人間が集合することによって作り上げられた巨大な社会から常に物質的な恩恵を被っていながらも、その状況自体に対して、言いようのない不満を抱いている。

群衆は、自らもその一員である群衆を嫌悪し、蔑視する。群衆は、自分自身は群衆ではない特別な人間（超人）であり、不愉快にも自分の周りを取り囲んでいる自分以外の他人の群れこそが、魂を失った畜群（末人）であると考える。群衆意識の実態とはこうしたものであり、その意味において「超人」と「末人」は裏側で通底している、あるいは、両者は実は表裏一体のものである、と言わなければならないだろう。

アノミー的環境に疲弊し、絶えざる自己疎外感に苦悩する群衆は、自分自身を特別な存在であると感じさせてくれるような対象を、常に追い求めている。そして、群衆からカリスマと目される人物もまた、かつては疎外感に苦しむ群衆の一人に過ぎなかった。彼は、独特の世界観や、完全な自己実現を達成したかのように見えるスタイルを作り上げることによって、他の群衆をそれに巻き込んでゆく。カリスマを中心とする共同体はこうして形成されるが、彼らは自分たちが絶対的な善の立場にあると考えるとともに、外部にいる人間たちに対して、群衆にまつわる否定的なイメージを投影する。彼らは群衆を、低次の生き方に自足した「人間以下」の存在と見なすのである。

3　ナチズムの世界観

ヒトラーの『わが闘争』

さてここまで、全体主義という体制が成立するための基軸となる「カリスマ」の性質を概観するために、いささか抽象的な記述が続いてしまった。全体主義的な体制と見なされるもっとも典型的なケースは、周知のようにナチズムのそれであり、そしてその世界観や活動の実態を理解しておくことは、実はオウムを理解するためにも不可欠の前提を為す。人種進化論やユダヤ＝フリーメイソン陰謀論、さらには集団殺戮兵器としてのサリンなど、オウムはナチズムから多くのものを「継承」していると考えられるからである。ゆえに本節では、ナチズムの運動について概観することにしよう。

ナチズムの運動の「指導者《フューラー》」であったアドルフ・ヒトラー（一八八九～一九四五）は、どのような生い立ちの人物なのだろうか。ヒトラーは、ドイツとの国境に近いオーストリアの小さな町に生まれた。父親は税官吏であり、彼はヒトラーも官吏になることを望んでいたが、彼の学校の成績はそれに見合うほど芳しいものではなかった。厳格だった父が一九〇三年に亡くなると、ヒトラーは画家になることを目指して大都市ウィーンに出る。その数年後には母親も死去したため、彼は両親から残されたいくらかの遺産を頼りに、ウィーンで「根無し草」としての生活を送ることになったのである。

有名な自伝の『わが闘争』に詳細に描かれているように、ウィーンでのヒトラーの生活は、快適で希望に溢れたものとは言い難かった。彼は美術学校を二度受験するが合格できず、手当たり次第の読書によって独学し、心酔していたワーグナーのオペラを見るために、食費を切り詰めては歌劇場に通うといった不安定な毎日を過ごした。また、当時のオーストリア政府に強い嫌悪感を抱いていたヒトラーは、一九〇九年に兵役を拒否するが、これによって定職を持つことや一箇所に定住することが難しくなり、彼はさまざまな日雇い労働に手を染め、浮浪者収容所を含む各所を転々とする生活を送った。

そうした生活のなかでヒトラーが目にしたのは、ウィーンに集った群衆の惨めな姿であった。当時、ウィーンの人口は急速に増加しており、さまざまな地域や民族の出身者がこの大都市に集まっていたが、大半の人々にとって、その生活環境や労働条件はいまだ劣悪なものであった。群衆は景気の変動のたびに仕事を奪われ、住居を失って簡単に浮浪者へと転落した。「環状道路の宮殿の前には、幾千もの失業者がぶらぶらしており、旧オーストリアの凱旋道路の下には、運河の薄明と泥濘《ぬかるみ》の中に、浮浪者が住みついていた」(『わが闘争』上巻、四九頁)。貧しく不安定な生活環境は、人々の精神を荒廃させた。当初、夢を抱いてウィーンにやってきた人々も、その生活態度は次第に、自暴自棄で猜疑心に満ちたものに変わっていった。また、貧しい両親に育てられた子供たちは満足な教育も受けられず、彼らは幼いうちから、怠惰で刹那的な生き方をその身に染み込ませていた。

われわれの人生は、なぜかくも惨めなのか——自身もまた苦悩する群衆の一人であったヒトラーは、ウィーンで孤独な思索を続けるが、あるとき雷光が走ったかのようにその「答え」を発見する。彼はウィーンの町中で、長いカフタンをまとい、黒い縮れ毛を伸ばした人間に出くわした。その人物は東欧出身のユダヤ人であり、その文化に属する伝統的な衣装を身につけていたわけだが、ヒトラーは彼の外観や臭気に、嘔吐を催すほどの嫌悪感を覚える。そして彼は、町で売られていた反ユダヤ主義のパンフレットを初めて購入して一読し、その世界観に急速に染まってゆく（後に述べるように、一説によるとこのパンフレットは、『オスタラ』という名のオカルト雑誌であったと言われる）。

それによれば、現在の社会に存在するあらゆる悪の原因は、ユダヤ人にある。ヒトラーは、群衆社会に含まれるさまざまな否定的要素、すなわち、不安定さ、理不尽さ、下劣さ、扇情さ、不潔さなどをすべてユダヤ人に投影し、それらが生み出される原因を彼らに帰してゆくのである。

> 肉体的不潔以上にはからずも、この選ばれた民族の道徳的汚点を発見したときは、嫌悪の情をいだかずにはおれなかった。まもなくある領域でのユダヤ人の活動のやり方に対する洞察が徐々に深くなってきたとき、これほど考えさせられる気持になったものはなかった。どんな形式のものであれ、まず第一に文化生活の形式において不正なことや、破廉恥なことが行なわれたならば、少なくともそれにユダヤ人が関係していないことがあったであろうか？　こういうはれものを注意深く切開するやいなや、人々は腐っていく死体の中のウジのように、突如さしこんだ光によってまぶしくて目の見えないユダヤ人を、しばしば発見したのである。
>
> （『わが闘争』上巻、九三～九四頁）

ヒトラーは『わが闘争』のなかで、単なる比喩表現とは思えない仕方で、ユダヤ人を繰り返し「寄生虫」や「伝染病」と呼んでいる。ユダヤ人のもたらす害悪がどこまで及んでいるのか、そのことは外見上では、実はあまり良く分からない。ユダヤ的なるものは、人々の精神や肉体の見えない部分に侵食しているからである。

しかし、ヒトラーの「慧眼」は、さまざまな領域に潜むユダヤ性を隈なく探り当てる。『わが闘争』において具体的に槍玉に挙げられているのは、民主主義、議会主義、新聞や雑誌といったマスメディア、マルクス主義、金融資本家、売春業などであり、ユダヤ人たちはこれらの活動を背後から操ることによって、人間たちの心から高貴さを奪い取り、彼らを利己的な欲望に満ちた家畜のような存在に貶めようとしている、と論難される。

ユダヤ民族を悪しき存在として描けば描くほど、それと対照的にヒトラーの目に際立って映るようになるのは、ゲルマン民族の本来的な優秀性である。大都市ウィーンの喧噪に塗《まみ》れ、薄汚れた生を送っているのは、その真の姿ではない。ゲルマン民族は本来、金髪碧眼の美しい身体を持ち、道徳的には高貴な意志と強い責任感を有している。ヒトラーのゲルマン民族讃美は、「アーリア人種」に関する当時の学説と結びつき、アーリア人こそはあらゆる文化を創造してきた特別な人種であるという、自民族中心主義的な「偽史」を生み出すことになる。

われわれが今日、人類文化について、つまり芸術、科学および技術の成果について目の前に見出すものは、ほとんど、もっぱらアーリア人種の創造的所産である。だが外ならぬこの事実は、アーリア人種だけがそもそもより高度の人間性の創始者であり、それゆえ、われわれが「人間」という言葉で理解しているものの原型をつくり出したという、無根拠とはいえぬ帰納的推理を許すのである。アーリア人種は、その輝く額からは、いかなる時代にもつねに天才の神的なひらめきがとび出し、そしてまた認識として、沈黙する神秘の夜に灯をともし、人間にこの地上の他の生物の支配者となる道を登らせたところのあの火をつねに新たに燃え立たせた人類のプロメテウスである。人々がかれをしめ出したとしたら——そのときは、深いやみがおそらくもはや数千年とたたぬうちに再び地上に降りてくるだろう。そして、人間の文化も消えうせ、世界も荒廃するに違いない。

（『わが闘争』上巻、四一三頁）

ヒトラーは世界中のすべての人種を、「文化創造者」「文化支持者」「文化破壊者」の三種類に大別しようとする。このなかで「文化創造者」とは、先に述べたようにアーリア人種を指し、彼らが生み出したものを外見だけを変えて再生産する「文化支持者」には、日本人を始めとするアジア人種が含まれる。そして、忌むべき存在である「文化破壊者」とはユダヤ人を指し、彼らは寄生虫のようにさまざまな民族の内側に入りこんでは、人種混淆によってその血を汚し、文化の価値を堕落させてしまう。特にユダヤ人は現在、高貴なるゲルマン人に積極的に寄生して混血を進め、その血を汚して文化を堕落させようとしている。その目論みを、何としてでも防がなければならない。

ユダヤ人の特性が、国際的（＝間《インター》‐民族的《ナショナル》）な混血主義と利己的な無責任性にあるのに対し、ゲルマン人の特性は、民族的な純血主義と共同体的な有責性にある。現在、ドイツやオーストリアの政治においては、民主主義的な議会制度が取られており、そこではマスメディアによって発表される「世論」なるものが幅を利かせている。議会は諸々の利己的な権益が争われる場となり、多数決で決定される法や政策については、その帰結に対する責任を取ろうとする者が誰もいない。その原理は、まったくユダヤ的なものに支配されているのである。今日求められる政治家とは、ゲルマン民族の高貴な血を守るためにその共同体に身を捧げる者、強固な意志の力によって民衆を統制し、その指導の帰結を責任をもって引き受ける者である。そのために政治家は、個々の政策の土台となる明確な世界観を有していなければならない――これが『わが闘争』におけるヒトラーの主張である。

ユダヤ＝フリーメイソン陰謀論――『シオンの賢者の議定書《プロトコル》』

『わが闘争』においてヒトラーが、ユダヤ的なるものとして指弾している対象、すなわち、民主主義、マルクス主義、マスメディア、国際金融資本、売春業などには、確かに共通した傾向が見られる。言わばそれは、人間を慣れ親しんだ故郷の大地から引き剥がし、不透明で流動的な社会の渦中へと投げ込むもの、すなわち、近代的な群衆社会の特性を象徴するものなのである。

しかしながら彼の思索は、完全な論理的一貫性を備えているとは言い難い。具体例を一つ挙げれば、ヒトラーは、マルクス主義者と資本家をともにユダヤ的であると見なしているが、言うまでもなくマルクス主義は資本家の打倒をその政治目標として掲げており、対立する両者がともにユダヤ的であるというのは辻褄が合わないからである。これをどのように考えれば良いのだろうか。

ここでヒトラーが持ち出すのが、いわゆる「ユダヤ陰謀論」である。ユダヤ人による活動はきわめて多岐にわたり、一見したところ支離滅裂で、ときに相互に対立しているかのように思われるが、それは実は、ユダヤの活動の実態を察知されないようにするための「陰謀」に他ならない。それらの背後には、すべての糸を引いている秘密結社が存在し、ある目的を達成するために、隠された計画を進めているのである。そしてその計画の内容は、『シオンの賢者の議定書《プロトコル》』と呼ばれる文書に記されている（以下、『議定書』と略す）。

『議定書』とは、二〇世紀初頭からヨーロッパに広まり始めた文書であり、ユダヤの賢者たちによって行われた、ある秘密会議の議事録であるとされる。しかし議事録とはいうものの、その文体は実際には議長と目される人物の独演であり、「ユダヤの王」による世界支配を目指した秘密裏の計画について論じられている。

その記述は全体として散漫で、文脈が明らかでない部分が多々含まれているため、内容を要約することが難しいが、大枠としては次のようになる。近代の自由主義的風潮によって従来の貴族政治は没落し、民衆は政治的な主体性を手にした。しかし、彼らは無知で無能なため、適切な政治を行うことができず、金銭の力や政治的憶測に左右されて支配者を選択するという傾向にある。ゆえに、フリーメイソンのような秘密結社を使って民衆の意見を分裂させ、国家間の対立を扇動すれば、民衆や国家の力は徐々に弱体化してゆくだろう。そのとき、ユダヤ人の持つ強力な金融力を背景に「ユダヤの王」を押し立てれば、彼は容易に全世界を支配することができるはずである——。

『議定書』成立の経緯については、歴史家ノーマン・コーンによる研究書（邦訳は『ユダヤ人世界征服陰謀の神話』）に記されているので、詳しくはそちらを参照していただきたいが、この文書が捏造された「偽書」であることは、すでに一九二一年にイギリスの『タイムズ』の記事によって暴露されている。『議定書』に見られる近代社会の批判的分析は、一八六四年にモーリス・ジョリという弁護士が著した『モンテスキューとマキャヴェリの地獄の対話』という書物からの剽窃であることが認められ、ユダヤによる秘密の世界征服計画とは、本来何の関係もないものだったからである。またフリーメイソンに関しても、ここで詳しく述べることは控えるが、その実態は啓蒙精神に則った、宗教や人種にとらわれない自由主義的結社であり、「ユダヤ人の秘密結社」というものとは程遠い。

このように『議定書』が偽書であることは、ヒトラーが『わが闘争』を執筆した一九二四年の時点ではすでに周知のものとなっており、彼もまたそのことを知っているのだが、ヒトラーは多くの新聞がそれを書き立てることについて、「これこそそれが本物であるということのもっともよい証明である」（『わが闘争』上巻、四三八頁）と判断する。というのは、ヒトラーは新聞や雑誌などのマスメディアはユダヤによって操られていると考えており、同時に『議定書』においては、ユダヤの計画を漏らしたり、それに反対したりする者は、どのような手段によってでもこれを葬り去るということが述べられているからである。『議定書』が偽書であることを主張する者たちは、ヒトラーの目には、ユダヤによって密かに操られている者に映る。彼らが存在することは、ユダヤの陰謀に荷担している者たちが蔓延している証拠、『議定書』のプログラムが真実であることの何よりの証拠として理解されるのである。

こうして、表面的に露わにされたものにはその「裏」があるのではないだろうか、と考える「陰謀論的解釈学」は、必然的に裏の裏、裏の裏の裏を追求することを余儀なくされ、その妄想の連鎖には、原理的に歯止めが利かなくなる。ヒトラーは、ヘルマン・ラウシュニングと交わした個人的な会話のなかで、『議定書』について次のように語っている。

資本主義と呼ばれ、不断に運動し興隆する経済を見出したのはユダヤ人だ。この極めて洗練され、しかも単純で自動的なメカニズムの天才的創造者なのだ。迷わされてはいけない。これこそ天才的だ。悪魔的なまでに天才的だ。現代科学は、ユダヤ人の創造である。もっぱら彼らによって支配されてきた。それは、彼らが、世界のあらゆる国家を、その支配者の上に張りめぐらした、超国家なのである。だが、今や、われわれが、永久革命という世界観を持って、彼らと競うことになった。ユダヤ人が、あらゆる点において、ドイツ人の正反対でありながら、しかも大変似ていること、二人の兄弟としか見えぬことに気づかなかったかね。私は、以前『シオンの賢者の議定書』を読んで、真に魂を震撼させられた。この危険な敵の潜伏、敵の遍在！　ただちに、われわれがこれを模倣せねばならぬことに気づいた。無論、われわれ独自のやり方によってである。この永遠に動き続ける人間たちのことを考えてみたまえ。そしてわれわれもまた、これに似ていると同時に、まったく異なる永久運動に関する新たな信仰を持って登場する。まさに、世界の命運を賭けての決勝戦なのだ。

（『永遠なるヒトラー』二八七〜二八八頁）

アーリア人種論——人間とは生成途上の神である

「悪魔的なまでに天才的」なユダヤ人たちが世界中に張り巡らした不可視のネットワークに対抗するため、神聖なるアーリア人の結束を固めなければならない——これがヒトラーの世界観の基本的な枠組みであるが、ユダヤ人の悪魔的性質に対する妄想が膨らめば膨らむほど、アーリア人の神聖性についての妄想も、それに応じて肥大化することになる。それでは、ナチズムの唱えたアーリア人種論とは、いったいどのようなものだったのだろうか。その概要を簡単に押さえておこう。

アーリア人に関する近代の学説は、インドに滞在していたイギリスの言語学者ウィリアム・ジョーンズ（一七四六～一七九四）が、サンスクリット語とギリシャ語やラテン語のあいだに言語的類似性を発見したことに始まる。ここからジョーンズは、インドからヨーロッパにかけて分布するさまざまな言語が、ある共通の「祖語」から派生したのではないかという仮説を提示した。これは今日、「インド・ヨーロッパ祖語」と呼ばれている。

当初この説は、単なる言語史に関する理論でしかなかったが、次第に民族や文化の歴史全般に関する理論へと変化してゆく。その際に大きな役割を果たしたのは、ヨハン・ゴットフリート・ヘルダー（一七四四～一八〇三）、フリードリヒ・シュレーゲル（一七七二～一八二九）、マックス・ミューラー（一八二三～一九〇〇）といった、ロマン主義の影響下にあるドイツの学者たちであった。前章で触れたように、ロマン主義の一部の思弁においては、民族の固有性や優越性を強調する傾向が見られ、彼らは前述の祖語を共有する諸民族に対し、「高貴さ」を意味する「アーリア」人種と呼ぶべきであると主張した。そして、インド人やゲルマン人といったアーリア人種によって生み出された文学や芸術を高く評価し、それらはユダヤ人に代表されるセム人種の文化よりも、思想的・道徳的に優れていると主張したのである。

アーリア人種に関する理論はこうして、次第に学問的なものから幻想的なものへと変化していった。そのなかで姿を現してきたのは、アーリア人種、ひいては人類の起源が、北極付近にあるとする説である（この主題については、ゴドウィン『北極の神秘主義』および横山茂雄『聖別された肉体』に詳しい）。その典型例の一つとして、神智学者ブラヴァツキーが唱えた人種論が挙げられる。ブラヴァツキーは『秘密教義』において、歴史上に登場した人種を七つの種族に区分し、もっとも原初的な人種である「第一根源人種」は、北極付近にある「不滅の聖地」に、エーテル状の存在として現れたと論じた。また「第四根源人種」を、かつて大西洋上に存在した北方大陸に文明を築いたアトランティス人であるとし、「第五根源人種」のアーリア人は、このアトランティス人から派生したと考えた。アーリア人は、北方アトランティスの大地から南下して中央アジアに現れ、そこから、インド人、エジプト人、ペルシャ人、ギリシャ人、ゲルマン人などの、現在の諸民族に分かれていったのである。ブラヴァツキーは、これらの民族的伝統に隠された密儀を明らかにし、将来現れるであろう第六・第七根源人種への進化を目指すことが、神智学の目的であると主張した。

神智学のこうした発想は、一九世紀末から二〇世紀初頭にかけてドイツ国内に現れた数々のオカルト的結社においても共有され、そこではアーリア人種の根源性、優越性がいっそう強調されるとともに、それと同じほどに強力な、反ユダヤ主義的姿勢が打ち出された。先ほど述べたように、ヒトラーがウィーンで初めて手にした反ユダヤ主義のパンフレットは、『オスタラ』という名のオカルト雑誌であったことが推測されているが、これを発行していたのは、アドルフ・ヨーゼフ・ランツ（一八七四〜一九五四）というアーリア人種至上主義者であり、彼は「新聖堂騎士団」という秘密結社の主宰者でもあった。また、第一次大戦後に急速に拡大し、ナチスの前身になったオカルト的結社として「トゥーレ協会」がある。トゥーレとは、北方に存在する伝説の島を意味し、その地こそアーリア人の故郷であると考えられていた。

トゥーレ協会に属していた代表的論客としては、ナチの幹部の一人となったアルフレート・ローゼンベルク（一八九三〜一九四六）が有名である。一九三〇年に公刊されたローゼンベルクの著作『二〇世紀の神話』は、アーリア至上主義の世界観・歴史観を集大成した作品であり、『わが闘争』に並ぶナチズムの聖典として受容された。この書物では、伝説の北方大陸アトランティスがアーリア人種発祥の地とされ、そこから派生した諸民族によって優れた文化が生み出されたが、ユダヤ人、アジア人、アフリカ人といった劣等諸民族がその価値を損なってきたという二元論的な見方によって、歴史が描かれる。そして、ドイツの現代的課題は、ユダヤ＝フリーメイソン、カトリック、共産主義といった低劣な勢力を退け、優良北方種族たるゲルマン人の純血を保持することにあると主張される。

このように、ナチズムによるアーリア人種論は、客観的な歴史理解に基づいたものと言うより、純粋に神話的でイデオロギー的、あるいは妄想的とさえ言いうるものであった。優良民族と劣等民族という二元論は、ヒトラー自身の思考においても支配的だが、彼はそれを次のように表現している。再びラウシュニングとの対話を引こう。

「天地創造は終わっていない。少なくとも、人間という生物に関するかぎり終わっていない。人間は、生物学的に見るならば、明らかに岐路に立っている。新しい種類の人類はいまその輪郭を示し始めている。完全に自然科学的な意味における突然変異によってである。これまでの古い人類は、これによって、必然的に、生物学的に衰退の段階に入っている。古い人間は、衰退形態においてのみ、その生を生きながらえるのである。創造力は、すべて新しい種類の人間に集中することになろう。この二種類の人間は、急速に、相互に逆の方向へ発展している。一方は、人間の限界の下へ没落していき、他方は、今日の人間のはるか上まで上昇する。両者を神人および獣的大衆と呼ぶことにしたい。」

「それは、ニーチェと、彼の言う超人を想起させます。しかし、これまでは、それを精神的な意味に翻訳してとらえていました」そう私は答えた。

「そうだ。人間は超克されねばならぬものである。むろんニーチェはこれについて、すでに彼なりに知っていたのである。彼は超人を、すでに、生物学上の新種とさえみなしていたのである。むろんこの考えは、ニーチェにおいてはぐらついていたのであるが。人間が神となる。これこそごく明快な意味なのだ。人間とは生成途上の神である。人間は、自己の限界を乗り超えるべく、永遠に努力しなければならない。立ちどまり閉じこもれば、衰退して、人間の限界下に落ちてしまう。半獣となる。神々と獣たち。世界の前途は今日、そのようなものとしてわれわれの行く手にあるのだ。こう考えれば、すべては、なんと根源的で単純になることか。」

（『永遠なるヒトラー』二九六〜二九七頁）

神人と獣的大衆、あるいは神々と獣たち。ニーチェ思想の、そしてダーウィン的進化論の、何とグロテスクな翻案だろうか。しかし、ヒトラーは本気である。彼は「生存圏《レーベンスラウム》」と呼ばれるアーリア人種のユートピアを建設するために、ドイツの群衆の先頭に立ち、実際に政治を動かしてゆくことになる。

強制収容所と「生命の泉《レーベンスボルン》」

ごく簡潔に言ってしまえば、ナチスという党がそのもっとも根本的な「政策」に位置づけていたのは、劣等種族たるユダヤ人を追放、あるいは絶滅させ、優良種族たるアーリア＝ゲルマン人を保護・繁殖させるということであった。前者については、一九三五年に制定されたニュルンベルク法によって本格的に開始され、最終的には後に「ホロコースト」と称されるユダヤ人の大量殺戮へと至る。後者については、一般にはそれほど知られていないが、ナチスは「生命の泉《レーベンスボルン》」と呼ばれる養護施設をドイツ国内や占領地域の各地に建設し、純粋なゲルマン人の人口を増加させることに努めていた。

ユダヤ人の絶滅、ゲルマン人の増殖という政策は、共に「親衛隊（SS＝Schutzstaffel）」というナチスの中核的組織によって主導された。親衛隊はその結成当初、ヒトラーの身辺を警護するための小規模な組織に過ぎず、ナチスに属するもっとも大きな軍隊組織は「突撃隊（SA＝Sturmabteilung）」であったが、一九三四年、エルンスト・レームを始めとする突撃隊の幹部たちを、ヒトラーへの反逆の意志が見られるという理由で粛正した事件の際に中心的な役割を演じたことから、ナチスにおける最重要組織の位置を占めるようになる。親衛隊は、ナチス政権における警察活動や諜報活動を統括し、その指揮下にある秘密警察(ゲシュタポ)は、暗殺や処刑といった秘密裏の暴力行使を請け負っていた。また、親衛隊への入隊の際には、アーリア人の血を引いていること、ユダヤ人の血が混じっていないことが厳しく検査され、隊長のハインリヒ・ヒムラーを始めとするその幹部たちは、ヴェーヴェルスブルク城という古城で異教的な宗教儀式を執り行っていた。言わば親衛隊は、ナチズムの世界観をもっとも純粋に具現化した組織であると同時に、公にすることができない暴力的行為を密かに実践する組織でもあったわけである。

ドイツ国内や占領地域に建設された数々の強制収容所においては、およそ五〇〇万人から七〇〇万人に上る数のユダヤ人が虐殺されたと言われている。その詳細については、ここで触れることはできないが、特に強調しておきたいのは、アウシュヴィッツ収容所の入り口に「労働が自由を生み出す」という標語が掲げられていたように、強制収容所が工業的な労働施設の役割をも果たしていたということである。アウシュヴィッツ強制収容所には、I・G・ファルベンやシーメンス、クルップといった、ドイツを代表する企業が各種の製造プラントを建設し、抑留者たちを死に至るまでの過酷な強制労働に駆り立てていた。このなかでI・G・ファルベンは化学産業に携わる企業であり、ガス室における抑留者殺害に使われたことで有名な「チクロンB」は、その関連企業によって殺虫剤として製造されたものであった。さらに同社は、化学兵器の開発・製造によって軍事産業にも進出していた。タブンやソマン、そしてオウムが使用したサリンといった有機リン酸化合物の毒ガスは、チクロンBと同じく、同社によって本来は殺虫剤として開発されたが、後に兵器へと転用されたものである。また、シーメンスやクルップは鉄道建設で有名であり、これらの企業によって敷設された鉄道網は、ヨーロッパ各地から大量のユダヤ人を移送するために不可欠の役割を果たしたのである。

収容所の抑留者たちは、ある意味では、自らを抹殺するための手段を生産するために、強制的な労働に従事させられたとも考えることができる。抑留者の死体は焼却炉で焼かれた後に骨を砕かれ、付近の河に廃棄された。その施設はまさに、「死の生産工場」として機能していたのである。

強制収容所が「死の生産工場」であったとすれば、生命の泉《レーベンスボルン》という施設は、まさに「生の生産工場」であった。第一次大戦以降、ドイツの出生率は著しく低下しており、これにどのように対処するかということは、ナチス政権が抱える重要な課題の一つであった。そしてヒトラーやヒムラーは、いかなる手段を使ってでもゲルマン人を増殖させること、特に金髪・碧眼・長身といった「北方人種」的な身体的特徴を有した人間を増殖させることを、重要な政治的目標の一つとして掲げる。そのために一九三五年に創設された組織が、「レーベンスボルン協会」である。

強制収容所に続く鉄道
(Astrofuzzi)

この協会は、ドイツ国内においては、未婚女性の出産を奨励・保護することに努め、母親が子供を育てられない場合には、適切な里親（主にSSの隊員）を選定するということを行った。また、ポーランドを始めとする各占領地域においては、上述の身体的特徴を示した子供たちを強引に拉致し、ドイツ風の名前に改名させ、ドイツ語教育を施した上で、ドイツ人の家庭に養子として入籍させるということを実行したのである。その経緯は、クレイとリープマンによって著された『ナチスドイツ支配民族創出計画』という書物に詳しいが、まさにそれは、人工的な仕方で、優良北方種族という「支配民族」を作り出そうとする計画であった。

ナチズムの運動は最終的に、「優良種族」たるゲルマン人に対しては、人間的尊厳や家族の絆を無視した上で、その数をただ肉的に増殖させようとする政策を生み出し、「劣等種族」たるユダヤ人に対しては、あたかも大量発生した害虫を一斉に駆除しようとするかのような、徹底した虐殺行為に行き着いた。アーレントは、収容所においてユダヤ人を待ち受けていたのは、実は「死」ですらなかった、と論じる。というのは、これまでの西欧世界においては、敵や異端者を殺害する場合にも、彼らが「追憶されることの権利」を当然のこととして認めてきたが、収容所で現出したのは、「死というものがいかなる場合にも持つことのできた意味を奪った」(『全体主義の起原』第三巻、二五四頁)という前代未聞の行為であったからである。ユダヤ人たちは収容所で、人間として死んだのではない。彼らはそこで無名かつ無用の一生物として扱われ、かつて自分がこの世に存在していたというあらゆる痕跡を抹消されることになったのである。

4　洗脳の楽園

グルジェフの「ワーク」

次に、国家ではない共同体が全体主義的傾向を帯びるケースについて、いくつかの例を見ておくことにしよう。前節で触れたように、ナチズムの世界観は基本的に、各人種の身体的特徴という物質的な観点に基づいており、そしてその運動は、「劣った身体」を持つ者たちをこの世界から抹消するという、物理的な暴力手段に行き着いた。そして、このような手段が現実に可能となった前提として、近代の世界においては、暴力行為を正当に行使することを許されるのは国家だけであるという原則があったのである。

全体主義には、その世界観において否定的な位置づけを与えられる対象を、強引に排除・抹消しようとする傾向が存在するため、その運動には不可避的に根深い暴力性が伴う。そして近代においては、国家以外の存在が赤裸々な仕方で暴力を行使することが法的に禁じられている。それではやはり、全体主義の体制は、国家のみで成立しうるものなのだろうか。

実はそうではない。否定的な対象を物理的に抹消することができないのであれば、精神的に抹消するという手段が残されているからである。近代に見られるさまざまな宗教団体においては、独特な世界観を提唱する霊的な指導者が登場し、信者たちは彼の指示に従って、「修行」や「セミナー」や「ワーク」と呼ばれる集団的な実践に従事する。それらの行為は、日常生活では見られない特殊な性質を帯びたものであり、信者たちはその行為に没入することによって古い人格を克服し、新しい自己、本当の自分に目覚めるということを目標とする。しかし実際には、信者たちはそれによって自律的な主体性や自由意志を喪失し、指導者の言うがままの存在になってしまう。そこでは、自我に基づく意志や欲望を「古い観念」であると見なし、抹消してしまおうという試みが見られるのである。

こうした傾向は、近代における多くの宗教団体の運動に認められるものだが、その方法の原型を形作った人物として、主に戦間期に活躍した思想家である、ゲオルギー・イワノヴィッチ・グルジェフ（一八七七頃～一九四九）が挙げられる。グルジェフはアルメニア生まれの神秘主義者であり、青年期にインドやチベット、アラビアなどを放浪して、各地に存在するさまざまな秘教的伝統を学んだ。その経歴には、神智学の創始者であるブラヴァツキーと多分に似通ったところがある。また、グルジェフが唱える宇宙論や身体論は、独自の数秘学的思弁を駆使したきわめて精緻なものだが、大枠において神智学と類似していることが認められるため、ここでは特に触れないでおこう。

グルジェフがその教えにおいて繰り返し強調したのは、現代人の生のあり方が、無自覚的で機械的なものになっているということであった。現代人はさまざまな欲望や衝動に突き動かされて行動するが、自分がなぜそれを行わなければならないのか、本当は何を求めているのかということに気がついていない。現代人は自分のことを、明晰な意識や自由な意志を持った主体的存在であると考えているが、グルジェフによれば実は、その意識は深く眠り込んだ状態にある。グルジェフは人間の意識の状態を、眠っている状態、通常の目覚めた状態、自己想起の状態、客観的意識の状態という四つの状態に区分する。そして、機械的な行動や衝動を可能な限り自覚化することによって、もっとも高次の、客観的な意識の状態に達し、本質的な自己のあり方に目覚めるべきであると説く。
グルジェフのこうした心理学的理論の枠組みそのものは、前章で見たユングのそれとあまり大差ない。すなわち、社会的役割として与えられた仮初めの自己意識（「仮面《ペルソナ》」）を脱却し、本当の自分に目覚める、という目的論である。しかしグルジェフに独自性が見られるのは、本質的な自己意識に目覚めるためには、自分一人の力だけでそれを成し遂げるのは不可能であり、集団的な働きかけや指導者からのコントロールが不可欠であると考えた点にある。グルジェフの高弟の一人であったロシアの神秘思想家ピョートル・ウスペンスキー（一八七八〜一九四七）は、そのことを次のように記している。

何よりも彼には絶え間ない監視と観察とが必要だ。彼には自分を絶えず観察することはできない。それで彼は明確な規則を必要とし、第一にそれを完全に守るためにはある種の自己想起が必要であり、第二にそれは習慣との闘いに役立つ。人はこれを全部一人でやることはできない。人生では、常にあらゆることが、人が働くのにあまりに快適に整えられすぎている。スクールでは、自分が選んだのではない人たち、一緒に生活し働くのがとてもやっかいそうな人たちの中に、それもたいてい快適とはいえない不慣れな状況の中に自分を置くことになる。これが彼と他者との間に緊張を生む。この緊張はまた、しだいに彼の鋭い角をけずりおとすがゆえに必要不可欠なのだ。
（『奇蹟を求めて』五三三〜五三四頁）

一九二二年にグルジェフはフランスを訪れ、パリ近郊のフォンテーヌブローにある古い城館を買い取り、「人間の調和的発展のための協会」という名のコミューンを開設する。彼はそこで信奉者たちとの共同生活を送り、彼らの意識を変革・発展させるために、「ワーク」と呼ばれるさまざまな活動を実践した。

そのもっとも代表的なものは、イスラム神秘主義のスーフィズムから着想を得たと思われる集団舞踊であり、それはグルジェフの宇宙論を再現するための緻密な構成と、即興的に変化するダイナミズムを混合させた前衛的な内容であったと言われる。この舞踊はアメリカでの公演も行われ、グルジェフの名を舞台芸術家として知らしめる一因となった。

協会での日常生活においては、ヨーガ的な瞑想や身体訓練が行われる一方で、「ストップ」と称されるエクササイズが不意打ちで行われた。これは、グルジェフが協会員たちに対して「ストップ」という言葉を発すると、どのような状態であれ、彼らは現在の行動を即座に停止しなければならないというものである。「ストップ」の命令やその解除の権限を持つのはグルジェフのみであり、それに対しては絶対に服従することが求められた（水のなかで泳いでいる際に「ストップ」を掛けられたために、危うく溺死しかけた協会員もいたと言われる）。グルジェフによればこのエクササイズは、普段の機械的な行動に対して自覚的になるために必要なものとされた。

しかし、実際に協会員たちがその長い時間を費やすことになったのは、上述のような刺激的な訓練ではなく、庭の手入れや食事の用意、あるいは目的の分からない外国語の習得や、掘っては埋めることを繰り返す無意味な穴掘りなどの、文字通りの強制労働《ワーク》であった。しかもその労働は、性格の合わない者同士がパートナーを組まされたり、膨大な量の仕事を短時間で終わらせることを命じられたりするなど、理不尽で気まぐれなものであった。グルジェフはワークを、本人がこれまで作り上げてきた自意識や固定観念を突き崩すために必要なものであると考えた。過酷で目的の分からない作業に没頭することで、新しい精神的境地に到達したと感じた者もいたが、多くの人々は深刻な神経衰弱に悩まされた。「ここには温和ではあるが気がふれた校長が管理する、残酷な寄宿学校の雰囲気が漂っていた」(『神秘主義への扉』三二六頁)。

グルジェフのコミューンは、彼自身が自動車事故を起こして怪我を負うという事件に遭遇したこともあり、比較的短期間のうちに解散することになる。しかし彼の思想やワークの技法は、神智学やユング心理学とともに、戦後アメリカのニューエイジ思想によって受容され、とりわけ「ヒューマン・ポテンシャル運動」と呼ばれる集団療法の潮流を形成するのに寄与した。そしてその運動は、「自己啓発セミナー」という商業的なパッケージにくるまれ、世界中の先進国に輸出されることになったのである。

ヤマギシ会の農業ユートピア

自己啓発セミナーにおいて参加者たちは、「トレーナー」と呼ばれる指導者の指示に従ってさまざまな心理学的実践に身を委ね、最終的には、それまでの自我や固定観念を捨て去り、トレーナーの提示する世界観に没入することが求められる。その意味において自己啓発セミナーは、実は全体主義の運動ときわめて近似した手法によって成り立っているのである。しかしもちろん、セミナーの組織が、完全に全体主義的な体制を確立しうるというわけではない。そこで構築される人間関係はあくまで一時的なものであり、セミナーの実施期間が終了すれば、参加者たちはそれぞれの日常に復帰することになるからである（自己啓発セミナーのなかには、トレーナーが教祖と呼びうるような地位を獲得し、小規模ではあれ独自の閉鎖的コミュニティを形成しているケースが散見されるが、そのことはここでは措く）。

ある共同体が深く全体主義的な性質を帯びるためには、周囲の社会から隔絶し、独立して存続しうるだけの機能が求められる。その点から、近代の日本社会において全体主義的なコミューンとして存立しえたものを探してみると、農業ユートピアの実現を目指した「ヤマギシ会」がその典型例として挙げられるだろう。ヤマギシ会の構想は、オウムが熊本県波野村に建設しようとした「ロータスヴィレッジ」という理想郷のあり方とも近似性が認められるため、その概要を見ておくことにしよう。

ヤマギシ会の創始者は、山岸巳代蔵（一九〇一〜一九六一）という人物である。山岸は、若い頃にアナーキズムやマルキシズムの思想に触れ、共産主義的な理想社会を建設したいという夢を追い求めていた。彼は、ある時期から養鶏を営むようになるのだが、自意識を持たずに活発に動き回り、その行いから自然に豊かさを生み出してゆく鶏の姿から、「自我」も「所有」もあり得ないというのがこの世の真実の姿であり、我欲を捨てて自然と一体化することによって、共存共栄の理想社会を作ることができるのではないか、と考えるようになった。

人間は自我と我欲を持ち、他人と競争して彼を追い落とすことによって、自分だけが幸福をつかもうとする。しかしそうして得られる幸福は、いつまた他人に奪い取られるか分からない脆弱なものであり、そこからむしろ、絶え間のない不安や心配事が生まれてくる。こうした状態では、真の幸福に到達したとは言えないだろう。山岸は『ヤマギシズム社会の実態――世界革命実践の書』というパンフレットにおいて、我欲から発する競争と恐怖に満ちた社会を「夜の世界」と呼び、我欲を捨て去ることによって実現される、万人の幸福に満ちた理想的社会を「昼の世界」と呼んでいる。

私共は、今迄出来なかったから出来ないとか、出来もしない事を出来るが如く見せかけるものでなく、実現し得る設計と、方法と、確信を持って居まして、この間違いの多い夜の世界に終止符を打ち、人類ある限り、永遠に揺ぎない真の幸福のみ溢《す》ぎる、理想郷の門戸を開き、昼の世界を迎えようとするのです。そこには陽光燦《かが》やき、清澄・明朗の大気の裡に、花園が展開して馥郁《ふくいく》と香り、美果が甘露を湛えて人を待ち、観るもの聞く声皆楽しく、美しく、飽くるを知らず、和楽協調のうちに、各々が持てる特技を練り、知性は知性を培《つちか》い育て、高きが上に高きを、良きが上に尚良きを希う、崇高本能の伸びるが儘にまかせ、深奥を探ねて真理を究め、全人類一人残らず、真の人生を満喫謳歌することが出来るのです。

（『ヤマギシズム社会の実態』一章九節）

一九五三年に発足したヤマギシ会は、「無所有一体」をスローガンとし、「実顕地」と呼ばれる農業共同体を全国各地に建設していった。ヤマギシ会は、世界を根本から変革するための現実的手法を持っていることを主張したわけだが、そのコミューンの実態とは、果たしてどのようなものだったのだろうか。

ヤマギシ会はあらゆる私的所有を禁じているため、会に参加しようとする者は、これまで蓄えてきた財産を、すべてヤマギシ会に供出することが求められた。しかし、会に供出しなければならないのは、物質的な財産だけではない。本人の身も心も差し出すこと、すなわち、自我を捨て去り、ヤマギシ会のために盲目的かつ献身的に労働することが求められたのである。

ヤマギシ会において、会員の意識を変革するために行われるのは、「研鑽会」という集団研修であり、特に入会時に必ず受講しなければならない研鑽会は、特別講習研鑽会、略して「特講《とっこう》」と呼ばれる。特講の内容については、米本和広の著作『洗脳の楽園——ヤマギシ会という悲劇』に詳しいが、簡単に言えば、人里離れた僻地にあるヤマギシ会の施設に一週間ほど幽閉され、自我の枠組みを解体するための徹底した操作が施されるのである。

その山場とされるのは、「怒り研鑽会」というものである。そこで参加者は始めに、これまでに自分が腹を立てた経験について話すように求められる。参加者がそれを口にすると、会の進行係から「なぜそれが腹が立つのか」という質問が発せられる。当初参加者は、それが怒りを喚起する理由をいくつも考えては進行係に伝えるが、進行係はそれに納得せず、彼は語気を荒めながら「なぜ腹が立つのか」という尋問を執拗に繰り返す。こうして、密閉された空間での尋問が何時間にも及ぶと、参加者は、怒りの気持ちを作り出していたのは自分自身の意識に過ぎなかったこと、自分の意識を変えてしまえば怒りは生じないことに気づき、やがて「もう腹は立ちません」と答えるに至る。そのときに参加者は、これまで作り上げてきた自我の輪郭が崩れるのを感じ、恍惚とした変成意識状態を経験するという（『洗脳の楽園』一七四頁）。

このように特講は、腹の立たない人間になるため、より厳密に言えば、「事実と思いを分離して客観的に物事を見る」ことができるようになるために行われるとされる。そして、自我を喪失した「腹の立たない」人間たちによって形成されるヤマギシ会のコミュニティは、我欲や争いのない地上のユートピアとなるはずだったのである。

しかし実際にそこに現れたのは、ユートピアとは程遠い、歪《いびつ》な共同体の姿であった。私財をすべて供出した会員たちは、ヤマギシ会を追い出されると自活することができなくなっていたため、会の方針にひたすら盲従することを余儀なくされた。また、プライバシーが存在しないヤマギシの社会において、会員の行動は常に監視され、それに抗議すると、まだ我欲が残っていると見なされて、再び強制的に研鑽会へと送り込まれた。会の運営は、すでに山岸の生前において彼の一存に委ねられる傾向が見られ、そしてその死後には、一部の幹部による独裁が行われるようになった。そこに現れたのは、紛れもない全体主義の共同体だったのである。

孤独に耐えるか、全体に没入するか

全体主義的体制の具体的なあり方は、個々のケースにおいてそれぞれの特殊な事情を含んでいることが多いため、一見したところでは、相互の相違点の方が目につきやすい。しかしながら、それらのケースを鳥瞰的に眺めてみれば、そこにはある共通した枠組みが認められる。一部繰り返しとなるが、本章の結論として、再び議論を整理しておこう。

全体主義を生み出すもっとも根源的な原因となるのは、根無し草として生きる群衆の孤独、日々の不安、そして自分自身を含めた人間や社会への嫌悪であると考えられる。近代という時代においては、主権国家の体制のもと、人口が膨大に増加し、巨大で流動的な社会システムが成立することによって、

未曾有の物質的繁栄が達成された。そして群衆は、その繁栄を享受して日々の生活を送るが、同時に彼らの心には、ある空虚さが不可避的に侵入することになる。その社会において彼らの存在は、巨大なシステムを形成するための交換可能なパーツの一つに過ぎず、自己のアイデンティティを実感するための十分な根拠を、必ずしも保障されているわけではない。また、社会によって与えられる物質的な快楽はあくまで一過性のものであり、心に深い満足をもたらすことがない。群衆は、生の根拠も分からないまま、社会によって供与される仮初めの快楽に身を浸している自らのあり方を、どこか醜く歪んだものとして感受する。他者とのつながりを失った単子《モナド》のような状態で社会のなかを漂ううちに、彼の心には、深い倦怠と疲労が刻み込まれるのである。

ハンナ・アーレントは『全体主義の起原』の末尾において、全体主義を生み出す根源的な原因は、現代人が直面する「Verlassenheit ＝孤独（打ち捨てられていること）」の感情にあると論じている。

現代人をあのように簡単に全体主義運動に奔《はし》らせ、全体主義支配に謂わば馴らせてしまうものは、いたるところで増大しているVerlassenheitなのだ。その有様を見ると、あたかも人間をたがいに結びつけているすべてのものが危機のなかで砕け去り、あげくのはてすべての人間がすべてのものから見捨てられ、もはや何ものも信が置けないかのようである。全体主義的支配機構がその組織した大衆を荒れ狂う運動のなかに引きずりこむのに用いたテロルの鉄の箍《たが》は、こうなるともう最後の拠り所のように見え、そしてまた全体主義的権力者がその帰依者たちを最悪のものを受け入れる心構えにさせるのに用いた〈氷のような論理〉は、すくなくともまだ信用の置ける唯一のものであるかのように見える。

（『全体主義の起原』第三巻、二九九～三〇〇頁）

淀んだ快楽と倦怠に満ちた孤独の生を過ごすか、あるいは、ある全体性のなかに身も心も没入してゆくか——近代の群衆の前にしばしば突きつけられるのは、このような究極的な二者択一である。そして、前者の生活に耐えることができなくなった群衆は、やむなく後者を選び取る。自由の基盤であると同時に、苦悩の源泉でもあった自律的自我を放棄して、カリスマの人格や閉鎖的コミュニティの秩序に深く没入することは、それまでに経験したことのないほどに強烈な恍惚的享楽の感情を、彼にもたらすことになる。彼は幻想的な充溢感のなかで、自分自身が新たな存在に生まれ変わったかのように錯覚する。そして彼は、かつて自分がそうであったような生のあり方、すなわち、生きていようが死んでいようがさして実感のない淀んだ生、無用な生のあり方に鋭い敵意を向け、その存在を抹消するために、歯止めの利かない暴力性を発動することになるのである。

そしてオウムの場合にも、その暴力性の根源に潜んでいたのは、ナチズムと同じく、「人間以下」の生き方に自足した存在に対しては、その生命を奪っても構わないとする考え方であった。しかしオウムはそれ以上に、今や世界全体が堕落した原理によって染め上げられているため、近いうちに致命的な破局が到来するであろうという、世界没落幻想や終末幻想を、より積極的に展開していったのである。次の章では、オウムのこうした幻想の背景に存在していた思想史的潮流、すなわち、原理主義の動向について見てゆくことにしよう。

第4章　原理主義——終末への恐怖と欲望

周知のように、オウムは仏教の教団を自称し、その教義が数々の仏典に基づいていることを喧伝していた。しかし、実際にオウムによって公刊された書籍を概観してみると、仏典研究に依拠した著作はそれほど多くなく、むしろそれ以上に目立つのは、新約聖書の末尾に収められた『ヨハネ黙示録』や、一六世紀フランスの占星術師ノストラダムスが著した『諸世紀』に基づいて書かれた、終末予言に関する著作であることに気づく。次章で見るように、オウムの終末論的傾向は時期を追うごとに次第に加速してゆき、麻原が行う説法の内容も、黙示録やノストラダムスの予言に関するものが増えていった。このように、オウムの教義にはキリスト教の終末思想が積極的に取り込まれており、この意味においてオウムの運動は実は、キリスト教原理主義の一つでもあったわけである。

本書の第1章では、中世ヨーロッパ社会の中心的位置を占めていたキリスト教が、近代においてはそこから退けられたということを指摘した。しかしそれではキリスト教は、近代に入ってその力をまったく喪失してしまったのだろうか。否、単純にそう言うことはできない。近代においてむしろキリスト教信仰は、ヨーロッパという地域的限定性から解き放たれ、世界全体へと広まっていった。そして、聖書がさまざまな言語に翻訳されたこと、プロテスタント的な聖書主義に基づいて信者たちが聖書を直接読むようになったことにより、聖書のなかに封じ込められていた「終末論的幻想」が、世界中に撒き散らされることにもなったのである。オウムの現象はその帰結の一つとも考えられるため、本章では、キリスト教的な終末思想、ひいては原理主義と称される運動について概観することにしよう。

1　原理主義とは何か

「原理主義」概念の起源とその一般化

原理主義という言葉は、二〇〇一年のアメリカ同時多発テロ以降、「イスラム原理主義」という名称とともに一般に広く認知されるようになった。しかし本来は、二〇世紀初頭のアメリカに現れた、キリスト教・プロテスタントの一派を名指すために使われ始めた用語である。

当時のプロテスタントにおいては、近代的な倫理観や自然科学観に合わせて、神学や聖書学を再構築しようとするリベラルな態度が主流となりつつあった。しかしアメリカの保守的な福音派は、強くこれに反発した。彼らの一部は『諸原理（Fundamentals）』という名のパンフレットを発行し、遵守すべきキリスト教信仰の原理を改めて明文化したのである。その原理とはすなわち、⑴聖書の無謬性、(2)キリストの処女降誕、(3)十字架におけるキリストの贖罪、(4)キリストの肉体的復活、(5)終末におけるキリストの再臨、に対する信仰である。こうした主張を掲げる者たちは、アメリカの福音派のなかでも、信仰に対していっそう厳格な態度を保持していたため、周囲から「原理主義者」と名指されるようになった。

原理主義によって掲げられた基本信条は以上の五箇条であるが、そのなかでも特に顕著な特徴と見なされるのは、(1)聖書の無謬性、および、(5)終末におけるキリストの再臨、にあると考えられるだろう。実際に新約聖書の諸文書を読んでみると、終末論的文書として有名な『ヨハネ黙示録』のみならず、福音書やパウロ書簡を含む多くの文書が、近いうちにこの世が終焉を迎え、神の国が到来するという、切迫した「終末意識」に基づいて叙述されていることが認められる。プロテスタンティズムにおいては、信徒が聖書を直接読むということが信仰生活の中心に位置づけられ、そして原理主義においてはさらに、聖書が無謬の書物であることが強調されるわけだが、そのことはすなわち、聖書に記された終末論を、近い将来に文字通りに実現するものとして信じるということを意味していた。こうしてキリスト教原理主義者は、現在の世界は近いうちに終焉を迎え、その後に神の国が到来すると予見するのである。

このように原理主義とは、狭義においては、二〇世紀に現れたキリスト教の一宗派を指す概念であるが、その特徴を一般化することにより、キリスト教以外の宗教に見られる現象にも応用することが可能であると考えられる。すなわち原理主義においては、特定の文書が聖典として絶対視され、近代社会の諸原則は宗教的聖典の重要性に劣る二次的なもの、あるいはそれに反するものとして退けられる。世俗国家が主権性を掌握している現在の世界秩序は誤ったものであり、不可避的に破局に直面するか、善の勢力と悪の勢力のあいだに勃発する「最終戦争」により、いずれ終焉を迎える。そしてその後には、神が主権性が掌握する神権的な国家が登場し、終末を生き延びた善なる者たちがそこに住まうことになる――以上のような要素が、原理主義という思想の論理的骨格となる。箇条書きで列挙すれば、⑴聖典の絶対視、⑵善悪二元論的な世界観、⑶終末論、⑷神権政治的ユートピア思想、といったものが、原理主義の主な要素と見なしうるだろう。

キリスト教以外にどのような宗教の形態が原理主義的と考えられるのかについては、小川忠の著作である『原理主義とは何か』や『テロと救済の原理主義』を参照していただきたいが、一例を挙げれば、小川は日本仏教のなかの日蓮宗、特に近代以降の日蓮主義の運動を、原理主義的なものの一つと見なしている。日蓮は『立正安国論』において『法華経』の至上性を主張し、その教えを護持すれば国家は安泰となるが、これを軽んじれば内乱や侵略などのさまざまな災厄が招来されるということを論じた。日蓮のこうした思考法は、近代の日蓮主義においていっそう拡大される。日蓮主義とは、田中智学（一八六一～一九三九）によって主唱された在俗信徒による仏教運動であり、田中の教えに深く心酔した軍人の石原莞爾（一八八九～一九四九）は、近く「最終戦争」が勃発するということを予測した（『最終戦争論』として一九四二年に公刊）。石原によれば、世界はやがて、八紘一宇という道義的な絆によって結ばれた東亜連盟（「王道」）と、軍事的覇権を掌握したアメリカ（「覇道」）によって二分され、両勢力によって最終戦争が行われる。その戦争に勝利して、世界を道義的な絆によって統一し、「王道楽土」を実現することこそが、日蓮主義の究極的な目標とされるのである。

このように視野を広げて考えてみれば、原理主義の運動は必ずしもキリスト教やその他の一神教のみに限られるものではなく、日本の宗教思想にもその存在が認められる。日蓮主義はその一例であるが、さらに日本において特徴的なのは、オカルト思想に由来する原理主義、例えば「竹内文書」に基づいた偽史的世界観や、ノストラダムスの予言書に基づく終末思想などが社会的に大きな影響力を振るい、国内に流入したキリスト教原理主義思想と奇妙な混淆を起こしているということである。オウムの教義が成立した背景には、原理主義をめぐる日本の特異な状況が存在していると考えられるため、そのような思想的流れについて、本章で見てゆくことにしよう。

近代に原理主義が興隆する理由

先に述べたように、原理主義の思想においては、現在の世界は何らかの悪や歪みを孕んだものと見なされ、近い将来に破局的な終末が到来することが予見・待望される。そしてその際には、『ヨハネ黙示録』のような古代文献に記された終末の光景が、文字通りに現実化すると考えられるのである。冷めた目で見れば、原理主義の思想はあまりに荒唐無稽な幻想と言わざるをえないものだが、こうした幻想が、近代において一定以上のリアリティを獲得するのはなぜだろうか。その原因と考えられる要素を試みに列挙すれば、以下のようになる。

（1）聖書が多くの人々に読まれるようになった

これはすでに先に述べたが、中世までの社会において実際に聖書を読むことができたのは、一部の聖職者や学識者に限られており、一般の多くの人々が自ら聖書を読むようになったのは、宗教改革以降、特に識字率の上昇した近代以降のことである。人々は自ら聖書を読んで、その歴史観の根底に終末論が存在していることを知り、キリスト教信仰とはこの世の終わりを信じることであると考えるようになった。

（2）イスラエル国家の再建が実現した

『ヨハネ黙示録』には、イスラエル北部にあるメギドの丘＝ハルマゲドンという場所に諸国の王が集められ、最終戦争が行われた後、キリストを中心とした王国が建設されると記されている。現実の歴史においては、一九一七年のバルフォア宣言以降、パレスチナへのユダヤ人の帰還が進められ、一九四八年にイスラエルが再建されたが、多くのキリスト教原理主義者は、これをハルマゲドンが開始される予兆であると捉えた。

（3）世俗国家が主権性を保持していることに対する反発

第1章で触れたように、近代においては、キリスト教的権威が主権性を喪失し、代わって世俗国家がそれを保持している。そして、国家主権のもとで「信教の自由」が保障され、それゆえに原理主義的な信仰を抱くことが許されてもいるのだが、しかし原理主義者たちは、国家が主権性を掌握していることを根本的に不当であると感じ、神の主権性が回復されること、あるいは神の権威に直接依拠した神権政治的な国家が建設されることを待望する。

（4）世界大戦の経験

周知のように二〇世紀において、人類は二度の世界大戦を経験し、その凄惨な現実を目の当たりにした。科学技術の発達により、数々の大量破壊兵器が開発され、膨大な数の人間が容易に殺戮されるようになったばかりか、人類の力によって人類を滅亡させることさえ可能になったのである。人々は、主権国家というリヴァイアサンが争い合った場合、その行為には歯止めが利かなくなり、世界の終わりを思わせるほどに凄惨な事態を招来するということを経験した。この意味において、世界の終末は単に幻想的なものではなく、今や現実的な脅威となったと言わなければならない。

（5）流動性を高める世界の動向に対する不安

これまで述べてきたように、近代とは、世界の人口が急速に増加し、大量生産・大量消費が常態となり、それとともに周囲の環境が流動的に変化し続ける時代である。人々はその動向を眺めながら、いつまでこの状態が続くのだろうか、金融システムの破綻、化石燃料の枯渇、地球環境の汚染など、いつか決定的な破局に直面するのではないだろうかという漠然とした不安を、絶えず感じながら生きるようになった。

いささか次元の異なる要因を五つ列挙してみたが、そのどれもが、近代世界の構造に深く根差していることが見て取れるだろう。原理主義は、これまで見てきたロマン主義や全体主義と同様に、近代社会が不可避的に抱え込む宿痾《しゅくあ》的幻想の一つなのである。

2　アメリカのキリスト教原理主義

ハル・リンゼイの『今は亡き大いなる地球』

それでは次に、原理主義の思想の内容について、具体的に見てゆくことにしよう。

先に述べたように、原理主義の発端はキリスト教プロテスタントの一派にあり、その運動は二〇世紀初頭に開始されているのだが、アメリカ社会において一般にまで広まっていったのは、第二次大戦後のことであった。急速に普及したテレビ・メディアにおいて「テレビ説教師」と呼ばれる人物たちが登場し、彼らは当時のイスラエルの動向に特に注意を促しながら、聖書に記されている終末へのプロセスが現に進行しつつあるということを訴えた。彼らの教えによれば聖書とは、抽象的な倫理や道徳を読み取るための書物ではなく、また古代の歴史や思想が叙述された書物でもなく、現代的な世界情勢の行く末を知るための書物なのである。

テレビ説教師の教えに典型例が見られる原理主義の歴史観は、一般に「ディスペンセーション主義」と呼ばれる。「ディスペンセーション」とは「神の摂理」を意味し、神が計画したとおりに世界の歴史が進行するということを表す。アメリカ文化研究者の越智道雄によれば、ディスペンセーション主義における人類救済計画のシナリオは、⑴ユダヤ王国再建、⑵「携挙《ラプチャー》」の開始、⑶ハルマゲドン開始、⑷キリスト再臨、⑸「千年王国」開始、⑹千年経過後天国に移住、というプロセスによって進行する（『〈終末思想〉はなぜ生まれてくるのか』一〇七頁）。そしてディスペンセーション主義によれば、一九四八年のイスラエル再建は、このプロセスの第一段階が開始されたことを意味しており、今後は順次、第二段階以降のプロセスが展開されると考えられるのである。

ディスペンセーション主義に基づいて著された書物のなかでもっとも有名なものは、ハル・リンゼイ（一九二九〜）が一九七〇年に公刊した『今は亡き大いなる地球』である。この書物はアメリカで一八〇〇万部を売り上げ、多くのテレビ説教師が参照したものとして知られている。その内容は、概略として以下のようなものである。

先に述べたようにリンゼイは、イスラエルの再建を、終末への「カウントダウン」が開始された確証であると見なす。同時にイスラエルの存在は、中東情勢を不安定にする主な要因となっており、メギドの丘《ハルマゲドン》に「諸国の王」が呼び集められ、最終戦争が引き起こされるための条件が徐々に整いつつある。リンゼイは、旧約聖書の『エゼキエル書』三八章にイスラエルの敵として登場する「ゴグ」をソ連のことであると考え、両者のあいだに核戦争が勃発するだろうと予測する。さらに、旧約聖書の『ダニエル書』一一章の記述から、「北の王」をソ連、「南の王」をエジプトであると同定し、アラブ連合の盟主であるエジプトも、イスラエルへの侵入を目論んでいると考える。世界情勢は聖書の預言通りに進行しており、今やハルマゲドンは間近に迫っている。

私たちは現実世界でのできごとがいかにぴったり、預言されているできごとの枠にはまるかを見てきた。イスラエルがパレスティナに復活、ひとつの国家に再建された。エルサレムは現在イスラエルの統治下にある。ソ連が強大な北方の大敵として登場、再建されたイスラエルの不倶戴天の敵となった。アラブ諸国がエジプトの音頭とりで同盟し、打って一丸となってパレスティナ「解放」をめざしている。ブラック・アフリカ諸国は、アラブ諸国への共感の域をとおりこして、パレスティナ「解放」のために公然と同盟を結びつつある。預言は実現しつつあるのだ。神はこれらのできごとの手綱をとっている。創世記第一章以来、人類にとって最大の影響をおよぼすだけのひろがりと深さを持つ預言を、神は「現行世代」に対して実現させようとしているらしい。私たちも預言にある「現行世代」の一部になる可能性があるとすれば、あなたにはその覚悟ができているだろうか。

（『今は亡き大いなる地球』一三七～一三八頁）

メギドの丘で開始される最終戦争には、ソ連やエジプトの他、中国を中心とするアジア連合軍、「反キリスト」によって率いられるEC連合軍なども参入し、世界規模の戦争、すなわち第三次世界大戦にまで拡大する。この戦争によって、地球上の多くの人間は死に絶えることになるが、心からキリストを信仰する者たちは、この災厄を逃れることができる。ハルマゲドンが起こる直前、キリストは善き信者たちを空中へと引き上げ（これを「携挙《ラプチャー》」と呼ぶ）、地球外にある天国へと移送するはずだからである。

ハルマゲドンの狂騒がクライマックスに達したとき、キリストが地上に再臨する。それまでにユダヤ人の三分の二がすでに殺戮されているが、残った三分の一のユダヤ人は、イエスがメシアであることをついに確信し、キリスト教徒に改宗する。残りの人間たちは、キリストを信じる者と信じない者に分けられる。後者は地上から抹消され、そして前者は、キリストとともに地上に王国を建設する。その王国が千年続いた後、再びキリストを信じない者たちが反抗を起こし、キリストは彼らに裁きを下す。千年王国はこうして終結し、残った者たちは、その後に創造される新天地に入ることを許されるのである。

リンゼイはこの書物において、ハルマゲドンへのプロセスが今にも開始されると論じているが、その先陣を切るはずのソ連が真っ先に崩壊してしまったことなど、彼の予測は何一つ当たることがなかった。しかしながら、リンゼイによって提示されたディスペンセーション主義の図式と、現実の世界情勢を聖書の文句に照らして読み解くという手法はその後も広く受け継がれ、アメリカでは、『今は亡き大いなる地球』の焼き直しと言える書物が次々と量産されていった。そしてその流れはやがて、日本社会にも入り込んで来たのである。

ブランチ・ダビディアン

黙示録的な終末幻想は、ベストセラーとなった数々のオカルト本や、テレビ説教師たちの働きによって、二〇世紀のアメリカ社会に広く浸透した。そしてそうした土壌のなかから、「終末カルト」と称される多くの宗教団体が登場する。そのなかでも、社会に特に大きな衝撃を与えたのは、一九九三年にATFやFBIとの直接抗争を行った、ブランチ・ダビディアンという宗教団体であった。

ブランチ・ダビディアンの起源は、一九世紀前半、アメリカの説教師ウィリアム・ミラー(一七八二～一八四九)によって形成された「キリスト再臨派」にまでさかのぼる。ミラーはバプテスト派の信者であったが、聖書を独自の方法で読み解くことにより、キリストが一八四三年に再臨するということを確信するようになった。彼は印刷物の配布や伝道集会の開催によってその考えを積極的に広めたため、その年が近づくと、およそ五〇万人に及ぶ人々がキリストの再臨を信じるようになっていた。しかしミラーの予言は外れ、人々は大きな失望感に襲われる。彼らはキリスト再臨派の集会場に押しかけてミラーを追放し、その団体は数々の分派へと拡散していったのである。

このように、新興の宗教団体において終末論が説かれることは、民衆に対して切迫した危機意識を煽り立てることによって、短期間に多くの信者を集めることができるという利点がある一方、そのような終末予言はこれまでに当たった例がないため、いずれは指導者が信用を失って教団が崩壊するか、新たな予言を打ち出す他の分派へと信者が流出するといったリスクを合わせ持つ。ミラーに始まるアメリカの「終末カルト」は、こうした激しい離合集散を常に繰り返してきたわけである。

そのようななか、ブランチ・ダビディアンの前身となる宗教組織を作り上げたのは、ブルガリア出身の移民ヴィクター・ハウテフ（一八八五〜一九五五）という人物であった。ハウテフもまた、聖書を独自の仕方で読み解き、キリスト再臨後に形成される千年王国、すなわち「ニュー・イスラエル」は、アメリカの中央部に建設されるはずだと考えるようになる。彼はその場所を、テキサス州のウェーコという町であると想定し、ウェーコ近郊の丘陵地帯を「マウント・カーメル」（パレスチナの山の名前）と呼んで、一九三〇年代にそこに数百人規模のコミューンを築いた。

ハウテフ自身は、終末が到来する時期を明言しなかったため、コミューンは破綻を迎えることなく、数十年にわたって存続した。コミューンの性質が大きく変化したのは、一九九〇年に、ヴァーノン・

ハウエル（一九五九～一九九三）という青年がリーダーになってからのことである。ハウエルは、聖書の読解に誰よりも深く没頭し、自分こそが黙示録に記された「七つの封印」を解くことができる人物であると考えるようになる。彼は自分の名前を、旧約聖書のメシアを思わせる「デビッド・コレシュ」に変え、教団の若い女性を独占するとともに、来るべきハルマゲドンに向けて、機関銃やライフル、手榴弾といった武器を、コミューン内部に大量に備蓄した。そしてコレシュは、コミューンの人間こそが、最終戦争後の世界を生き延びることのできる「選民」であると説き始めた。

しかし、ブランチ・ダビディアンが巻き込まれることになった「戦争」は、善悪の審判を決するための神話的な最終戦争などではなく、アメリカという国家との血みどろの抗争であった。コミューンの内部で未成年への性的虐待が行われていること、また度を超えた大量の武器が備蓄されていることに不審を覚えたATF（アルコール・タバコ・火器及び爆発物取締局）は、一九九三年二月、コミューンの敷地内への強制捜査に踏み切る。しかし、十分な警戒態勢を取らずに接近したATFに対し、信者たちは激しい銃撃をもって応戦したため、ATFは何人もの死傷者を出し、撤退を余儀なくされた。

ATFではブランチ・ダビディアンの武装に十分に抵抗できないと考えた連邦政府は、担当をFBIに変更し、数十台もの戦車や装甲車、武装ヘリによってマウント・カーメルを取り囲んだ。しかしコミューンの信者たちは、なおも投降せずに施設内に立てこもり、両者のあいだには五〇日以上に及ぶ膠着状態が続いた。その光景は確かに、聖書に描かれたハルマゲドンの再現であるかのようにも見えた。同年四月、痺れを切らしたFBIは、戦車をコミューンの建物内に突入させる。するとその直後、建物の一角から火の手が上がり、建物は瞬く間に炎に包まれた。結果として、教団の人々は教祖のコレシュを含む八一名が死亡し、生存者は九名を残すのみだった。

ブランチ・ダビディアンの事件は、最終戦争に備えるという幻想的な理由によって武器を備蓄し始めた宗教団体に対して、国家が不用意に接近し、両者のあいだに戦端が開かれるという、きわめて奇妙な経緯をたどった。事件の後、政府が同教団に取った対策は適切であったのか、また信教の自由や、自衛のための銃保持の権利は十分に守られたのかということをめぐり、アメリカ議会での議論は紛糾した。そうした状況のなか、一九九五年四月にオクラホマシティの連邦政府ビルが爆破されるというテロ事件が発生する。主犯のティモシー・マクベイはその動機の一つを、ブランチ・ダビディアンに対する政府の横暴に復讐するためと語ったのだった。

3　日本のキリスト教原理主義

中田重治の日ユ同祖論

アメリカで興隆した、キリスト教原理主義の信仰形態やその終末論的歴史観は、やがて世界中に伝播し、日本にもまた、アメリカで学んだ神学者や牧師の営みを通じて、その思想が伝達されることになった。日本におけるキリスト教徒の人口は恒常的に低い状態が続いており、原理主義がキリスト教思想としてそのまま広範に受容されることはなかったが、その潮流は、偽史的な世界観やオカルト的終末思想と混淆することにより、日本においても徐々に大衆的なポピュラリティーを獲得してゆく。そのことを、以下に見てみよう。

一九一七年のバルフォア宣言によって、シオニズムの運動が現実化する様相を帯びてきたことは、日本のキリスト教思想家にも大きな衝撃を与えた。無教会主義の信仰で知られる内村鑑三（一八六一～一九三〇）もまた、バルフォア宣言やその翌年のヘブライ大学の創設に衝撃を受け、一時期は再臨運動に参加したことが知られている。

日本のキリスト者のなかで、その生涯を原理主義的な再臨運動に捧げたのは、日本ホーリネス教会の創始者の中《なか》田重治《たじゅうじ》（一八七〇～一九三九）である。中田はアメリカに留学し、シカゴにあるムーディ聖書学院に学んだ。この学院は、福音主義の教えを普及させるため、一八八六年に創設された有名な施設であり、中田はここで原理主義的な神学と歴史観を身につけた。その後に日本に戻った中田は、日本ホーリネス教会を創始し、本格的な再臨運動を開始する。

その運動において彼は、世界の終末とキリストの再臨が迫っていること、そしてその際に、正しい信仰を持った信者は神による携挙を受けて救済されるということを説いたのだが、そこで一つの根本的な疑問に直面した。その疑問とは、果たして神の救済計画のなかに、日本人の救済は含まれているのだろうか、というものである。聖書を表面的に読む限りでは、極東の島国である日本のことなどは、神の視野に入っていないようにさえ思われる。神には日本人を救済しようという意図があるのだろうか、それ以前にそもそも、神は日本人のことを知っているのだろうか。

このような疑問に回答し、信仰に対する強い確信を得るために、中田はきわめて突飛とも思える着想を引き寄せる。それは、いわゆる「日ユ同祖論」、すなわち日本人とユダヤ人が本来は同一の民族であったとする説である。言語学や歴史学に造詣の深かった佐伯好郎（一八七一～一九六五）は、一九〇八年に発表した論文「太秦《うずまさ》を論ず」において、太秦とは「イエス・メシア」の転訛《てんか》語に他ならず、五世紀頃に日本に渡来した秦氏《はたうじ》とは、実はユダヤ人であったと論じた。また、アメリカで神学を学んだ牧師の小谷部全一郎（一八六八〜一九四二）も、一九二九年に公刊した『日本及日本國民之起原』において、日本民族の起源は、イスラエル十二部族のなかの「ガド族」と「マナセ族」にあると論じている。彼は日本の神道とユダヤ教のあいだに見られる多くの共通性を列挙し、二つの宗教が起源を同じくしていること、さらには、ユダヤ・キリスト教の伝統を純粋な形で継承しているのは、むしろ日本の文化であることを主張したのである。

中田は、こうした日ユ同祖論者たちの見解に依拠することにより、聖書的な世界観や歴史観のなかに、日本もまた含まれていると考えた。それのみならず彼によれば、日本民族はユダヤ民族と並んで「神に選ばれた民」であり、日本人がどのように行動するかということは、キリストの再臨を左右するほどの重要な意味を持つのである。ユダヤ民族は今、イスラエルの再建を目指すことによって、世界の終わりを目的に据えた神の計画を大きく推し進めているため、日本も積極的にこれに協力する必要がある。そして、今後勃発するであろう最終戦争に参加するために、日本は機会さえあれば中東への派兵を目指すべきであると、中田は主張したのである。

酒井勝軍と竹内文書

中田重治と似通った経歴を持ち、中田を越えてさらに大胆な主張に踏み出したのは、酒井勝軍《さかいかつとき》（一八七四〜一九四〇）という人物である。酒井も中田と同じく東北の出身者であり、アメリカのムーディ聖書学院に学んで原理主義的な神学を身につけた。その後に日本に帰国し、牧師として布教活動に奔走する。

語学に堪能であった酒井は、日露戦争やシベリア出兵の際に通訳として従軍し、その際に、ロシアから世界に向けて流布しつつあった『シオンの賢者の議定書』の存在を知る。この文書の真正性を信じ込んだ酒井は、一九二四年に『猶太人の世界征略運動』や『猶太民族の大陰謀』といった著作を公刊し、一時期は反ユダヤ主義者、ユダヤ陰謀論者として論陣を張った。

しかし、ほどなく酒井の見解は、反ユダヤから親ユダヤへと大きく転換する。シオニズムの運動が進展してゆくのを見た酒井は、中田と同様に、終末を目指す神の計画がユダヤ人によって推進されていること、そしてその計画に日本人も密接な関係を持っているはずだと考えるようになるのである。

先に見たように中田は、ディスペンセーション主義の歴史観のなかに日本人の存在を組み込むために日ユ同祖論を受容し、日本民族がイスラエル十二部族の血脈を引いているということを主張した。そして酒井もまた、同じ動機から日ユ同祖論を持ち出すのだが、酒井が日本人とユダヤ人を関係づける仕方は、中田のそれとは一八〇度異なっている。酒井はむしろ、日本民族こそが、ユダヤ民族を含む世界のあらゆる民族の起源となった存在であると考えるのである。

言わば酒井はある時期から、単純なキリスト教原理主義を放棄し、「日本民族原理主義」とでも呼びうる立場へと転換することになったのだが、その際に彼に大きな影響を与えたのは、「竹内文書」という文献の存在であった。竹内文書とは、天津《あまつ》教の教祖である竹内巨麿《たけうちきよまろ》（一八七〇～一九六五）によって、『古事記』や『日本書紀』を遥かにさかのぼる、太古の日本史や世界史を記録したものと主張された文書である。竹内文書は、巨磨によって一九二八年に公開されて以降、社会からの大きな関心と批判を集め、一九三〇年代半ばには、安藤昌益の再評価を行ったことで著名な狩野亨吉《かのうこうきち》によって偽書であることが証明されたのだが、そのことについてはここでは措こう。竹内文書の歴史観を要約すれば、それは次のようになる。

竹内文書によれば、人類の祖先は、宇宙からやって来た地球外生命体である。「天空浮船《あめのうきふね》」と呼ばれる宇宙船に乗って地球を訪れた神々は、最初に日本の地に降り立った。これこそが、記紀神話において「天孫降臨」として描かれている事柄の真の姿である。神々とその子孫である天皇家は、日本を世界の中心地に定め、ムー大陸やアトランティス大陸といった失われた大陸も含め、世界中を支配下に置いた。そして神々は、猿人や原人といった古生人類に遺伝子操作を加え、五つの色を有する諸人種(「五色人」と呼ばれる)を創造し、世界の各地に住まわせたのである。五色人たちはそれぞれの地で文明を発展させていったが、それらの究極的な起源はすべて、天皇家や天孫民族(=日本民族)が住む日本にある。釈迦や孔子やマホメット、そしてモーセやキリストといった聖人や賢人は、その生涯において一度は日本を訪問し、そこで高貴な教えを学んだのである。現在、世界の諸民族は日本が世界の中心であることを忘却しており、それゆえに世界の秩序も乱れる傾向にあるが、いずれは全地における天皇の主権性が回復されることになるだろう——。

何とも荒唐無稽にしてSF的な物語であるが、われわれはこれによく似た物語を、すでに前章で瞥見している。それは、ローゼンベルクの『二〇世紀の神話』に代表される、アーリア人種至上主義の歴史観である。そこでは、アトランティスやトゥーレと呼ばれる、北方に存在した伝説の大陸に人類の起源があり、その地に由来する神聖なるアーリア人種こそが、世界のあらゆる優れた文化を生み出してきたと唱えられているが、その発想は、竹内文書における日本民族優越論とほぼ同型であると考えられる。しかし、アーリア人種至上主義がナチスにおける公認のイデオロギーになったのに対して、記紀神話に依拠した国家神道がすでに存在していた近代日本においては、竹内文書の歴史観はむしろ異端的と見なされ、天津教は数度にわたって国家からの弾圧を被ることになった。

竹内文書の内容に強く感銘を受けた酒井勝軍は、しばしば竹内巨麿と協力して、その歴史の真実性を裏づける証拠を日本の各地に探し求めている。その一つは、「ヒヒイロカネ」と呼ばれる太陽光の色彩を放つ合金であり、太古の日本においてこの物質は、さまざまな神器や天空浮船の素材として用いられていたという。また酒井は、青森県の戸来村《へらい》にピラミッドが存在するのを発見し、巨麿はさらに、その地にキリストの墓があるということを主張した。そして二人は、モーセの十戒が刻まれた「真十戒石」や、その原型となった「裏十戒石」をも発見する。両者によれば、モーセの十戒は太古の日本の法制度に範を取ったものであり、その原型である「裏十戒石」には、日本の神と天皇家に背くことがないようにと命じる根源的な法が刻まれていたという(『超図解 竹内文書』二三六頁)。

酒井は晩年になって『神秘之日本』という月刊誌を創刊するが、この雑誌には、キリスト教原理主義の歴史観と日本民族至上主義が混淆した奇妙な論考が数多く掲載された。そしてそのなかで酒井は、ハルマゲドンが近いという論調を積極的に打ち出してゆく。彼によれば最終戦争における対立軸は、「神権政治《テオクラシー》」と「民主政治《デモクラシー》」のあいだに置かれる。神権政治を奉じる人間が、神の秩序を遵守し義のために死ぬ覚悟を持っているのに対して、民主政治を掲げる人間は、物質的な欲望と我利のために生きるのみである。現在の世界では、日本民族（天孫民族）とユダヤ民族（神選民族）という二つの民族によって、神権政治に基づく国家が再建されようとしている。近い将来、こうした国々と他の国々のあいだに最終戦争が勃発するのは確実であり、その戦争に何としてでも勝利しなければならない。そしてその勝利の暁には、メシアとして目覚めた天皇が再び世界に君臨することになるだろう、と酒井は訴えたのである。

宇野正美のユダヤ陰謀論

第二次大戦中から戦後にかけて、日本では、最終戦争や終末論に関する言説は一時的に影を潜める。石原莞爾や酒井勝軍といった戦前の最終戦争論者は、おおむねアメリカを仮想敵として想定していたのだが、そのアメリカとの戦争が実際に勃発し、日本はたび重なる空襲や原爆投下に曝されたあげく、敗戦へと追い込まれた。日本人は初めて世界大戦を実際に経験し、その凄惨な現実を目の当たりにしたのだから、多分に幻想的な思索である終末論が一時的に下火になったとしても、けだし当然のことと言えよう。

しかしながらそうした沈滞期も長くは続かず、一九七〇年代以降、日本社会において終末論は再び活気を取り戻す。それにはいくつかの原因が考えられるが、その一つとしては、戦後に密接な関係を結ぶようになったアメリカにおいて、キリスト教原理主義が大衆的なポピュラリティを獲得したことの影響が挙げられるだろう。先ほど、一九七〇年に公刊されたハル・リンゼイの『今は亡き大いなる地球』が一八〇〇万部を売り上げる大ベストセラーになったということに触れたが、その余波は日本にも及び、リンゼイの提示した終末論を焼き直した書物を日本で執筆する人々が現れ、彼らの著作もまた、多くの読者を獲得するようになったのである。

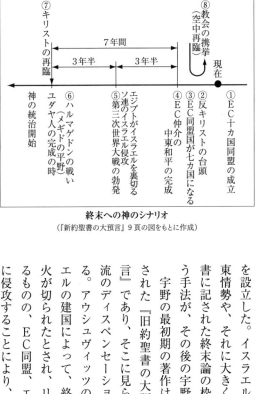

その代表者の一人に数えられるのは、宇野正美（一九四二〜）という人物である。宇野は大阪府立大学在学中に聖書の教えに触れ、その研究に没頭する。高校の日本史教師として一一年間勤務した後に退職し、一九七五年に「中東問題研究センター」を設立した。イスラエルの建国以来、緊迫が続く中東情勢や、それに大きく左右される世界情勢を、聖書に記された終末論の枠組みによって読み解くという手法が、その後の宇野の基本的なスタンスとなる。

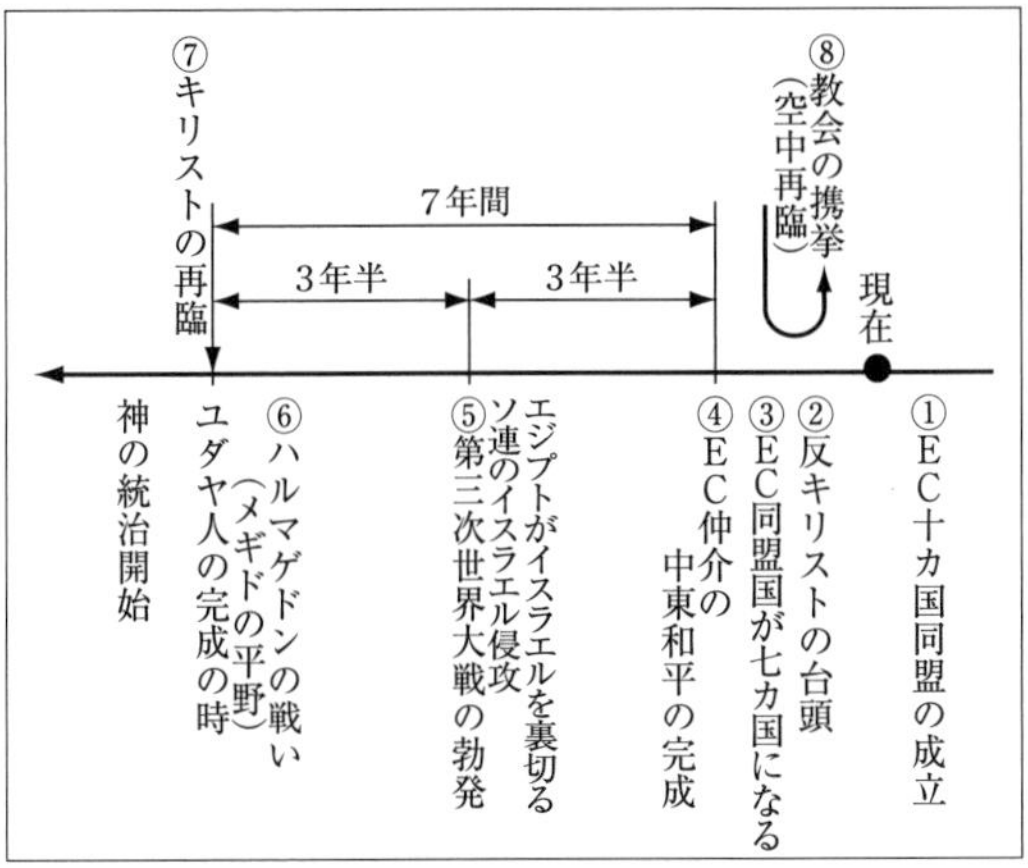

終末への神のシナリオ

（『新約聖書の大預言』9頁の図をもとに作成）

宇野の最初期の著作は、一九八〇年代前半に公刊された『旧約聖書の大預言』や『新約聖書の大預言』であり、そこに見られるのは、ハル・リンゼイ流のディスペンセーション主義に基づく終末論である。アウシュヴィッツの悲劇と、それに続くイスラエルの建国によって、終末へのカウントダウンの口火が切られたとされ、リンゼイとはやや順序が異なるものの、EC同盟、エジプト、ソ連がイスラエルに侵攻することにより、第三次世界大戦が勃発し、その後にハルマゲドンへと雪崩れ込んでゆくと予言される。

とはいえ、聖書の預言にせよ、中東情勢にせよ、一般の日本人にとってはまだ馴染みが薄かったため か、宇野のこれらの著作がすぐに大きな反響を得ることはなかった。それを見た宇野は、自らの主張の力点を徐々に移行させる。すなわち、キリスト教の終末論に加え、「ユダヤ陰謀論」を唱えるようになるのである。八六年に立て続けに出版された『ユダヤが解ると世界が見えてくる』『ユダヤが解ると日本が見えてくる』の二書は、百万部を超えるベストセラーとなった。

これらの著作においては、イスラエル国家の存在がハルマゲドン勃発の引き金になるという従来の主張が踏襲されていると同時に、随所で『シオンの賢者の議定書』への参照が行われ、それらの動向のすべてが、世界征服を目指したユダヤ人の秘密の計画に支配されていると指摘される。世界に冠たる国家であると思われているアメリカも、その背後ではユダヤ資本によって操られている。そして、今やアメリカをしのぐほどの著しい経済成長を見せている日本に対し、それを目障りに感じるようになったユダヤ勢力は、日本を追い落とすための陰謀を開始しようとしている、と宇野は説く。「ユダヤ対世界」という視点を持たなければ、過去の歴史も現在の世界情勢も理解できないということ、またその観点に立てば、かつてのナチスの行為も必ずしも純然たる悪業とは言えず、ヒトラーのユダヤに対する闘いは、今後の「日本対ユダヤ」の争いの帰趨を占う上で大いに参考になるというのが、宇野の主張である。

『ユダヤが解ると世界が見えてくる』では、ハルマゲドンの構図について、旧約の『エゼキエル書』の預言に従い、最終戦争を勝利することによって世界政府の樹立を目指すユダヤ勢力と、新約の『ヨハネ黙示録』の預言に従い、ユダヤの世界政府を打倒してキリストの再臨を待ち望むキリスト教勢力が対立するという、いささか混乱した図式が提示されている。この図式が当時の日本人にどこまで理解されたのかは定かではないが、この書物がベストセラーになることによって、二〇世紀の前半に大きな悲劇をもたらしたユダヤ陰謀論の世界観が改めて日本人の脳裏に吹き込まれたこと、また、それが何か終末論と関係したものであるというイメージが広まったということは、否定できないだろう。

武田崇元の霊学的終末論

本節の最後として、純粋なキリスト教原理主義者ではなく、また著作がベストセラーになったというわけでもないが、数々のオカルト雑誌に関わることによって広範囲に影響力を持った、武田崇元（一九五〇〜　）という人物について触れておこう。

武田は、東京大学法学部在学中にトロツキーを始めとする共産主義の思想に触れ、学生運動に身を投じた。しかし大学卒業後はそこから離脱し、大本教の出口王仁三郎（一八七一〜一九四八）の教えを中心とする霊学思想へと軸足を移してゆく。大本教の教義には、これまでの歴史において隠遁していた真実の神（「艮《うしとら》の金神」と呼ばれる）が姿を現し、世の立て替え・立て直しを行うという一種の革命思想が存在するが、結果として武田の世界観は、共産主義と大本霊学という二つの革命思想を混淆させた性質のものとなった。それは周囲から「霊的革命」あるいは「霊的ボルシェビキ」と称され、『はじまりのレーニン』などの著作に見られる、中沢新一の革命観にも影響を与えたと言われる。

一九七〇年代半ば以降、武田は『地球ロマン』『ＵＦＯと宇宙』『迷宮』といったオカルト雑誌を次々と公刊する。また、学習研究社の『ムー』やワールドフォトプレスの『トワイライトゾーン』など、より広い購買層を持つオカルト雑誌の発刊や編集についても、間接的に携わった。八〇年代以降、オカルトは日本において社会的ブームとなるが、武田はその中心人物の一人として活躍し、竹内文書や大本霊学、あるいはキリスト教原理主義の終末論や惑星直列がもたらす破局論など、国内外のオカルト思想を幅広く世間に紹介した。八一年には出版社の八幡書店を興し、出口王仁三郎の著作、竹内文書を含む超古代史、ヒトラーの世界観やユダヤ陰謀論、ニューエイジ思想などに関するさまざまな書籍を公刊している（ちなみに本書で取り上げた書物のなかでは、リアリーの『チベットの死者の書』、ラウシュニングの『永遠なるヒトラー』、酒井勝軍の『神秘之日本』が、八幡書店から公刊・復刊されている）。

武田が自ら著した書物はそれほど多くなく、またその際には、しばしばペンネームが用いられた。彼には、八〇年公刊の『予言書 黙示録の大破局』と八一年公刊の『ハレー彗星の大陰謀』という終末論に関する二つの著作があるが、それらはともに「有賀龍太」という名義で執筆されている。両書の内容について、簡単に触れておこう。

まず『予言書 黙示録の大破局』について、その内容は宇野正美の『新約聖書の大預言』と同様、リンゼイの図式の焼き直し、と言うよりは引き写しに近く、特に改めて論じるべきような点はない。現代の世界情勢は、聖書の『ダニエル書』や『ヨハネ黙示録』の記述通りに、ハルマゲドンへ向かって進んでいるというのがその骨子である。

むしろ、この著作を読んで印象深く思われる点は、その冒頭において、アメリカの作家ゴア・ヴィダル（一九二五〜）が一九七八年に発表した小説『大予言者カルキ』の内容が紹介されていることである。この作品は、ヴェトナム戦争から帰還した一人の男が、ヒンドゥー教のヴィシュヌ神の化身である「カルキ」を自称して新興宗教を作り上げるという物語である。カルキ教団は急速に成長するが、あるとき教祖は、自分は再臨のキリストであり、世界に終末をもたらす者であると宣言する。教団は不死の象徴として七〇〇〇枚の「紙蓮華」を世界にばらまいたため、群衆は先を争ってその紙切れを奪い合うが、その紙には実は、ヴェトナム戦争中にアメリカ軍によって開発された細菌が染み込ませてあり、それによって人類は滅亡に瀕してしまう。『予言書　黙示録の大破局』の冒頭でこの物語が紹介されていることは、書物全体の文脈からすればどこか浮いている印象を与えるのだが、おそらく麻原も読んだであろうこの著作に、ハルマゲドンを自作自演する新興宗教の教祖というアイディアが示されていることは、大変興味深く思われる。

次に注目すべき点は、この書物の末尾において、世紀末の日本に「オカルト神道」が復活すること、そしてその流れから「再生のキリスト」が出現することが予言されていることである。武田によれば神道の伝統には、一般に知られている神社神道の他に、その背後に隠された裏の神道、オカルト神道というものが存在する。そして二〇世紀の前半には、表神道と裏神道を統合し、それによって世界の秩序を変革しようと目論んだ二人の人物がいた。その一人は大本教の出口王仁三郎であり、彼は卓越した知性と行動力を持っていたが、国家からの弾圧によってその動きを封じられてしまった。もう一人は、日ユ同祖論を説いた酒井勝軍である。酒井は、ダビデ王の正統な子孫である日本の天皇こそが真のキリストであり、世界支配者になるべきであると考えたが、彼の計画も第二次大戦の敗戦によって挫折する。そこで武田は、来るべきハルマゲドンの際には、王仁三郎のような行動力と、酒井のような洞察力を持った卓越した人物が日本に現れ、「再臨のキリスト」としてイスラエルに進軍することになるのではないか、と推測するのである。

その翌年に公刊された『ハレー彗星の大陰謀』では、一転して、キリスト教的な終末論についてはまったく触れられていない。その代わりに持ち出されるのは、八二年に起こる惑星直列や、八六年に地球に接近するハレー彗星によって異常な電磁波がもたらされ、その影響で半狂乱となった人類が滅亡の危機に瀕するという内容の終末論である。

さらに武田は、こうした混乱の背後で、「フリーメイソン」や「イリュミノイド」といった数々の秘密結社が暗躍していると主張する。武田によれば、これらの秘密結社はすでにアメリカを支配下に収めており、水面下で「スマイル計画」という名の陰謀を進めているのである。本書の第2章で見たように、スマイル計画とは、ティモシー・リアリーが『神経政治学』という著作で示したSF的な宇宙移住計画のことなのだが、武田はそれを、フリーメイソンが企てている陰謀であると見なす。これらの秘密結社は、有害な電磁波によってもはや居住に適さなくなる地球を捨て、スペースシャトルで宇宙に移住するとともに、その混乱を契機に、かつてヒトラーが目指した神への道、すなわち、人類の人工進化の実現を目論んでいる。というのは、異常な電磁波の影響によって人類の九割は狂気に陥るが、残りの一割はそれまで眠っていた潜在意識を開花させ、超人類へと生まれ変わることができると予測されるからである。


人間が惑星という子宮を離れて、星間を歩むようになるときが到来した。われわれは地球という惑星に種まかれた一つの生命存在であり、今やわれわれは再び種子となって広大な宇宙へと飛び立つのだ。（中略）だが、そのゴールのまえには、大きなハードルがある。九〇パーセントの人間は死ぬだろう。あるいは飢えて、あるいは戦争で、あるいは地震で、あるいは狂気のうちに。そして、積極的に進化のプログラムを引き受ける者だけが、神経回路の変異を達成し、新たな人類として再生することができるのである。無慈悲なようだが、いつの時代にも進化とはこのようなものだったにちがいない。外部環境の変化が、内部にプログラムされたヌクレオチドの引き金をひき、種は進化する。だが、いつも九〇パーセントの個体は進化しそこね、奇形になって滅んでいった。九〇パーセントの犠牲の上に立って、残り一〇パーセントが〝種〟としての進化の責任を引き受けて変異してきたにちがいない……。（『ハレー彗星の大陰謀』一一三〜一一四頁）

宝島社が行ったインタビューに対して武田が答えているように（『「80年代オカルト」一代記』）、有賀龍太名義で公刊されたこれらの著作は、オカルトブームに便乗しようとした出版社からの要請に応えて即席で書き上げられたものに過ぎず、その内容についても、とてもまともに取り合うような水準のものではない。しかしながら、キリスト教原理主義の終末論が日本のオカルト的想像力と混淆し、徐々に大衆的なポピュラリティを獲得していったこと、またその世界観において、日本から救世主が出てくる、そして、超人類・超能力者こそが終末を越えて生き延びることができるという、新たな幻想が生み出されたことも、見逃してはならない事実なのである。

4　ノストラダムスの終末論

五島勉の『ノストラダムスの大予言』

こうしてキリスト教原理主義の思想は、その出所も曖昧なまま、日本の一般大衆の意識のなかに密かに浸透していった。さらに一九七〇年代以降の日本社会においては、その流れと並行して、ある特異な終末思想が、より広範な影響力を振るっていた。すなわち、ノストラダムスの『諸世紀』という文書に記された神秘的な詩の内容が、現代世界に文字通りに現実化されるという奇妙な終末論、奇妙な原理主義が蔓延していたのである。

七〇年代前半から九〇年代末に至るまで、日本ではノストラダムスの予言をめぐる膨大な書物が出版され（それがどれほどの種類に及ぶのかについては、山本弘『トンデモ ノストラダムス本の世界』『トンデモ大予言の後始末』に詳しい）、テレビでも定期的にノストラダムスを特集した番組が放送され続けた。そして人々のなかには、「一九九九年七の月」に人類が滅亡するということを、本気で信じ込む者も出てきたのである。ある意味でオウム事件とは、数十年にわたって続いたノストラダムスをめぐる狂騒の極点に生まれた現象であると見ることもできる。

こうしたノストラダムス・ブームの火付け役となった書物は、五島勉（一九二九〜）の『ノストラダムスの大予言』（以下『大予言』と略す）シリーズである。七三年に公刊されたその第一巻は、発売直後から大きな反響を呼び、累計で二五〇万部を売り上げた。その後、九八年までにシリーズで全一〇作が公刊されたが、常に数十万部単位のベストセラーになり続けたのである。一九九九年からすでに一〇年以上がたった今日、かつてノストラダムスの予言によって日本社会が激しく震撼したという記憶は、人々の脳裏から急速に消え去りつつあるが、果たして五島の『大予言』には何が書かれていたのだろうか。

今になって同書を読み返してみて感じられるのは、この書物が七〇年代前半の日本社会の空気を色濃く反映しているということである。当時の日本社会は、戦後の課題であった高度経済成長をおおむね達成し、経済面において先進国の仲間入りを果たしていた。六八年にGNPで世界第二位となり、七三年に円ドルの変動相場制に移行したことは、その証左の一つである。こうして日本は本格的に国際社会に参入することになったのだが、しかしその道のりが順調なものであったかと考えれば、決してそうは言えない。日本人は、自らを取り巻く社会的な環境に対し、漠たる不安をいくつも抱え続けていた。そうした「不安要因」を列挙すれば、次のようなものが考えられるだろう。

(1) 公害や環境汚染――急激な経済成長を主目的とした対価として、深刻な公害や環境汚染が次々と発生した。

(2) オイルショック――国際政治、特に中東情勢からの影響を被り、数度のオイルショックを経験した。

(3) 円高――変動相場制導入以降、円は急速に高騰し、輸出依存の日本経済を脅かすようになった（ここから宇野正美のような「ユダヤ資本による日本攻撃」という陰謀論も生まれてくる）。

(4) 核戦争――広く国際化が進んだとはいえ、東側の共産主義諸国との冷戦状態は依然として続いており、いつ核戦争に突入するか分からないという不安が消えなかった。

(5) 外国に対する無知――当時はまだ、実際に外国を訪れたことのある日本人は少なく、海外の世界に対する日本人のイメージは、多分に幻想的なものであった。

こうした時代背景を考慮に入れれば、五島の『大予言』が大きな社会的反響を得た理由は、比較的容易に理解される。まず五島は、巧みな筆致でノストラダムスに関する数々のエピソードを描くことによって、中世フランスの神秘的予言者のイメージを際立たせた。後に山本弘によって指摘されたように、『諸世紀』と訳された予言書の題名を始めとして（タイトルの正確な訳は『百詩篇集（les Centuries)』)、五島の記述には多くの誤謬や捏造が含まれていたのだが、当時の人々はそれに気づかず、西洋にはそのような卓越した予言者がいるのだということを素朴に信じ込んだ。そして五島によれば、ノストラダムスは現代社会の発展の様子や、そこで生じる危機について隈なく見渡しており、最終的には、二〇世紀末に人類が滅亡することを予言している。『諸世紀』の一節にある「一九九九の年、七の月　空から恐怖の大王が降ってくる」という文言は、紛れもなく人類滅亡の危機を指し示したものなのである。どのような仕方で人類が滅亡するのか、「恐怖の大王」とは具体的に何を指すのかということを、ノストラダムスの抽象的な言葉から読み取ることは難しいが、五島はそれを、世界大戦の際の空爆、長距離核ミサイルの飛来、人工衛星の落下、彗星の激突、宇宙人の襲来、光化学スモッグによる大気汚染のなかのどれかであろう、と推測している。

また、五島の提示した終末論は、根本的にはやはり、キリスト教的終末論の性質を濃密に帯びたものであった。『大予言』シリーズにおいて彼は、ノストラダムスの予言に依拠すると同時に、しばしば『ヨハネ黙示録』を参照している。五島によれば、ノストラダムスとヨハネはともに、地上で起こる出来事をすべて見通している神の視点を借りることによって、世界の未来の姿を予見したのである。八一年に公刊された『大予言』の第三巻では、聖書の黙示文学への依拠がより明確な仕方で行われている。五島は、アメリカを中心とする現代文明の繁栄は、古代における「ローマの平和」の再現であり、それは古代ローマ文明と同じように、近く破局を迎えるだろうと論じる。すなわちノストラダムスは、『ヨハネ黙示録』においてヨハネがローマ帝国の滅亡を幻視したのと同じやり方で、現代のローマ帝国と見なされるアメリカ中心の文明が滅びることを予見したのである（ちなみに同書の末尾においては、ローマにイスラエルを滅ぼされたユダヤ民族が、その復讐心から、諸文明の盛衰を背後で操っているのではないか、というユダヤ陰謀論が導入されている）。

現在の世界情勢は、欧米中心、キリスト教中心に動いており、その流れは確実に終末に向かって進んでいる。そして今後は日本も、その動向に否応なく巻き込まれることになるだろう——ごく簡単に要約すれば、これが『大予言』シリーズにおいて提示されている歴史観である。それでは日本人は、こうした歴史の命運に殉じざるをえないのだろうか。この問いに対して五島は、破局を回避するための方策として、「別のもの」「別の文明」が勃興する必要性を説く。『大予言』第一巻の末尾では、次のように主張される。

だが、人間の思想は——とくに終末に挑む哲学は、もちろんキリスト教だけではないのだ。たとえば仏教には、人間は主体的な意志で運命を変えられる、という強烈な思想がある。これは、仮りに未来が定められているにしても、人間一人一人が内部変革につとめ、外の世界をも変えていけば、すでに決まっている運命でさえひっくりかえせる、というもので、キリスト教にはない考え方である。たしかに、超汚染にしろ、核戦争にしろ、それは避けられない方向へのめりこんでいきつつあり、その絶望が終末観と結びつくわけだが、他方では、それをそうでないコースへ引きもどそうとする努力も人類は試みている。そうやってみても、もう破滅は決まっているのだからダメだ、とするのがノストラダムス思想。決まっていても、その運命より人間の意志のほうが強いのだからひっくりかえせる、というのが仏教に見られる思想である。もし、この考え方をみとめるならば、「定められた未来」はそれほど問題でなくなろう。仮りにいま、私たち一人一人が大気や水やそのほかいっさいの環境をよごすのをやめ、内部深くにあるエゴや戦争への衝動や、それへの傍観を克服できれば、そして、それを全人類におよぼせるならば、少なくとも人為的な破滅だけは避けることができる。それを実際にやるかどうかは別として、人間は本来それだけの知恵をもっている、と仏教はいうのだ。

（『ノストラダムスの大予言』二三〇〜二三一頁）

キリスト教文明が歴史の末に逢着する人類滅亡という運命に対して、それとは「別のもの」に属する仏教文明は、そうした運命を覆すことのできる意志と知恵を有していると、五島は主張する。評論家の宮崎哲弥は、『大予言』シリーズがオウムに与えた影響を指摘した論考「すべては『ノストラダムスの大予言』から始まった」において、五島の論理を次のように要約している。

五島の『ノストラダムスの大予言』は、終末論的思考を、もともと神学の素養を欠く日本人に、それも大衆レヴェルにまで一気に浸透させた。またそれは天変地異や戦乱、環境破壊による人類滅亡という不安感をやみくもに煽り立てただけではなしに、ユダヤ人や白人に対する偏見、キリスト教への一面的に過ぎる評価、西欧近代文明に対する偏頗《へんぱ》的、皮相的な懐疑をも染み入らせた。さらにユダヤ‐キリスト教的千年王国のヴィジョンを見事逆転させて、仏教による千年王国の実現という「別の」ヴィジョンへと読者を誘導するというアクロバットまでやってのけた。

（「すべては『ノストラダムスの大予言』から始まった」一六二頁）

それでは、五島が提示する別のヴィジョン、すなわち「仏教による千年王国の実現」とは、具体的にはどのようなものだったのだろうか。この点について宮崎は、かつて五島が、創価学会の池田大作会長を好意的に描くルポルタージュを数冊刊行していること、また一九七八年に公刊された『カルマの法則』という著作で、創価学会の基本的な教義を紹介していることから、五島が思い描く「仏教による千年王国の実現」とは、創価学会系の日蓮主義に基づくものなのではないかと推測している。この推測が正しいとすれば、『大予言』シリーズの世界観は、キリスト教と日蓮主義という二つの原理主義を並列・融合させた上で、キリスト教文明の行き詰まりを仏教文明＝日蓮主義が乗り越えるという仕方で、暗黙の内に後者に優位性を認めようとする論理によって構築されていたことになる。

五島が『大予言』シリーズで暗示したこのような論理は、第2章でも触れたように、阿含宗の桐山靖雄によっていっそう明確化された。桐山は一九八一年に公刊した『一九九九年カルマと霊障からの脱出』において、五島の議論を引き継ぎ、その主張をさらに発展させている。彼はこの書において、キリスト教文明によって蓄積された「カルマ」によって世界が破局の危機に瀕していること、そして、ノストラダムスの予言において一九九九年七月に甦るとされる「アンゴルモアの大王」とは「阿含《アーガマ》を説いたモンゴルの王」＝仏陀釈尊のことであり（二五四頁）、仏教の教えに従って過去のカルマを清算しうるかどうかに、人類が世紀末を越えて生き延びるための試金石があると論じたのである。

川尻徹の『滅亡のシナリオ』

当時無数に出版されたノストラダムス関連の書籍のなかでも、もっとも大胆かつ突飛なアイディアを提示したと思われるのは、精神科医の川尻徹（一九三一〜一九九三）が一九八五年に刊行した『滅亡のシナリオ』である。またこの著作は、麻原が特に愛読したものの一つであり、著者と麻原のあいだで何度か手紙が取り交わされたことが知られている。

『滅亡のシナリオ』の表紙には、「原作＝ノストラダムス・演出＝ヒトラー」と記されている。すなわちこの著作は、単にノストラダムスの謎めいた予言を解読しようとしたものではない。川尻は、ノストラダムスの予言のなかに自分自身が登場することを知ったヒトラーが、彼の予言を「秘密のシナリオ」として受け取り、その実現を目指して行動したと主張するのである。それではそのシナリオとは、具体的にはどのようなものなのだろうか。

川尻はその内容を、ノストラダムスの『諸世紀』と『ヨハネ黙示録』を合わせ読むことによって推測しうると考える。それによれば、ヒトラーが最終的な目標として掲げたのは、神の王国＝〝第四帝国〟を建設することであった。しかし、『諸世紀』や『ヨハネ黙示録』の記述によれば、神の王国を建設するためには、その前に全世界規模の最終戦争を行わなければならない。ゆえにヒトラーはまず、ハルマゲドンを引き起こすことを目指して行動を開始したのである。

それでは、ヒトラーの企図したハルマゲドンとは、第二次世界大戦のことだったのだろうか。そうではない、と川尻は主張する。第二次大戦は実は、ハルマゲドンを引き起こすための伏線の一つに過ぎなかった。第二次大戦の際にヒトラーが目論んでいたのは、核兵器、生物化学兵器、遺伝子工学など、真のハルマゲドンを勃発させるために必要な技術を迅速に開発し、世界中に広めるということにあったのであり、ドイツの敗北やヒトラーの自殺は、単にそう見せかけたものに過ぎない。そこで死んだと思われたのは、実はヒトラーの影武者である。第二次大戦後に〝実体〟のヒトラーは、ゲルマン民族の聖地である北方の大地に潜み、ハルマゲドンを引き起こしてそれに勝利するために必要な軍団の育成や、秘密兵器の開発を行った。ヒトラー自身は一九五二年に癌で死んだが、彼によって選別された者たちの軍団は、今も存在している。

川尻の予測によれば、一九九九年になると、ヒトラーの軍団が開発した秘密兵器によって、群衆の潜在意識の操作や、数々の天変地異の誘発が実行される。これによって群衆はパニックに陥り、それを契機に二〇〇〇年には、世界中で核戦争＝ハルマゲドンが引き起こされる。ヒトラーの勢力はこの災厄を逃れるため、UFOに乗って宇宙空間に脱出する。すると、宇宙空間での生活によってヒトラーに選ばれた者たちの意識に変革が生じ、彼らのなかから人間以上の存在へと変容する者が出現する。そして彼は、「真の指導者《フューラー》」となって地上に降り立つ。ハルマゲドンを生き残った者たちは、彼を「人の子」＝再臨のキリストとして迎えるのである。こうしてヒトラーが目指した「第四帝国」が地上に建設されることになる。

> 人類の指導者、真のフューラーたらんとした〝実体〟は、いかにしたら、この世に神の王国＝人類の理想郷を築くことができるか、と考えた。しかし、人間が各自ばらばらに、手前勝手なことばかり考えている状態では、とても理想の世界はできない。そのためには、人間の意識を変革する必要がある。その一つの方法として、宇宙空間への脱出が考えられた――と私は思う。これまでに地球の外へ出た宇宙飛行士たちは、〝神〟が存在することをみな確信するようになった、と言われる。それは偶然ではない。宇宙に出ることにより、人間は意識が改革されるのだ。そこでまず、選別した者たちを宇宙空間へ脱出させ、そこで人間から〝ほかのもの〟へ変身させた。その間に地球上に大破壊、大災害をもたらし、生き残った人類に〝救世主〟を待望させる。（中略）大いなる艱難に呻吟《しんぎん》する人類にとって、この時、雲に乗った人の子が真のフューラーとして君臨することになる。そして地上の人間は思想統一されて、新しき思想――おそらくはこれまでの宗教をすべて統一した〝ネオ宗教〟――のもとに至福千年王国、ヒトラーの第四帝国が誕生するのだ。
>
> （『滅亡のシナリオ』二四七～二四八頁）

『滅亡のシナリオ』は、『週刊プレイボーイ』の編集者が、川尻が院長を務める精神病院を訪れて彼にインタビューするというスタイルで叙述されているのだが、そのなかで聞き手の編集者がしばしば川尻に対し、「発狂した人間の妄想としか思えない」「目の前にいる人物は、実は院長などではなく、妄想に狂った患者ではないのだろうか……？」という感想を漏らしていることには、苦笑を禁じえない。しかしこの書物は、裏表紙に五島勉からの推薦の辞が掲載されたこともあり、それなりに多くの読者を獲得した。そしてそのなかから、麻原のように、川尻の説を一つのありうる可能性として受容する者たちが出てくることになったのである。

オウムの幹部の一人であった上祐史浩が指摘しているように、麻原がこの著作から、予言とは単に未来についてのヴィジョンを意味するのではなく、極秘裏に遂行されるべきシナリオであるという考え方を受け取ったことは、事実であると思われる（「団体総括」〈テーマ別〉3．【2】の項目）。同時に麻原の脳裏には、自分でハルマゲドンの引き金を引き、その災禍によって苦しむ人々を自ら救済するという、奇妙な「自作自演の救済者」像が刷り込まれることにもなったのだった。

また、ここでは最後に、先に引用した川尻の言説が、本書で探求してきた三つの幻想の形態、すなわち、ロマン主義、全体主義、原理主義に由来する複数の幻想を融合することによって成立しているということを指摘しておきたい。すなわちそれは、「宇宙意識への覚醒」を目指す点でロマン主義的であり、「指導者《フューラー》による統制」を理想とする点で全体主義的であり、「この世の終わり」を不可避の命運と考える点で原理主義的であると見なすことができる。

これまで見てきたように、一九八〇年代までに、世界、そして日本においては、ロマン主義、全体主義、原理主義という三つの思想的系譜から無数の幻想が生み出され、多様な仕方で相互に交錯し合いながら、広範な拡大を見せていた。きわめて荒唐無稽なものに映る川尻の歴史観も、無数に撒き散らされたそのような幻想のなかの、ほんの一例であるに過ぎない。そしてそれらの幻想の大半は、現代人が束の間の現実逃避を味わうための手段として、ほとんど誰の記憶に残ることもなく消費されていったのだが、そのごく一部が生き残り、現実的な行動として社会のなかに漏れ出てくることになる。その一つが、オウム真理教であった。

第5章　オウム真理教の軌跡

本書ではこれまで、オウムのなかに存在したさまざまな幻想がどのような歴史的経緯によって生み出されたのかということについて、ロマン主義、全体主義、原理主義という三つの思想史的系譜から考察してきた。最終章となるこの章では、これまでの考察を踏まえた上で、オウムがたどった軌跡について直接的に見てゆくことにしよう。

序章で述べたように、今日では、教祖である麻原彰晃の生い立ちや人格、またオウム教団内部の実態を描いた数多くの書物が存在する。そうした事柄について詳細に知りたいという読者は、序章で挙げたいくつかの著作を参照されるのが適切だろう。この章では、麻原の生い立ちから地下鉄サリン事件までに至るオウム教団の軌跡を可能な限り簡潔に整理し、その全体像を描き出すとともに、それらの現象がどのような性質を持ち、なぜ発生したのかということについて、適宜考察を加えることにしたい。

1　教団の設立まで

松本智津夫の生い立ち――あらかじめ奪われた光

麻原彰晃こと、本名・松本智津夫は、一九五五年、熊本県八代郡の干拓地である金剛村（現在は八代市）に生まれた。

彼の人生を大きく左右したのは、幼少時から視覚に障害があったということである。後に述べるように、麻原の弱視が実際にはどの程度のものなのかについては諸説が存在し、厳密に正確なことは分からないが、左目はほとんど見えず、右目は一・〇近くの視力があったものの、先天性緑内障と視野狭窄症の徴候が認められたと言われる（髙山文彦『麻原彰晃の誕生』二二頁）。麻原は視覚障害者として、六歳のときに親元を離れて熊本県立盲学校に入学し、二〇歳になるまで、盲学校での寄宿生活を送った。

麻原の視覚障害の原因については、近年興味深い仮説が提示されている。藤原新也は『黄泉の犬』において、松本家の長男であり、麻原と同じく視覚障害を患っていた松本満弘から聞き取りを行い、彼らの障害の原因が、水俣の水銀被害によるものではないかと問い質した（七〇頁）。麻原の故郷である八代は、水俣から四〇キロほどの距離に存在し、両市はともに八代海という内海に面している。麻原が幼少期を過ごした時期には、八代においても、水俣病の症状を示す患者が多数現れていた。そして、求心性視野狭窄は水俣病の主な症状の一つであり、当時の熊本県立盲学校には、視野狭窄を患う子供たちが多く入学していたのである。

藤原の問いに対して松本満弘は、自分も智津夫も幼い頃は普通に目が見え、決して先天性の障害ではなかったこと、自分は釣りが好きで、八代海で釣った魚をよく兄弟で食べていたが、次第に手足に震えが出始め、目が見えなくなっていったこと、役所に対して自分たち兄弟を水俣病患者として認定するよう申請を出したが、八代は水俣から離れているという理由で却下されたことを告白する。

麻原の視覚障害が、果たして水俣病によるものなのかということは、現在ではほとんど確かめる術がない。しかし、視覚障害者として盲学校で青少年期を過ごすという経験が、麻原に対してさまざまな「心の歪み」をもたらしたということは否定できないように思われる。その要因を列挙すれば、以下の点である。

水俣病は、一九五六年以降、水俣を中心に八代海一帯で広範に被害が見られるようになった公害病であるが、政府がその原因や被害状況について公式に認定したのは、それから一〇年以上も後の、六八年のことであった。水俣病に対して政府は、なかなかその被害を認めない、あるいはできるだけ被害を小さく見積もろうとする消極的な姿勢を見せており、二〇一一年の現在においても、水俣病未認定患者らの団体である「水俣病不知火患者会」と政府のあいだの係争は、完全には決着していない。一九五〇年代から六〇年代の当時、政府は国民の健康や環境保全への配慮よりも、経済成長を優先的に考える方針を採っており、その過程で多くの公害とその被害者が生まれた。麻原自身が、自分が水俣病の被害者である可能性があること、また兄が役所に水俣病認定の申請を出していたことを知っていたかどうかは不明であるが、住民と国が激しく対立する環境のなかで幼少期を過ごしたことは、国家が必ずしも善なる存在ではなく、自分たちの幸福や安全を第一に考えてくれるわけではないという意識を、麻原の脳裏に密かに植えつけたことだろう。

次に注目すべき点は、盲学校で長い期間を過ごしたとは言っても、麻原は決して全盲というわけではなく、右目はかなり高い視力が保たれていたため、文字の読み書きなど、日常生活で必要なことを行うのにそれほどの支障はなかったことである。麻原は、当初は普通の小学校に通っていたが、小学一年生の秋になって、盲学校に転校させられている。麻原本人の弁によれば、慣れ始めた学校から無理に転校させられることに自分は強く抵抗したが、盲学校に通えば国から就学奨励金という補助金が与えられ、寄宿舎での食費も免除されたため、貧しい松本家は麻原を口減らしのために盲学校に送り込んだという(『麻原彰晃の誕生』二四、二九頁)。こうした経験によって麻原は、金銭と引き換えに家族から見放されたという屈折した感情を抱えることになったと思われる。

また、全盲の生徒たちが大半を占めるなか、自分だけは目が見えるという環境もまた、彼に特異な自意識をもたらすことになった。全盲の生徒を対象として組み立てられた盲学校のカリキュラムに対し、当然のことながら麻原はうまく馴染むことができず、授業にはほとんど参加していなかった。また生徒同士の付き合いにおいても、一人だけ目が見える麻原は、周囲の人間と対等な関係を築くことができなかった。彼は目の見えない生徒たちに残酷ないたずらを仕掛けたり、暴君のような態度で彼らに命令を下したりしたため、しばしば担当の教師からの激しい怒りを買ったという(『麻原彰晃の誕生』二九~三四頁。また、森達也『A3』一三五頁以下では、青少年期の麻原像について高山のそれとは異なる見方が示されているため、合わせて参照されたい)。

左目が見えず、右目が見えるという身体的な条件によって、奇しくも麻原は、国家や家族、学校の教師や仲間たちから疎外されるという状況に追い込まれることになった。こうした環境のなかで彼が身につけた処世術の一つは、視覚障害者という社会的ステイタスを、状況に応じて使い分けるということである。彼はその人生においてしばしば窮地に陥ると、自分は盲学校の出身であり、視覚障害者という社会的弱者であるということを、弁明の一助として用いた。また、後のオウム信者たちの多くは、尊師はまったくの盲目であるが、超能力によって世界を見渡していると信じ込んでいたという。言わば麻原はその両目で、光と闇の世界、虚と実の世界を同時に見つめながら、自分が生きてゆくことのできる世界を懸命に模索することになったのである。

宗教遍歴の時期

生来的に強い自己中心性と他者に対する支配欲求を持っていた麻原は、成長するに従って、社会的エリートになることを切望するようになった。一八歳のときには、医者を目指して熊本大学医学部を受験したが失敗、二〇歳になって盲学校を卒業すると、政治家になるために東京大学法学部に入学することを目指し、東京へ上った。しかし、盲学校時代から麻原の学力は芳しくなく、受験にはことごとく失敗する。

結局のところ麻原は、盲学校時代に習得した鍼灸の技術や漢方の知識によって生計を立てざるをえなかった。麻原はこの方面においては商才があったらしく、集客力の高い広告や新しいサービスを次々と打ち出すことにより、彼の経営する薬局や診療所はすぐに繁盛した。しかし麻原は、この分野でも間もなく挫折を経験することになる。一九八〇年には保険料の不正請求が発覚し、国から六七〇万円の返還を請求された。また八二年には、販売していた健康食品に薬事法違反の嫌疑がかかり、二〇日間の拘留を受け、二〇万円の罰金刑を科されている。鍼灸や漢方における麻原の商売は、東洋医学に基づく神秘的な力によって病を劇的に治癒するということを謳い文句にしていたため、目立った仕方で営業を行うと、薬事法違反の対象と見なされることになったのである。鍼灸院や漢方薬局の経営に限界を感じた麻原は、宗教の分野に本格的に足を踏み入れることを決意する。

麻原がさまざまな宗教への遍歴を重ね、独自の世界観や修行理論を練り上げようとしていたのは、おおよそ二二歳から三〇歳にかけての頃である。その内容は、仙道や気学、占学といった中国の神秘哲学、神智学系のクンダリニー・ヨーガの理論、原始仏教、竹内文書のような超古代史、ノストラダムスの大予言、ヒトラーの大衆扇動術など、きわめて雑多なものであったことが推測されるが、麻原が特に熱心に取り組んだのは、ヨーガの修行によって「超能力」を獲得するということであった。麻原は八〇年、桐山靖雄の主宰する阿含宗に入信し、約三年のあいだその修行に打ち込んだが、満足のゆく結果を得ることはできなかった。その後に麻原は一時期、空中浮揚の術を身につけようとして、七〇年代から日本にも進出していた、マハリシの超越瞑想のクラスにも出入りしている。

第2章で述べたように、阿含宗は七〇年代に超能力の獲得を売り物にすることによって急速に教勢を伸ばしていたが、八〇年代以降は、祖先崇拝へと路線を大きく変更した。多くの信者たちが、これに失望して阿含宗を離れ、超越瞑想のクラスや本山博のヨーガ道場などに流れた後、より過激な修行を求めてオウムに入信したと言われる（福本博文『ワンダーゾーン』二一四頁）。そして麻原自身も、そのような流れに身を置いた一人だったのである。

2　初期のオウム教団

『トワイライトゾーン』のインタビュー

麻原は一九八三年、渋谷に「鳳凰慶林館」という能力開発のための学習塾を開設し、その頃から松本智津夫という本名を捨て、「麻原彰晃」と名乗るようになる。そして八四年には、学習塾を「オウムの会」というヨーガの団体に改変した。

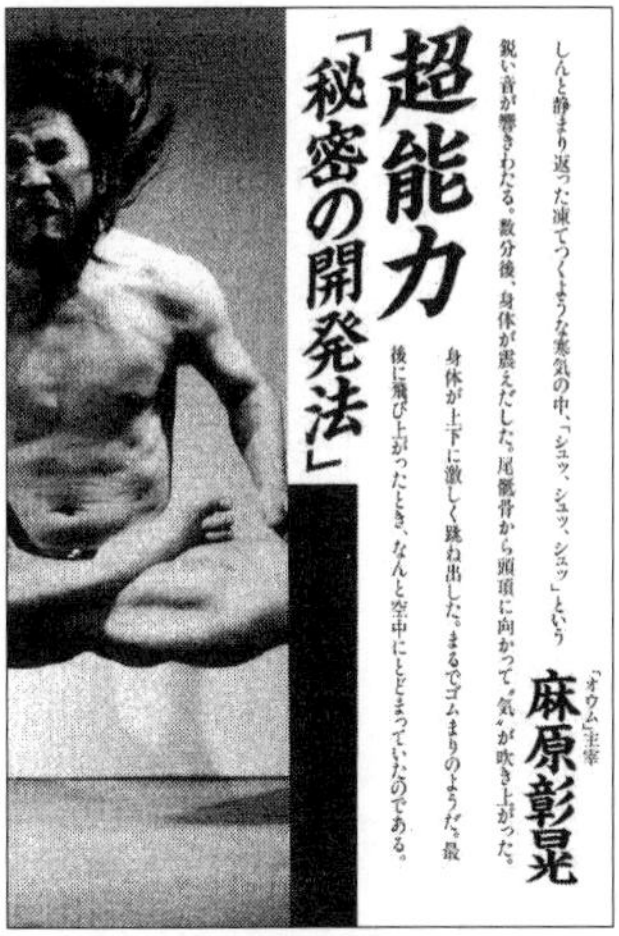

麻原の空中浮揚の写真をあしらった『超能力「秘密の開発法」』の表紙

しかし、一人の宗教家として麻原が本格的な活動を始めるのは、翌八五年、彼が三〇歳になった頃である。麻原は二月、ヨーガの修行の成果として、空中浮揚に成功したと吹聴し始める。彼は自分を取材するように多くの雑誌に売り込みを掛け、一〇月にはオカルト雑誌の『トワイライトゾーン』に、「最終的な理想国を築くために神をめざす超能力者」というタイトルのインタビュー記事が掲載された。

麻原はこのなかで、仙道、大乗仏教、密教、ヨーガを取り入れた修行に打ち込んだ結果、さまざまな神秘的事象を経験し、空中浮揚を始めとする数々の超能力を身につけることができたと主張している。さらに麻原は、天からの声によって、このままの状態では近く地球に終末が訪れるということを知らされた。彼の超能力の一つである予知能力によれば、すでに二〇〇六年には核戦争の第一段階が終わっており、日本も「死の灰」の影響を受けることになるのである。

終末後に人類を生き延びさせるために、天の神は麻原に対して、「アビラケツノミコト」、すなわち「神軍を率いる光の命」として戦いの中心に加わるように求める。終末の戦争とは、人類を浄化・選別するために行われるという意味も持っており、魂や遺伝子の質が劣った者は滅び、「神仙の民」と呼ばれる、魂を進化させた超能力者の集団だけが生き残ることができる。そして彼らは、終末戦争の後の二一〇〇年から二二〇〇年頃、かつてチベット奥地に存在したと言われる「シャンバラ」のような理想国を建設することになるというのである。

魂の進化による潜在能力の覚醒、超人によって統制されるユートピア構想、善悪を決する最終戦争論——麻原がオカルト雑誌の記者を相手に語った最初のインタビュー記事には、後にオウムの教義が構成される上で不可欠な、ロマン主義、全体主義、原理主義の要素のすべてが、すでに出揃っている。そして麻原はこの後、こうした萌芽的要素を徐々に発展させることになるのである。

神仙民族とヒヒイロカネ

麻原が『トワイライトゾーン』のインタビューで示した終末論は、その翌月、別のオカルト雑誌である『ムー』に掲載された「幻の超古代金属ヒヒイロカネは実在した⁉」というレポートにおいて、より具体的に展開される。その内容は、竹内文書に記され、かつて酒井勝軍が発見したヒヒイロカネという金属を、麻原が弟子たちとともに東北地方に探しに行くというものである（ちなみにこの号における『ムー』の特集は「戦慄のヒトラー第四帝国」と題され、前章で見た川尻徹の説が数十頁にわたって紹介されている）。

岩手を訪れた麻原一行は、地元のヒヒイロカネ研究家に会い、この地方で「餅鉄《もちてつ》」と呼ばれる鉱石がヒヒイロカネであることを知らされる。また彼らは、かつて酒井勝軍と行動を共にしたという老人に出会う。老人によれば、酒井は国家からの弾圧を恐れたため、来るべきハルマゲドンの実態を公にすることができなかった。しかし、老人が酒井から直接聞いたところ、彼が語った真の予言とは次のようなものであったという。

・第2次世界大戦が勃発し、日本は負ける。しかし、戦後の経済回復は早く、高度成長期がくる。日本は、世界一の工業国となる。
・ユダヤは絶えない民族で、いつかは自分たちの国をもつだろう。
・今世紀末、ハルマゲドンが起こる。生き残るのは、慈悲深い神仙民族（修行の結果、超能力を得た人）だ。指導者は日本から出現するが、今の天皇とは違う。

（「幻の超古代金属ヒヒイロカネは実在した⁉」一七五頁）

酒井が編集・発行していた『神秘之日本』を読む限り、酒井は国家からは異端視されていたが、彼なりの仕方で天皇を深く信奉しており、天皇を主権者として奉じる当時の日本が、戦争で敗れる可能性については考えていなかった。また彼が使った用語には「神仙民族」というものはなく、修行によって超能力を獲得するという発想も見られない。ゆえに上述の予言は、酒井自身が説いたものではなく、第二次大戦で敗れた天皇に代わって日本から新たな救世主が現れると論じた武田崇元の著作などを参照しながら、麻原が独自に創作したものであることが推測される。すなわち麻原は、天皇と「天孫民族」によって作り上げられる神権国家がハルマゲドンに勝利するという酒井の構図を、超能力者の集団である「神仙民族」がハルマゲドンを生き延びるという構図へと改変したのである。

要するにここで麻原が吐露しているのは、自分が提唱する方法で修行することによって神秘的な超能力が得られるということ、超能力者の集団から「神仙民族」という新しい民族が生まれること、そして自分はこうした集団の頂点に立ち、ハルマゲドンを戦い抜いて、いずれは世界に君臨する指導者になるはずだという、あまりにも誇大的な妄想に他ならない。この記事の後半では、ヒヒイロカネは個々人の超能力を増幅させることのできる特殊な鉱物であり、これを身につけて修行すると、チャクラの活動が著しく活性化するのが明らかになったと記され、麻原が集めてきたヒヒイロカネは、それを使って行った修行の成果を報告するということを条件に、読者プレゼントに供されている。これに応募した読者のなかにはおそらく、最初期のオウム信者になった者もいたことだろう。

『超能力「秘密の開発法」』

翌八六年三月、麻原の処女作として刊行されたのが、『超能力「秘密の開発法」』――すべてが思いのままになる！』である。タイトル自体に如実に示されているように、その内容は、ヨーガや密教の修行によって超能力が得られ、さまざまな願望を叶えることができるというものであり、その大枠は、桐山靖雄の初期著作である『変身の原理』や『密教』からの引き写しであると言って過言ではない。

しかしその記述には、麻原に固有の特徴と見られるものがいくつか存在する。まずその一つとして、桐山が自身の持つ超能力として「護摩法」という火熾《ひおこ》しの技法を喧伝していたのに対し、麻原は先に述べたように「空中浮揚」の能力を強調していることである。同書の表紙には、『トワイライトゾーン』のインタビューに掲載されたものと同様の、麻原が空中浮揚に成功した瞬間の写真が使われている。麻原によれば、彼が初めて空中浮揚に成功したのは八五年の二月のことだが、その光景が次のように描写される。

しんと静まり返った凍《い》てつくような寒気の中、「シュッ、シュッ、シュッ」という鋭い音が響きわたる。数分後、身体が震えだした。それと同時に、上から身体を引っぱられているような初めての感覚を味わった。私は少しとまどった。しかし、考える時間など私には与えられなかったのだ。瞬間的に、尾骶骨から頭頂に向かって〝気〟が吹き上がったかと思うと、蓮華座を組んでいた身体が、上下に激しく跳ね出したではないか。まるでゴムまりのようだ。それだけではなかった。最後に飛び上がったとき、私はなんと空中にとどまっていたのである。（中略）「浮きましたね！」「と、飛んでいましたよ！」目の当たりにこの不思議な光景を見た弟子たちは、口々に叫んで大騒ぎをしていた。言うまでもなく、私自身感動と興奮に身を包まれていた。ついに私の超能力は、空中浮揚のできるレベルにまで達したのである。これは、私の修行法が間違っていなかったということを意味していた。

（『超能力「秘密の開発法」』一五～一六頁）

人はいかにして、空中浮揚という奇跡を成し遂げうるのか。その裏づけとして麻原が持ち出すのは、ヒンドゥー教のシヴァ神によって説かれたとされる、クンダリニー・ヨーガの理論である。第2章ですでに見たようにクンダリニー・ヨーガとは、尾骶骨のなかに眠る「クンダリニー」という名の性力を覚醒させ、それを脊椎に沿わせて頭頂まで上昇させるというヨーガの技法を指す。そしてクンダリニーの上昇の過程で、体内に存在する七つのチャクラが次々と開いてゆき、それによって、これまで潜在していた各種の超能力を覚醒させることができるのである。空中浮揚とは、胸部にある「アナハタ・チャクラ」が覚醒したときに得られる超能力であり、「プラーナーヤーマ」という呼吸法によって宇宙の気を体内に取り入れ、「「〝無意識〟状態を〝真我の意識〟が認めた瞬間」にフワッと身体が宙に浮く」（一八頁）とされている。

『超能力「秘密の開発法」』では、空中浮揚の他、七つのチャクラが開くことによって得られるさまざまな超能力が列挙されている。そして麻原は、宗教の主目的は超能力を開発することにあり、それができない宗教はすべて「ニセ物」であると断言する。修行を重視しない日本の既成仏教は言うまでもなく、桐山の阿含宗も、実際には超能力者を生み出すことに成功していない。麻原は、超能力の獲得を謳い文句にしている阿含宗をそれなりに評価しながらも、そこには修行の具体的な実践に関するノウハウが欠けていると批判している。そして自分自身も、かつて阿含宗の「千座行」という修行を実践したが、かえって心が不安定となり、ちょうどその時期に薬事法違反で逮捕されてしまった、と弁明する。

同書に見られるもう一つの特徴は、導師《グル》から弟子に対して行われる「シャクティーパット」という技法について触れられていることである。尾骶骨のなかで眠り込むクンダリニーを覚醒させることは、超能力の獲得や解脱の実現にとって不可欠の前提条件となるが、個人の努力だけでそれに成功するのは難しい。その際にグルは、弟子の眉間から自分の性力《シャクティー》を注入し、それを呼び水として外側から彼のクンダリニーを覚醒させるということを行うが、その技法がシャクティーパットと呼ばれる。麻原は、日本においてそれを行うことができるのは自分だけであると吹聴した。そのため『超能力「秘密の開発法」』の読者からは、麻原からシャクティーパットを受けることによって速やかに超能力を獲得したいと希望する者が多数現れ、それによって教団の拡大やグルイズムの形成が促進されることになったのである。しかしそのことは、次節で再び触れよう。

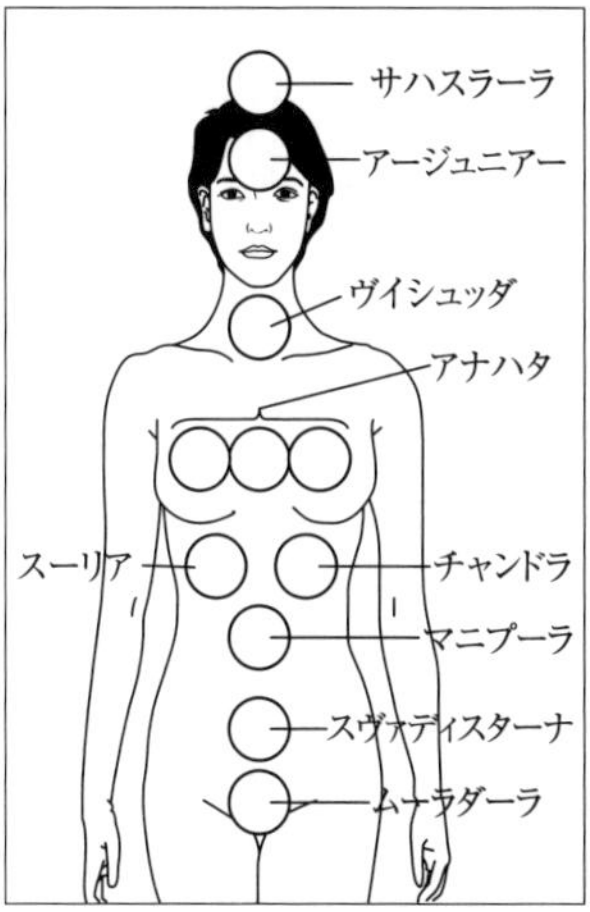

チャクラの図

(『超能力「秘密の開発法」』49頁の図を元に作成。各チャクラの名前も同図による)

『生死を超える』

八六年の四月、オウムはそれまでの「オウムの会」から、「オウム神仙の会」に名称を変える。この名称は、麻原が『ムー』の記事で論じていた

「神仙民族」を反映したものと考えられる。さらにその翌月、麻原はインドに修行に赴き、ヒマラヤの山中で「最終解脱」を果たしたと自称するようになる。それまでの麻原は、あくまで自身も修行者の一人であるというスタンスを取っていたが、この時期から「最終解脱者」という特別な存在と位置づけられた。同時に彼が率いる団体も、麻原という教祖を頂点に置く宗教集団としての趣きを色濃くしてゆく。

同じ八六年の一二月、麻原の二作目の著作として出版されたのが、『生死を超える――絶対幸福の鍵を解く！』である。一作目の『超能力「秘密の開発法」』においては、超能力を獲得することによってさまざまな願望を叶えるという、ある意味できわめて現世利益的な事柄が語られていた。それに対して『生死を超える』では主に、現世の事柄はすべて幻影的かつ無常であり、そこで得られる幸福は仮初めのものに過ぎないため、いかにして現世を超越し、絶対幸福＝解脱へと到達するかということが論じられる。

『生死を超える』においても、話のベースとなっているのは、クンダリニー・ヨーガの修行において生じるさまざまな神秘的経験である。しかし、前著では超能力の獲得に主眼が置かれていたのに対して、この著作では、七つのチャクラを開花させてゆくクンダリニー・ヨーガの技法とは、肉体の外、この世の外に出ることを目的としており、その経験は事実上「死」と同義であることが強調される。とはいえ麻原によれば、肉体の死によってすべてが終わるわけではない。修行が進むに従って意識は徐々に肉体や物質界を離れてゆき、それはときに死の経験と同様に激しい恐怖を伴うものとなるが、死を超えた先には、より高次の世界と、より高次の意識体の存在が開けてくるのである。

こうして同書においては、肉体を超えた高次の意識体や、物質界を超えた高次の世界に話が及ぶわけだが、その身体論・宇宙論は、インド・ヨーガの理論そのものと言うより、それを内部に取り込んだ神智学に基づいたものと見るべきであると思われる。麻原は、肉体を超えた意識体を「アストラル体」や「コーザル体」といった神智学の用語で呼んでおり、『生死を超える』の内容も、本書で見てきたもののなかでは、神智学者リードビーターの『神智学入門』や『チャクラ』に類似している。麻原はリードビーターと同様に、それまでの生を支配してきたカルマや転生の法則を知ること、そして揺らぎのない「真我」に到達することを、人生における真の目的として掲げるのである。

それでは、輪廻転生のサイクルから解脱し、「真我」に到達した人間は、その後どうなるのだろうか。生死を超えた人間は、生死をコントロールできるようになる、というのがその答えである。麻原によれば、もっとも高次のチャクラである「サハスラーラ・チャクラ」が覚醒すると、意識を肉体から他所へと自在に移し変える能力が身につく。この能力は、チベット密教の用語で「ポワ」（オウムではしばしば「ポア」と表記される）と呼ばれる。麻原はこの著作において、解脱を果たした自分は、現世を離れて永遠の涅槃《ニルヴァーナ》の境地に入ることも可能なのだが、ポアの力を使うことによってあえて何度も人間界に転生し、できるだけ多くの魂を救済に導くつもりだ、と述べている（増補改訂版、七〇頁）。

3　オウム真理教の成立と拡大

オウム真理教への改称

八七年に入り、オウムはさらに活発に運動を展開する。麻原はこの年を、「大乗（マハーヤーナ）の年」と位置づけた。これまでのオウムの活動が、一人の修行者としていかにして超能力を獲得するか、いかにして解脱するかという、自力救済の「小乗（ヒナヤーナ）」に向けられていたのに対して、今後は教団の組織を整備し、他者の救済へと積極的に乗り出してゆく、というわけである。二月にはオウムの大阪支部が開設され、その後は全国に支部が設けられていった。また、インドのダラムサラでダライ・ラマ一四世と麻原の会談が実現し、二人を写した写真はオウムが発行する書籍や雑誌に何度も掲載され、教団の権威づけや宣伝のために用いられた。

その年の七月、「オウム神仙の会」は、名称をさらに「オウム真理教」に変更する。その理由については、シヴァ神から麻原に指令が下り、もっと強く宗教性を打ち出す必要があるという示唆を与えられたから、と説明された。命名の由来については、天理教によって建設された宗教都市の天理市を見て憧れを抱いた麻原が、その名からもじったものと言われる（『麻原彰晃の誕生』一七二頁）。

それまでの会員たちは、オウムを単なるヨーガ教室の一つとして捉え、他の新興宗教と掛け持ちをしている者も多かった。教団が明確な宗教名を名乗るようになったことに対して、それを嫌った約三分の一の会員が脱退したため、一時的に幹部たちに動揺が走ったが、麻原は、これからは絶対的な宗教を作り上げてゆく、いつまでもサークル気分でいる者は去れと発言し、これを一顧だにすることはなかった。

『イニシエーション』

オウム真理教への改称とほぼ同時期に出版されたのが、『イニシエーション』という著作である。イニシエーションとは、「通過儀礼」を意味する宗教学や人類学の用語だが、麻原はそれを、グルが弟子に対して秘儀を伝授すること、さらには、グルが弟子に霊的エネルギーを注入することであると説明した。『イニシエーション』においては、それまでの麻原の著作に記されたヨーガの修行法や世界観が踏襲されながらも、修行者が霊的ステージを上げていくためには、修行の段階の節目ごとに、グルからのイニシエーションを受ける必要があることが強調されている。

グルからイニシエーションを受けるためには、自我への執着を捨て去り、グルに対して心から帰依しなければならない。麻原はそのための極限的な修行法として、「布施」「持戒《じかい》」「忍辱《にんにく》」「精進」を挙げる。まず布施とは、通常は自分の欲望を満たすために使われる財産を、他人のために放棄することを指す。次に持戒とは、グルが指示する戒律を二つ返事ですべて実行できることを指す。第三に忍辱とは、いかなる困難をも耐え忍ぶことであり、『イニシエーション』の表現によれば、「たとえ身体がちぎれようが、血を吐こうが、死のうが、自己の極限に絶えず挑戦している人」（一〇三頁）を指す。最後に精進とは、世事と修行を比較して、常に修行を優先させるということを指す。麻原によれば、これは仏教の「六波羅蜜」に即した教えであるとされるが、要するに自分の意志も生命も財産も放棄し、グルの言うことに盲目的に従え、ということに他ならない。この書物で表明されたグルへの絶対的帰依、すなわち「グルイズム」の傾向は、オウム教団のなかで次第にエスカレートすることになる。

それでは、グルから弟子に施されるイニシエーションとは、具体的にはどのようなものなのだろうか。この著作では、チベット密教のタントリズムに由来するさまざまなイニシエーションについて語られており、また後のオウム教団では、多くのイニシエーションの方法が新たに開発されることになるが、この時期の教団においてきわめて重要な役割を果たしたのは、先に述べた「シャクティーパット」の技法であった。『イニシエーション』の後半部では、三一人の信者たちの修行体験記が掲載されているが、そのほぼすべての記事において、麻原のシャクティーパットによってクンダリニーが覚醒し、その後は修行が迅速に進むようになったという感謝の言葉が綴られている。その一例は次のようなものである。

頭を向けて横になると、先生は指をアージュニァー・チャクラに当て、二、三度グルグル回転すると、「これは、堅いな。」とおっしゃいました。（中略）目を閉じていると、何やら尾てい骨の中がどろりと溶けて、あついお湯の様なものが背骨の中を上下しながら昇ってくるのが、はっきりと感じられました。どんどん上昇するように祈っていましたが、へその少し上の部分で止まって、それ以上動かなくなってしまいました。シャクティー・パット終了後、先生に、私の霊体質の原因は、マニプーラ・チャクラが既に開いていたからで、アナハタ・チャクラが開かれるならば、この最悪の体質から抜け出せるということを教えていただき、目の前が急に明るくなりました。その夜、先生から授かった、ヒヒイロカネをアナハタ・チャクラの上に置き、マントラを唱えると、尾てい骨が熱くなり、閉じている目の前が、赤くなったかと思うと、濃い紫色でいっぱいになりました。それからは四、五日に一度くらいの間隔で尾てい骨から白いものが、シューという感じで頭頂めがけて上昇し、ポワッという感じで頭から出てゆくのが夢うつつの状態ではっきりと見えました。

（『イニシエーション』一五四〜一五五頁）

麻原から直接シャクティーパットを受けた者のなかからは、顕著な神秘的現象を経験して彼に心酔する信者が多数現れた。また、サリン事件以後にグルイズムの幻想が解けてからも、麻原の能力のほとんどはまやかしだったが、シャクティーパットだけは本物だったと述懐する者が多い。この技法は、いったい何なのだろうか。

その答えを一言で言うなら、それは催眠術である、ということになる。麻原のシャクティーパットは、本書の第3章で取り上げた、メスマーの催眠技法と酷似している。そこで見たようにメスマーは、自分の体内には動物磁気と呼ばれる自然界のエネルギーが蓄積されており、患者に触れて動物磁気を注入するだけで、その病を治癒することができると説いた。そしてメスマーに身体を触れられた者は、彼の誘導に従ってしばしば激しい恍惚状態に陥ったのである。また、メスマーのカリスマ性が高まるにつれ、彼の手かざしを受けたいと望む者も激増したが、そのときメスマーは「磁気桶」という装置を発明し、水のなかにも動物磁気を満たすことができるとして、多くの患者を効率的に捌《さば》くようになった。同じように麻原も、信者数が増加して一人一人にシャクティーパットを施すことができなくなると、自分が入浴した後の風呂の残り湯を「ミラクルポンド」、気を注入したとする水を「スーパー甘露水」と称し、これらによっても師から弟子へのエネルギーの伝達が可能であるとして、シャクティーパットに代えたのである。

もう一つ注目すべき点は、麻原の元々の職業が鍼灸師であったということである。麻原は、鍼灸やマッサージの技術を盲学校在学中に学んだのだが、盲学校でこうした教育が行われるのは、視覚障害者の多くが、目が見えない分、とりわけ鋭敏な指先の感覚を身につける傾向があるからである。先に述べたように、麻原の兄は麻原と同じく視覚障害者であり、それも全盲の障害者であったが、彼はカリスマ性を帯びるほどにきわめて優秀なマッサージ師であったことが知られている。そして麻原は、兄の技術を間近で見てそれに学ぶと同時に、その手法が宗教にも転用しうることを思いついたのではないだろうか。

日本シャンバラ化計画

オウム真理教に改称して以降、教団の内部では、組織の全面的な再編と拡大が行われた。八八年三月、静岡県富士宮市の土地が取得され、同年の八月には富士山総本部道場が開設される。財産のすべてを教団に「布施」し、身一つでオウムの専属スタッフになるという「出家」制度は、すでに八六年の一〇月から開始されていたが、富士山総本部道場という大規模な施設が完成したことにより、より多くの人間を出家修行者として抱えることができるようになった。

また、八八年四月には「レインボーステージ」という階級制度が導入された。これは、麻原が弟子たちの修行の進み具合、すなわち「霊的ステージ」を見て取り、それに応じた七つの称号を授与するという制度である。ステージの高い者は、正大師や正悟師、師といった役職に任じられた。階級が下の者は、上の者からの指示に対して絶対に服従することが求められ、これによって、麻原を頂点とする上意下達の組織が作り上げられた。

そして同じ頃、優秀な弟子に対して麻原が、マイトレーヤやアーナンダやミラレパなど、仏教やヒンドゥー教の神々や聖者の名前を「ホーリーネーム」として授与することが始められた。以後、教団の内部では世俗の名前は用いられず、ホーリーネームで呼ばれることが慣例となる。出家者は教団において、一般社会でのステイタスを完全に剝奪されることになったのである。

オウムではこうして、「修行」と「出家」と「布施」が相互に密接不可分のものとして捉えられたが、そのことについて当時の学者や評論家のなかには、これを原始仏教における教団のあり方に帰ろうとしたものとして、肯定的に評価する者もいた。しかしよく考えれば、オウムの「出家」や「布施」の方法は、従来の仏教のそれと大きく異なっており、きわめて特殊なものとして機能していたと言わざるをえない。通常、仏教における布施とは、在家の信者が僧侶や寺に対して財産の一部を寄進することであり、それに対して出家とは、財産を家に残し、身一つで寺に入ることである。しかしオウムにおける布施や出家とは、自分自身の全財産、場合によっては一家の財産すべてを教団に布施して出家することとされたため、この仕組みが推進されればされるほど、在家の家庭は次々と崩壊し、教団だけがひたすら肥大化してゆくことになる。オウムの出家制度の実態とは、個人が自由意志や私有財産を放棄し、それを教団に捧げることによって成り立つ、きわめて全体主義的な制度だったのである。この制度に対し、あるとき幹部の一人の上祐史浩が漏らした述懐は印象的である。

すべての財産を布施し、遺書を書き、家族との縁を断ち切ってきた彼らには、帰る場所がなくなっていた。上祐史浩は教員免許をもっているある女性信者に、ぽつりと洩らしている。「あなたはいいですね。教師の免許ももってるし、力もあるから、社会にもどってもやっていけるでしょう。でも僕は、もうもどれません。社会にもどっても、生きていけないから」

(『麻原彰晃の誕生』一八三頁)

オウムの教団は、信者たちの財産や労働のすべてが、麻原の意のままになるような体制に改変されていったわけだが、その全体的な構想は、麻原がかつて『トワイライトゾーン』のインタビューで語っていた、「シャンバラ」という理想国《ユートピア》を建設するという目標に基づいていた。そしてその構想は、オウム真理教への改称と同時期の八七年の七月、「日本シャンバラ化計画」と「ロータスヴィレッジ構想」として改めて発表された。

オウムによればシャンバラとは、「宇宙の真理を擁護し、推進している伝説の世界のことで、かつて尊師がいらっしゃった聖なるユートピア」である。そして日本シャンバラ化計画とは、真理を背景とした社会を日本に築こうとする試みであり、その具体的内容は、(1)全国主要都市に支部を開設、(2)七つの主要都市に総本部道場を建設、(3)ロータスヴィレッジ構想、の三つの軸からなる。シャンバラ化計画の対象は日本のみに留まらず、三万人の成就者を生み出していずれは世界各国に常駐させ、世界中を神聖なヴァイブレーションで覆い尽くして、地球全体をシャンバラ化することが目標として掲げられた。同時に、世界にはハルマゲドンが迫っているが、九九年までにこの計画が実現すれば、破局は回避されるだろうと予言されている。

シャンバラ化計画の(1)と(2)が、都市部にオウムのネットワークを形成する計画であるとすれば、(3)のロータスヴィレッジ構想とは、新しく村落を切り開き、そこに「ゆりかごから墓場まで、真理に則って生きていける場」を建設しようという計画である。そこでは、衣食住、教育、医療機関など、生活の上で必要なものがすべて整備され、真理の実践者が安心して暮らしてゆけるコミュニティを作り出すことが目指された。

少し時間が下るが、九〇年以降オウムは、こうした計画を実現するために、熊本県波野村や山梨県上九一色村に広大な敷地を買収し、「シャンバラ精舎」と呼ばれる大規模な道場や、サンスクリット語で「真理」を意味する「サティアン」と呼称される教団施設を次々と建設してゆく。しかしながら、地元民の了解を得ないまま強引に開発を進めるその手法は、地域からの激しい反発を招いた（それらのトラブルの経緯については、波野村に関しては熊本日日新聞社編『オウム真理教とムラの論理』、上九一色村に関しては竹内精一『オウム2000日戦争――富士山麓の戦い』に詳しい）。また後に触れるように、そのなかで営まれた共同体生活も、バラ色のユートピアとは程遠いものであった。

こうした宗教的ユートピア構想は、もちろんオウムのみが打ち出したものではない。本書で見てきた例で言えば、修行の成就者を多数輩出することによって世界のヴァイブレーションを清らかなものに変えてゆこうとする発想は、超越瞑想の団体が唱えた「TMシディ・プログラム」に酷似しているし、田舎の荒野を切り開いて宗教都市を建設しようという計画は、「ラジニーシプーラム」においても試みられたことである。また、オウムのロータスヴィレッジ構想は、日本のヤマギシ会が実践した農業ユートピア構想と共通する点が多い。そして、宗教的原理に基づく理想郷を築き上げようというこうした試みの多くは、外部との関係においては周囲の社会との軋轢を生み、内部においては強制労働と監視社会のディストピアと化して次第に潰えていったが、後に述べるように、オウムはその点でも同様であった。

どのような人がオウムに入信したか

時期によってそのペースにいささかの緩急があるものの、八四年の「オウムの会」設立から九五年の地下鉄サリン事件に至るまでの期間、オウムは在家信者と出家修行者の数を急速に増加させ続けてきた。それでは、オウムに入信した人々、特に出家を決意した人々は、果たしてどのような人々だったのだろうか。

オウムの出版物に掲載された多くの修行体験記には、出家の動機についても触れられており、また序章で触れたようにサリン事件以後には、元出家修行者によって書かれた数々の回顧録が出版されている。それらに記された出家の動機は、もちろん人によって個々様々だが、ある共通した特性が見られる。

八〇年代後半は、経済面においてバブル景気が最高潮に達しつつあり、また人口面においても、第二次ベビーブームの際に生まれた世代が成人に近づく時期を迎えていた。ある意味で当時は、戦後において日本社会がもっとも活気づいていた時期だったのである。しかしオウムに出家した人々は、そのような社会情勢に対して、一様に根源的な不安を感じ取っていた。人口が増加し、経済システムは発達し、物質的には豊かになるが、果たしてこの社会はどこに向かっているのか、ただひたすら享楽を追求しようとする現在の世相は本当に正しいものなのか、という不安である。

一九六九年に生まれ、高校時代にオウムに入信し、麻原から「天才修行者」と称賛された井上嘉浩は、中学三年生のときに、尾崎豊の詩をアレンジした次のような言葉をノートに書き記した。

朝夕のラッシュアワー　時につながれた中年達　夢を失い
ちっぽけな金にしがみつき　ぶらさがっているだけの　大人達（中略）
時間に　おいかけられて　歩き回る一日がおわると　すぐつぎの朝
日の出とともに　逃げ出せない　人の渦がやってくる
救われないぜ　これがおれたちの明日ならば　逃げだしたいぜ
金と欲だけがある　このきたない　人波の群れから　夜行列車にのって

（『オウム裁判と日本人』二二二〜二二四頁）

また井上は、事件後の裁判において、若い頃の自身の社会観について次のように語っている。

このような、尾崎豊さんの歌にある詩の内容に、現代の若者を中心とした多くの人たちが共感を覚えていったという事実が存在する理由は、戦後、この日本に、経済成長と共に、「経済的に、物質的に、豊かになることが、幸せなんだ」というような価値観が広まっていった結果、その中において精神性を失ってしまった日本の現実の中で、多くの人たちが、この「物質主義」で出来た現実の中で、本当の自分を確かめようとし、「精神性」を必死になって見つけだそうとする衝動を有していたからだと思います。一方、私たちを豊かにするはずだった物質主義は、人類そのものを破滅に導いてしまうような、「核兵器」等の様々な近代兵器の開発にもつながって、「第三次世界大戦の恐怖」が現実的なものとして感じられるようになり、かつ、次の世代が生きていけないような「地球規模における大規模な環境汚染」を生じさせていくことにもなっていったのです。

（『オウム裁判と日本人』二一五頁）

井上は高校時代、親しかった祖母の死に直面し、激しい動揺を経験したという。死ねば人はただの肉塊になってしまうという事実を肌で実感し、人生に何の意味があるのかが分からなくなったからである。そして彼は仏教書を読みあさり、そのなかでオウムの世界観に惹かれるようになる。

一九六七年に生まれ、九四年の五月にオウムに出家した高橋英利は、『オウムからの帰還』の冒頭において、次のような幼少期の経験を記している。その頃高橋は、東京の立川市にある団地で暮らしていた。その団地は、数十棟の建物が建ちならぶ巨大な集合住宅であり、それぞれの建物は、壁に記された数字で区別されていた。小学校に上がる前、高橋は町内の「探検」に出かけ、知らず知らずのうちに隣の団地に迷い込んでしまう。高橋は自分の住む番号の建物を見つけ、同じ号数の部屋のドアを開けて「ただいま」と声を掛けたが、なかからは「別のお母さん」が出てきた。そのとき彼は、どうして自分があの女の人の子供ではなかったのか、お母さんが自分の母親でなければならなかった理由は何だろうか、という思いに耽り、「自分の存在が「必然」ではなく「偶然」でしかないということを、感覚として抱え込んでしまった」(一八頁)という。高橋のこの経験は、群衆社会においてはすべてが交換可能な部品の一つに過ぎず、自分自身の生の意味や存在の固有性を見出すことが難しいという不安感に起因していると考えられるだろう。

早坂武禮は、一九六三年に生まれ、九一年に出家、オウムでは広報局長を務めた。早坂の著書『オウムはなぜ暴走したか。』によれば、彼は出家前はフリーライターとして生計を立てており、元来は宗教のような非合理的なものを嫌っていたが、夜中に原因不明の金縛りの症状に苦しめられていたこと、当時交際していた女性から勧められたことがあり、八九年にオウムに入信する。その後、その女性と結婚し、ともにオウムへの信仰を深めていたが、あるとき彼女は家のなかで偶然起こった事故で、あっけなく命を落としてしまう。早坂が激しく動揺し、悲嘆に暮れていると、突然麻原から電話が入り、彼は早坂に、死を間近で見た経験を貴重なものと考えるべきこと、彼女の魂は自分が「ポア」の技法によって良い転生に送り込んだので安心するように、と告げる。麻原の言葉に強く感動した早坂は、死の問題について自分なりの解答を見出すため、オウムに出家することを決意する。

オウム信者たちが記すさまざまな出家の動機から読み取ることができるのは、現代社会において人間同士の有機的なつながりが失われていること、そして、すべてが均一にならされてゆく世界のなかで、自分の生きる意味が見失われ、死が一つの不気味な謎として将来に待ち受けていることに苦しみ、彼らはその解答を求めてオウムに接近しているということである。

一時期のカルト研究においては、「マインドコントロール」に関する理論が積極的に主唱された。それによるとカルト教団においては、人々の自由意志を密かに奪って行動を強制することのできる手法が発達しており、人々は自分の意志に反して、いつの間にかカルトの行動規範に染まってしまうのである。この理論はまったくの誤りであるとは言えないが、オウム信者たちの出家動機を見る限り、完全に正確とは言い難いことが分かる。カルト的な宗教に入信する人々は、現代社会における空虚で放恣な自由に対してどこか満たされない思いを抱えており、彼らはむしろ自らの意志によって自由を放棄し、カルトの厳格な規範に身を捧げているのである。

また、サリン事件直後のマスコミにおいては、一流大学に所属する優秀な学生が、なぜオウムのような荒唐無稽な宗教に入信したのかについて盛んに議論されたが、それも実際には、さして不思議なことではない。というのは、多くの学生にとって大学生活とは、故郷での慣れ親しんだ人間関係を離れ、大都市における無機的かつアノミー的な生活を初めて経験する場所になるからである。現代の大学における研究や教育は、分野ごとにきわめて専門化・細分化されており、社会とは何か、生きるとはどういうことかといった大きな問いに対して、その答えをすぐに用意しているわけではない。ゆえに学生たちは、大学での生活において自己のアイデンティティの危機に晒され、有機的な人間関係や納得のゆく世界観・死生観を求めて、しばしば不用意にカルト的集団に接近することになる。オウムのケースも、その一例だったのである。

出家修行の実態

本書の第3章の末尾で述べたように、現代人はしばしば、淀んだ快楽と倦怠に満ちた孤独の生を過ごすか、あるいは、ある全体性のなかに身も心も没入してゆくかという、究極的な二者択一を突きつけられる。オウム信者が直面したのも、まさにこの二者択一であった。そして彼らは、現代社会の空虚な自由に耐えられなくなり、オウムへの出家を選び取る。しかしそこに待っていたのは、全体主義的な性質を濃く帯びた、きわめて閉塞的な共同体であった。

出家者の生活は、具体的にはどのようなものだったのだろうか。基本的なスケジュールは、例えば次のようなものである。「午前零時から一時までは夜礼、その後六時までワーク。掃除と護摩供養を行い、食事。午前九時半から三時間ほど寝る。起きるとまたワーク。午後六時半から三十分で二回目の食事をすませ、また深夜十二時までワークをし、その後夜礼」(江川紹子『救世主の野望』一〇二頁)。

オウムの出家者たちは、解脱することを目的に、密教やヨーガの修行を実践しようと出家したわけだが、実際には、グルである麻原やシヴァ神に対する帰依の文句を、何千回、何万回と繰り返し詠唱し続ける「立位礼拝」の修行が大半を占め、そして日常生活においては、「ワーク」と呼ばれる各種の労働に駆り立てられることが多かった。ワークにはさまざまな種類がある。その主なものは、信者たちの食事の用意、教団発行物の編集や印刷、各支部に属する在家信者の指導や教団が主催するイベントの運営などだが、もっとも多くの人間が動員されたのは、先に述べた波野村や上九一色村における教団施設の建設であった。また後になると、兵器の密造や私兵の訓練、化学薬品の製造など、麻原を中心とする主要幹部から直接命令される「シークレット・ワーク」と呼ばれるものも増えていった。

信者たちは、「マハームドラー」という仏教用語の下、頭を空っぽにしてひたすら献身的にワークに従事することが求められ、その労働の意味を問い直すことは決して許されなかったのである（マハームドラーとは本来、事物の本性が「空《くう》」であることを理解するための特別な瞑想法・修行法を指すが、特にオウムにおいては、すべての固定観念を捨て、グルである麻原の意志に絶対的に服従することを意味した）。

もちろん、解脱を目指したより直接的な修行がまったく行われなかったわけではない。それらの修行は「極限修行」や「集中修行」と称され、選抜された修行者たちが、一定期間特定の修行のみに専念した。早坂武禮は、その内容を次のように紹介している。「そのスケジュールは要約すれば、「秘儀瞑想」「調気法」「経行《きんひん》」「究竟《くきょう》の瞑想」の四つのメニューの八時間サイクルの繰り返しで、食事の一時間を除けば睡眠時間もなく延々と続く」（『オウムはなぜ暴走したか。』一五九頁）。このうち「秘儀瞑想」とは、グルや神々と意識を合一させる瞑想、「調気法」とは、息を激しく出し入れしたり、限界まで止めたりする呼吸法、「経行」とは、集中しながらひたすら歩く修行、「究竟の瞑想」とは、身体をリラックスさせて自然に湧き出てくるイメージを観察する瞑想である。まともな食事や睡眠を取らないまま、こうした修行は短くて四〜五日、長期では三か月からそれ以上の期間に及び、その間に多くの修行者は、さまざまな神秘現象や変成意識状態を体験したという。

富士山総本部道場を始めとする教団施設においては、「ポアの間」と呼ばれる小部屋が数多く作られ、独房での修行が行われた。「ポアの間」とは、部屋の広さは一畳ほどで、窓のない完全な密室であり、設置されたテレビモニターからは、麻原の説法ビデオが二四時間大音量で流され続けた。信仰が揺れていると見なされた修行者は、麻原からの指示があると、この独房に一週間ほど監禁されることがあった。独房修行は、ある種の懲罰としての意味も込められており、教団の敷地に設置されたコンテナの内部には、懲罰用に特化した独房も設けられていた。後に見るようにこのコンテナでは、教団に反発する信者の殺害が行われることになる。

富士山総本部道場や、波野村の「シャンバラ精舎」、そして上九一色村に建設された「サティアン」と呼ばれる異様な施設群の存在に対しては、これまで多くの議論が交わされてきたが、誤解を恐れずに言えば私は、これらの施設は、ナチスの建設した強制収容所にもっとも類似していると考える。もちろん、ナチの収容所に抑留された人々が、自らの意志に反して文字通り強制的に収容されたのに対して、オウムのサティアンに入っていった人々は、修行を実践して悟りを開きたいという自身の願望に基づいていたのだから、その点で両者はまったく異なると言わなければならない。しかし、そうした違いを超えてなお、強制収容所とサティアンは、その設計思想、それが建設された目的において、互いに類似していると思われるのである。

すなわち、ナチスにとってその運動の目標は、「優良北方種族」による千年王国を建設することにあった。そして強制収容所や「生命の泉《レーベンスボルン》」という施設は、超人的な優良種族を繁殖させ、動物的な劣等種族を絶滅させることを目的として建造され、その内部では、上記の目的に必要な化学薬品の開発や人体実験が盛んに繰り返されたのである。

これに対してオウムの目標とは、「神仙民族」による千年王国を建設することであった。サティアンの内部では、修行者を神仙民族に進化させるための数々の実験が、そして後には、悪しきカルマに染まった人々を「ポア」するための化学兵器の開発が行われたのである。そこに入る人々を神的なものに進化させること、さもなければ、人間以下の存在としてこの世界から抹消してしまうということが、ナチスの収容所とオウムのサティアンに共通する機能であった（第3章で見たヒトラーの言葉によれば、「神々と獣たち、そう考えればすべては何と単純になることか」）。そしてオウムは後に、「三悪趣に落ちる」人々、すなわち来世において、畜生や餓鬼など、人間以下の存在に転生することが確実な人々を大量に抹殺するため、かつてナチスが開発したサリンという化学兵器に手を伸ばし、それを散布するのに適した「密室」を、教団の外部に発見することになる。

4 「ヴァジラヤーナ」の開始

真島事件と田口修二殺害事件

八八年八月に富士山総本部道場という地理的な拠点を手にし、また日本シャンバラ化計画という全体的な構想を発表したことによって、オウムは教団の拡大に向けて本格的に走り出した。しかし、早くも総本部道場完成の翌月には、教団のあり方を大きく変質させる事件が、総本部道場の内部で発生している。

それは、在家信者の一人、真島照之の死亡事件である。真島は八八年九月末に富士山総本部道場で開催された「極限の集中修行」に参加していたが、立位礼拝を行っていた最中、奇声を発したり走り回ったりするなど、周囲の制止を振り切って暴れ出した。当時の真島は薬物中毒を患っており、その症状をオウムの修行によって治癒しようとして、富士山総本部道場を訪れていたと言われている。修行中に暴れ出した真島を見た麻原は、水を掛けて彼の頭を冷やすように命じる。そこで、何人かの幹部たちが真島を風呂場に連れ込んで頭に水を掛け続けたところ、彼は次第にぐったりとした様子になり、ついには脈拍が停止してしまった。幹部たちは慌てて人工呼吸や心臓マッサージを行い、麻原も駆けつけてエネルギーの注入などを施したが、真島はそのまま死亡してしまう。

真島の死亡は、修行中に偶然発生した事故であったため、本来はこれを当局に届け出て公表するべきであったが、教団の評判が落ちて救済計画が遅れることを危惧した麻原は、内部で秘密裏にこれを処理することを命じた。麻原は、真島の魂をポアによって高い世界に転生させるためにも、早急に遺体を処分する必要があると説いた。そこで、彼の遺体はドラム缶で焼却され、金槌で骨を砕かれた後、上九一色村にある精進湖に散布されたのである。

今から振り返ってみれば、真島の事件は、オウムの組織がうまく機能しないこと、そして麻原の能力が虚偽に過ぎないことを如実に示すものであった。というのは、幹部たちは麻原の命令に盲目的に従い、真島の状態を把握できずに死に至らしめてしまったからであり、また麻原も、最終解脱者として人の生死をコントロールできると言いながら、死にゆく真島に対して何もすることができなかったからである。実はここでオウムは、幻想を捨てて現実に立ち帰るための重要な機会を得ていたわけだが、麻原は現実を見つめ直そうとはせず、幻想をさらに肥大化させる道を選ぶ。麻原は真島の事件に対し、「これはヴァジラヤーナに入れというシヴァ神からの示唆だな」とつぶやき、事件を隠蔽するためであれば手段を選ばないということを決意する。

真島事件に立ち会ったオウムの幹部は、村井秀夫、新実智光、早川紀代秀、岡崎一明らであった。

この後にオウムは、外部に公にすることができないさまざまな「シークレット・ワーク」に手を染めることになるが、これらの幹部たちは教団内の重要な秘密を共有する者として、その実働部隊の中心メンバーとなってゆく。

真島事件はさらに、翌八九年二月、オウム内の最初の殺人事件に結びつく。出家修行者の一人であった田口修二は、真島事件について知り、麻原への帰依の心を失ってしまったため、教団を脱退したいと申し出た。これに対し、真島事件が外部に漏れることを恐れた麻原は、田口をコンテナの独房に監禁し、考えを翻すように迫った。しかし、数日経っても田口は態度を変えなかったため、麻原は村井秀夫、新実智光、早川紀代秀、岡崎一明、大内利裕らに、田口をポア（殺害）するように命じる。五人は、田口の首をロープで締め上げて殺害した。そして田口の遺体を、真島と同じくドラム缶のなかで入念に焼却し、残った遺灰を地面に遺棄したのである。

「不殺生」の戒律を遵守すべき仏教修行者であるはずが、自ら殺人に手を染めることになってしまったため、幹部たちの心は激しく揺れ動いた。早川紀代秀の手記には、彼の経験した内面的動揺が、抑制されていながらも切実な筆致で綴られている。そのとき麻原は、早川や新実に対して、次のような章句を繰り返し唱えるように命じたという。

ここに真理がある。そしてその障碍《しょうがい》するものを取り除かないとするならば、真理はすたれてしまう。しかし、障碍するものを取り除くとしたならば、それは悪業、殺生となってしまう。私は救済の道を歩いている。そして多くの人の喜びのために多くの人の救済のために悪業を積むことによって地獄へと至るとするならば、それは本望だろうか。私が救済の道を歩くということは、他のために地獄に至ってもかまわないわけだから本望である。

（『私にとってオウムとは何だったのか』一三七頁）

ここで述べられているのは、殺生を行うと本来は悪業を積むことになるのだが、それが結果的に他者を救済することにつながるのであれば、私はあえてそれを辞さない、という考え方である。言うまでもなく、オウムによって実行された「ポア」と呼ばれる数々の殺害行為は、麻原や教団にとっての自己保身の手段に過ぎず、こうした考え方は単なる欺瞞以外の何ものでもないのだが、麻原はそれを「ヴァジラヤーナ（金剛乗）」と呼ばれる秘儀的な救済方法であると強弁した。真島事件の直後、八八年一〇月二日の説法において麻原は、金剛乗の教義を次のように定式化している。

金剛乗の教えというものは、もともとグルというものを絶対的な立場に置いて、そのグルに帰依をすると。そして、自己を空っぽにする努力をすると。その空っぽになった器に、グルの経験、あるいはグルのエネルギー、これをなみなみと満ち溢れさせると。つまり、グルのクローン化をすると。あるいは守護者のクローン化をすると。これがヴァジラヤーナだね。そして、オウムのこの三年の足取りは、まず小乗を説いたと。それは、四念処の観によって小乗を説いたと。我身これ不浄なりと。感覚そのものは苦悩であると。そして、人の心というものは絶えず変化すると。観念というものは自己を苦しめるものであって、それは真実ではないと。身・受・心・法といわれるものです。そして次に『マハーヤーナ・スートラ』をはじめとする善行を説いたと。功徳がベースであると。功徳によってこの現象は変わり得ると。そしてあなた方、わたしの弟子は激しい修行によって自己を空っぽにし、グルだけを意識することによって、グルの神聖なエネルギーをあなた方に注入されると。それによってあなた方は霊性の向上を行なうと。

(『ヴァジラヤーナコース 教学システム教本』第二話)

小乗から大乗、大乗から金剛乗へと、オウムの幻想は肥大化を続ける。そしてその教義が最終的に目指したのは、かつて中沢新一が『虹の階梯』において説いていたグル・ヨーガの技法、すなわち、自己をまったくの空っぽにし、そこにグルのエネルギーをなみなみと満ち溢れさせることによって「グルのクローン」になること、より具体的には、どれだけ理不尽なものに思われようとも、麻原の命令に盲目的かつ絶対的に服従するということであった。続く八九年四月七日の説法においては、こうした金剛乗の教義が、慈悲殺人としての「ポワ」の技法に結合されている。

例えば、ここに悪業をなしてる人がいたとしよう。そうするとこの人は生き続けることによって、どうだ善業をなすと思うか、悪業をなすと思うか。そして、この人がもし悪業をなし続けるとしたら、この人の転生はいい転生をすると思うか悪い転生をすると思うか。だとしたらここで、彼の生命をトランスフォームさせてあげること、それによって彼はいったん苦しみの世界に生まれ変わるかもしれないけど、その苦しみの世界が彼にとってはプラスになるかマイナスになるか。

プラスになるよね、当然。これがタントラの教えなんだよ。（中略）「この人はこの人で例えば、自己を主張する権限があるんだ」と。で、「すべての魂において生きる権限がある」と。「自己を主張する権限があるんだ」と考えるのが、ヒナヤーナ的な考え方であると。そして、マハーヤーナ的な考え方はケースバイケースであると。そして、ヴァジラヤーナ的な考え方は、そのケースバイケースを解脱者が判断すると。よって、ヴァジラヤーナにはポワという考え方ができたわけだね。

（『ヴァジラヤーナコース　教学システム教本』第三話、傍点は引用者）

ある人間が生きるべきか死ぬべきか、それを判断する権限は、金剛乗の教えによれば、「解脱者」にこそ存在する。輪廻転生の法則に照らして、その人の現世での生き方が善であるか悪であるかを的確に判断できるのは、生死を超えた地点から物事を俯瞰できる解脱者だけだからである。ゆえにオウムの信者たちは、自分の思いは棚上げにして自己を空っぽにし、解脱者の意志に従って、悪業深き人間の生命を奪わなければならない――これこそが、「タントラ・ヴァジラヤーナ」と呼ばれる、オウムの最終教義であった。そしてこの後オウムは、こうした最終教義を実際に遂行可能なものとするために、さまざまな制度的・技術的条件を整えてゆくことになる。

終末論の進化

これまで述べてきたように麻原は、『ムー』や『トワイライトゾーン』等のオカルト雑誌に原稿を寄せていた初期の頃から、すでに終末論を積極的に口にしていた。その傾向は、オウム真理教を仏教系の宗教団体として確立させようとしていた八六年から八八年の期間、一時的に影を潜めるが、しかし八八年九月末の真島事件を麻原が「ヴァジラヤーナに入れというシヴァ神の示唆」と受け取って以降、再び表に現れる。すなわち、上述のヴァジラヤーナの教義は、キリスト教的終末論と歪な形で結合し、悪業に満ちたこの世界は不可避的に大きな破局に直面するはずであるという幻想へと進展するのである。

オウムにおける終末論は、世界没落妄想や迫害妄想を内側に巻き込みつつ、九五年のサリン事件に至るまで、ひたすら拡大の一途をたどる。その展開は全体として三段階に大別されると考えられるため、後の経緯をやや先取りすることになるが、ここでまとめて整理しておくことにしよう。

(1) 八九年の段階――『滅亡の日』『滅亡から虚空へ』

真島事件から約三か月後の八八年一二月、麻原は早くも、弟子たちと協力しながら『ヨハネ黙示録』の解読作業を開始する。先に述べたように、真島事件によってオウム教団は、死亡事故の隠蔽と死体遺棄という、外部の世界に漏洩すれば明らかに犯罪と見なされる秘密を抱え込んでしまった。このとき麻原の脳裏に浮かんだ問いは、おそらく次のようなものだっただろう。すなわち、間違っているのは、オウムか、外部の世界か、そのどちらかである――現実的に考えれば、答えは明らかに前者なのだが、麻原は幻想に基づいてそれを後者であると判断する。そしてその論理によれば、世界はその過ちゆえに、近いうちに破局を迎えることになるのである。

翌八九年二月に公刊された『滅亡の日』は、オウムによる『ヨハネ黙示録』解読作業の最初の成果である。この書物で麻原は、最終解脱者として自分は、「純粋観照智」、すなわち異次元のアストラル界に上昇して未来のヴィジョンを見る能力があり、この能力は実は、ヨハネが持っていた予言力と同種のものであると主張する。ゆえに麻原は、これまで誰も解くことのできなかった黙示録の謎を解明することができるのである。

そして彼の純粋観照智によれば、『ヨハネ黙示録』に記された預言を発している神は、実はキリスト教の神ではなく、ヒンドゥー教における破壊神のシヴァ神である。『滅亡の日』では、『ヨハネ黙示録』に描かれた終末の姿は、現世の破壊を目指したシヴァ神の計画を記したものと見なされる。具体的には、黙示録に記された「七つの封印」とは、キリスト教やイスラム教の発展、貨幣経済の興隆など、古代末から近世に至る歴史を、そして「七つのラッパ」とは、近代以降、特に二〇世紀において戦争や公害によってもたらされた被害の数々を、さらに「七つの鉢」とは、今後の世界を破局へと導いてゆく各種の災厄、すなわち、癌、海洋汚染、放射能汚染、旱魃《かんばつ》、エイズ、石油危機などの発生を指していると読み解かれる。ハルマゲドンはもう間近まで迫っており、麻原は「一九九五年の選挙でアメリカ大統領となる人物と、その時点でのソ連の書記長がハルマゲドンまで導いていくだろう」（二二五頁）と予言する。

しかし麻原によれば、ハルマゲドンによって地球上の全人類が滅亡するわけではない。そこで滅び去るのはあくまで、現在の世界秩序とそこで悪業を積んでいる人間たちだけであり、選ばれた「超人類」たちが、ハルマゲドン後の世界を生き延びることになる。超人類の誕生については、自分だけではなく、ノストラダムス、ヒトラー、酒井勝軍らがすでに予言を行っており（一八〇頁）、何よりそれは、麻原に託されたシヴァ神の意志であると主張される。麻原は、『ヨハネ黙示録』二章二七節の文句を、「タントラ・ヴァジラヤーナを遂行せよ」というシヴァ神の意志であると読む。

『鉄のつえをもって、ちょうど土の器を砕くように』というのだから、これが武力で支配することだというのはだれにでもわかるだろう。力で良い世界をつくる。これこそ、タントラ・ヴァジラヤーナの世界だ。シヴァ神は、シヴァ神への強い信仰を持ち続けたタントラ修行者が、諸国民を支配することを望んでいらっしゃるんだ。これはもうそう断定してしまって差し支えない。

（『滅亡の日』五〇頁）

『滅亡の日』公刊から三か月後の八九年五月には、その続編の『滅亡から虚空へ』が公刊された。この書物では、最終戦争はどのような国々によって行われるのか、その後に現れる千年王国とはどのようなものかということについて論じられる。

麻原は、『ヨハネ黙示録』一七章九節における「七人の王」とは、東ローマ帝国、神聖ローマ帝国、スペイン王国、フランス帝国、イギリス帝国、ドイツ帝国、ヨーロッパ共同体（ＥＣ）であると想定する。さらに同一一節に記された「第八のもの」＝「昔はいたが今はいないという獣」について、『滅亡のシナリオ』を著した川尻徹の説を援用し、ナチスの残党によってこれから建設されるはずの「第四帝国」のことではないかと推測する。麻原と同様に、ヒトラーもまた未来を予見する能力を持ち、「救いの超人や神人」を生み出すことを夢見ていた。ヒトラーの野望はいまだ潰えておらず、『わが闘争』の発禁処分が解ける一九九九年を契機にして、隠れていたナチス残党が現れて帝国を建設し、世界に戦争を仕掛ける。しかし麻原によれば、ハルマゲドンに勝利するのは、先述の「七人の王」でも、再建されるナチス第四帝国でもない。「神の子羊」である真の救済者に導かれる国こそが、最終的な勝利を手にするだろう、と予言される。

『滅亡から虚空へ』の後半では、ハルマゲドンの後に千年王国が建設されるという事柄が、キリスト教の聖書のみならず、ヒンドゥー教やゾロアスター教の神話においても予言されているということが論じられる。なかでも興味深く思われるのは、古代インドの伝説において理想的帝王と見なされた「転輪聖王《てんりんじょうおう》」について触れられ、それがヴィシュヌ神の化身の一つである「カルキ」と同一視されていることである（九〇頁）。カルキとは、世界が崩壊する「カリ・ユガ」と呼ばれる時代に現れ、この世の悪をすべて滅ぼし、新しい世界を築くとされる神であるが、ここで思い出されるのは、第4章で見たように、武田崇元が『予言書　黙示録の大破局』という著作において、細菌兵器によって自ら世界を滅ぼそうと企む新興宗教の教祖を描いた『大予言者カルキ』という小説に触れていることである。やはり麻原は、武田の著作を読んで、ハルマゲドンを自作自演する救済者像に関するインスピレーションを得たのかもしれない。

全体として言えば、『滅亡の日』と『滅亡から虚空へ』の二著によって提示されているのは、キリスト教によって主導されてきたこれまでの文明が破局を迎え、仏教的な原理によって担われる新しい文明がそれに取って代わる、という歴史観である。これも第4章で見たように、こうした終末論の論理は五島勉のノストラダムス・シリーズにすでに見られたものだが、オウムはそれを換骨奪胎し、教団の存在や活動を正当化するものへと改変したと考えられる。

（2）九一年の段階──『ノストラダムス　秘密の大予言』『キリスト宣言』

オウムにとって最初の殺人事件となった田口修二殺害は、八九年の二月一〇日に行われたが、麻原と幹部たちはその数日後の二月一三日から一八日まで、フランスに赴いている。その目的は、ノストラダムスの予言詩である『諸世紀』の原文を入手すること、そして現地のノストラダムス研究家と会談することであった。『ヨハネ黙示録』の読解を終えた後、ノストラダムスの予言に向き合うことによって、未来予測を確固としたものにしたかったからであると、麻原は述べている。

渡仏の成果は、その翌月の八九年三月から、教団発行の月刊誌である『マハーヤーナ』に発表されたが、それから数年間、そのまま放置される。そして『ノストラダムス　秘密の大予言』という単行本が公刊されたのは、九一年一二月のことであった。その内容に関しては、ノストラダムスの抽象的な詩をオウムの教義に引きつけて強引に読解するというものであり、特に見るべきような点はない。むしろ注目すべきは、この書物の末尾において、ノストラダムスの予言が示す内容が、『ヨハネ黙示録』のみならず、『マタイ福音書』などの新約聖書の諸文書とも一致することが主張されていることである。

麻原は、『ノストラダムス　秘密の大予言』と同時に、『キリスト宣言』という書物を刊行している。そして麻原はこの書物でついに、「自分こそキリストである」ということを公に宣言する。結局のところ麻原が言いたかったのは、『ヨハネ黙示録』を始めとする新約の諸文書や、ノストラダムスの

『諸世紀』で予言されているのは、自分こそが現世に再臨したキリストであり、ハルマゲドン後に千年王国を建設する者だ、ということであったのである。

『キリスト宣言』では、麻原が再臨のキリストと見なされる証拠がいくつも列挙されているが、それらは三種類に大別される。まず一つは、自分がキリストと同じく、超能力や神通力を使えるということ。イエスは水をブドウ酒に変えたり、病者を治癒したりするなど、数々の奇跡を示した。自分もまた、水にエネルギーを注入して「甘露水」に変えたり、シャクティーパットによって病を治癒したりしてきたが、これはキリストの奇跡と同種のものであるという。

第二点は、世間からの迫害を受けながらも、他者の罪の贖いに身を捧げているということ。キリストは生前、その行いによって迫害を受け、最後には人類の原罪を贖うため、磔刑に身を捧げた。自分もまた、他者のカルマを引き受けるための救済活動に身を捧げているが、それにもかかわらず『サンデー毎日』を始めとする各種のマスコミから理不尽なバッシングを受けている。イエスはかつて「狭き道から入れ。命にいたる門は狭く、その道は細い」と説いたが、キリスト教は今や多数の信者を抱える大宗教であり、「広き道」になってしまった。社会から不当に迫害されているオウムこそが、真の「狭き道」である。

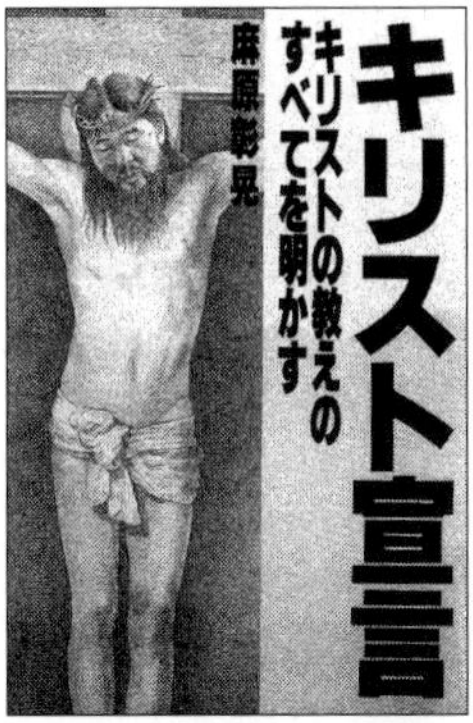

『キリスト宣言』の表紙

第三に、現代において「偽キリスト」が多数現れていること。イエスは『マタイ福音書』二四章において、終末が近づくと「多くの者がわたしの名を名乗って現れる」、すなわち

「偽キリスト」が数多く現れるだろうと語っている。当時のオウムは、大川隆法を教祖とする「幸福の科学」とライバル関係にあり、九一年九月に『朝まで生テレビ』で放送された両者の論争は、社会からの大きな関心を集めた。そして『キリスト宣言』において麻原は、大川を「偽キリスト」「偽預言者」であると断じ、こうした者が多数現れていることが、終末が近づいている何よりの証拠であると論じる。

最終的に『キリスト宣言』では、『ヨハネ福音書』一六章に記された、キリストが世を去った後に到来する「真理の御霊《みたま》」こそが麻原であり、救世主であると主張される（キリスト教神学の文脈では、「真理の御霊」＝聖霊とキリストはあくまで別の位格と見なされるのだが、そのことはここでは措こう）。この後オウムにおいては、麻原に対して、「最終解脱者」とともに「真理の御魂」という肩書きを冠するようになる。

（3）九五年の段階――『日出づる国、災い近し』『亡国日本の悲しみ』

『キリスト宣言』以降、オウムの終末論的傾向はますますエスカレートする。九三年三月には『麻原彰晃、戦慄の予言』という説法集が公刊されたが、その冒頭では次のような明確な予言が表明されている。

これから二〇〇〇年にかけて、筆舌に尽くし難いような、激しい、しかも恐怖に満ちた現象が連続的に起こる。日本の国土は核によって荒れた大地と変わる。その時期は一九九六年から九八年一月にかけてである。日本を攻めるのは、アメリカを中心とした連合国。大都会においては十分の一くらいの人間しか生き残らない。十人中九人は死んでしまう……。

（『麻原彰晃、戦慄の予言』一頁）

九二年から九五年までの期間の、末期的段階におけるオウムの終末論を集約したのが、地下鉄サリン事件の直前、九五年三月二日に公刊された『日出づる国、災い近し』と、事件後の五月一八日に公刊された『亡国日本の悲しみ』の二著である。

この時期のオウムの終末論には、次のような特徴が見られる。まず、総体的な歴史観や宗教的教養などの大きな主題がもはやあまり語られなくなり、それに代わって、切実な危機感を煽る文言が多用されているということ。先の引用に見たように、核戦争が勃発する時期が、「近い将来」ではなく、何年の何月と明確に特定され、世界や人類の滅亡というより、日本の滅亡、ひいてはあなた自身の死が近づいているという、扇動的で脅迫的な表現が目立つようになっている。

第二に、迫害妄想と陰謀妄想が肥大化しているということ。迫害妄想はすでに『キリスト宣言』の段階で見られたが、それがさらに深まりを見せている。日本社会は、言われなき理由によって唯一の真理の護持者であるオウムを迫害し、悪しきカルマを増大させている。ゆえにその「カルマ落とし」として、大きな破局が日本に訪れることは避けられない。またその背後では、フリーメイソンやユダヤ勢力が糸を引いて人々を洗脳しており、霊性を軽視して物質を崇拝するように仕向けていると主張される。

そして第三に、各種の兵器に関する具体的な話が増えているということ。後に再び触れるが、九二年以降にオウムはロシアに接近し、そこで築かれたコネクションを利用して、武器の密輸・製造や生物化学兵器の開発に着手していた。終末論にもそうした内部の動きが反映され、ハルマゲドンにおいてはどのような兵器が使用されるか、いかにしてその攻撃から身を守ることができるかということが詳細に論じられている。『日出づる国、災い近し』では、オウムが実際に使用したボツリヌス菌やサリンについての話題も散見される（一九八頁、二〇九頁等）。

こうしてオウムは、日本社会からの迫害や、陰謀勢力からの攻撃が日増しに高まっているため、これらに対して教団を防衛しなければならないという危機意識と、いつまでも終末が訪れないのであれば、いっそ自らその引き金を引いてしまうべきであるという焦燥感の両面から、無差別的なテロ行為を発動させることになったのである。

坂本弁護士一家殺害事件

さて、オウムの終末論の変遷をたどるために、いささか話が先に進み過ぎてしまった。ここで再び、八九年の時点に戻ろう。

富士山総本部道場を開設して出家制度を本格的に開始して以降、オウムは徐々に社会からの注目を集める一方で、厳しい批判を受けるようにもなった。麻原の血液を飲ませる「血のイニシエーション」や、麻原のＤＮＡを抽出したとされる液体を飲ませる「愛のイニシエーション」が行われ、その際に高額の布施が要求されたこと、いったん出家すると家族との連絡が取れなくなることなどが、社会から問題視されたからである。

オウムは八九年の三月、東京都に対して宗教法人認証申請を提出した。しかし同じ頃から、出家信者の家族によるオウム反対運動も開始されており、彼らの要請を受けた自民党の代議士によって都知事に対して圧力が掛けられたため、認証手続きは難航することになった。五月には坂本堤弁護士がオウムの反社会性を追及し始め、六月に「オウム真理教被害者対策弁護団」、一〇月に「オウム真理教被害者の会」が結成される。それと同時期に『サンデー毎日』によるオウム批判のキャンペーンも開始され、いまだ小規模な新興宗教の一つでしかなかったオウムは、否定的な意味でその存在を全国に知られるようになったのである。

社会からのバッシングに対して、麻原は敏感に反応し、さまざまな著作やパンフレットを公刊して反論を行った。しかしそれでもバッシングが収まらないのを見ると、二つの強硬手段に打って出ることを決意する。その一つは、政治への進出である。オウムは八九年八月に「真理党」を結成、翌年二月に行われる衆議院議員選挙に出馬することを表明する。そしてもう一つは、坂本弁護士一家の殺害であった。

オウムの宗教法人認証申請は、八月になってようやく受理された。これに対して、坂本弁護士を中心とする「オウム真理教被害対策弁護団」は、教団に対するさまざまな訴訟を準備しており、そのなかには宗教法人の認可取り消しも含まれていた。教団と坂本弁護士は、一〇月中に数度にわたる話し合いを行い、一〇月三一日には、教団の専属弁護士であった青山吉伸に加え、総務部長の早川紀代秀、外報部長の上祐史浩が坂本弁護士の事務所を訪れて交渉を行ったが（江川紹子『救世主の野望』一六頁）、合意を見ずに決裂、またＴＢＳが取材した坂本弁護士のインタビュー・ビデオを、オウムの幹部が放送前に見たことにより、両者のあいだには妥協点が存在しないと考えられるに至る（いわゆる「ＴＢＳビデオ問題」）。

幹部たちからの報告を受けた麻原は、村井秀夫、岡崎一明、早川紀代秀、新実智光、中川智正に対して、世の中が汚れきっているためにヴァジラヤーナを推し進めるしかない、今はまず坂本弁護士を「ポア」するべきである、と告げる。指令を受けた五人は、一一月四日未明に坂本弁護士宅に侵入し、一家三人を絞殺、窒息死させた。その後に三人の遺体は、新潟県、富山県、長野県の山中に埋められた。

オウムにとってこの事件は、教団の活動にとって邪魔であると見なされる外部の人間を、初めて殺害する経験となった。この後オウムは、邪魔な存在はどのような手段を使っても排除するという、過激な暴力性を露わにしてゆく。そして最終的にその対象となったのは、日本という国家そのものであった。

5　国家との抗争

衆院選の敗北

政治家からの圧力によってオウムの宗教法人認証が遅れたこと、また坂本弁護士や「被害者の会」によって法の下での争いが起こされようとしたことは、麻原にある意識をもたらす。それは、オウムをより大きく成長させるためには、日本国家における政治権力を手にする必要があるということである。元々が政治家志望だったこともあり、麻原は政治進出を決意して、八九年八月に「真理党」を結成、翌年の衆院選に出馬することを表明する。麻原は八月一日に行われた説法において、次のように述べている。

このけがれきった世の中に対して、二つのアプローチが考えられるだろうと。一つは、今回私が取ろうとしているソフトな手段であると。これは、例えば今の国会に一議席、十議席、百議席、ね、そして、まあ、最終的には絶対的な多数を取って、ね、その、政治を本当に徳の政治に変えてしまうということが一つと。もう一つは、そうではなくて、武力的に武装して、今の日本をひっくり返し、そして真理でないものをつぶしてね、救済するという方法が一つと。そして、わたしはね、今の段階では、その前者を考えている。ここで君たちは、疑問が生じるかもしれない。それは、今の段階で前者の方を考えているということは、後者の方を考える場合もあるのかと。それは、条件によって違ってくるだろうと。（上祐史浩「団体総括〈本編〉」一九八九年の箇所）

真理党は、首都圏の各選挙区に麻原を始めとする二五人の候補者を立て、衆院選を戦った。麻原の等身大の着ぐるみを持ち出したり、象の頭を持つインドの神ガネーシャの帽子をかぶって町中でダンスをするなど、真理党の選挙運動は社会からの注目を集めたが、結果は惨憺たる敗北であった。東京四区で立候補し、教団がもっとも力を注いだ麻原でさえ、わずか一七八三票しか得票することができず、全員が落選して供託金を没収された。真理党の候補者たちは、今日の選挙に付き物の、多くの「泡沫候補」の一人でしかなかったわけである。

惨敗という選挙結果に対して麻原は、対外的には真摯に敗北を認める態度を示したが、教団の内部に対しては、国家権力による陰謀、すなわちオウムの政治進出を嫌う勢力が存在し、それらが選挙管理委員会に働きかけて票数の改竄を行ったという「陰謀論」を吹聴した。そしてこの事実は、今やオウムと日本国家のあいだに直接的な対立が始まったことを示している、と主張したのである。

オウムは選挙において、彼らの社会的なあり方を客観的に表す指標を示されたわけだが、麻原はここでもそれを現実的に引き受けることができず、新たな幻想を作り出してそこに逃避するという方途を選び取った。その幻想とは、目に見えない悪しき勢力が日本社会全体に瀰漫しており、そうした勢力が密かにオウムの発展を妨害しているという迫害妄想である。この妄想は後に、ユダヤ＝フリーメイソン陰謀論へと結実してゆく。

選挙によって日本国家の権力を掌握するという正攻法が「陰謀」によって阻まれたと考えた麻原は、その直後に、先の説法で論じた第二のアプローチに踏み出すことになる。

ボツリヌス菌散布計画と石垣島セミナー

オウムの活動についてそれほど詳しくない一般的な読者であれば、オウムによる無差別的なテロ行為は、九四年の松本サリン事件や、九五年の地下鉄サリン事件によって初めて開始されたと考えているかもしれない。しかし、実際はそうではない。オウムによるテロ行為は、その数年前からすでに始まっていた——たび重なる失敗によって、その行為はなかなか世間の知るところとはならなかったのだが。

選挙に敗北した後に麻原は、周囲の幹部たちに対して、もうこの国は汚れきっており、通常の「マハーヤーナ」的な方法で救うことはできない、「ヴァジラヤーナ」を推し進め、一気に大量に「ポア」するしかない、と漏らすようになる。九〇年の三月に麻原は、村井、中川、新実、早川といった坂本弁護士一家殺害事件のメンバーに加え、かつて京都大学医学部大学院でウイルス学を専攻していた遠藤誠一を率い、北海道を訪れる。その目的は、猛毒であるボツリヌス菌を採取することであった。一行は北海道の各地で土を採取し、富士の教団施設に送った。そして麻原は遠藤に対し、上九一色村にボツリヌス菌の培養プラントを建設し、その大量生産に着手するよう命じる。汚れきった日本を「浄化」するため、トラックや風船爆弾などを使って、粉末化したボツリヌス菌を全国に散布しようと考えたのである。

その間、教団信者から被害者が出ることを避けるため、オウムは九〇年四月、沖縄県の石垣島で大規模なセミナーを開催した。費用は一人当たり三〇万円と割高であったが、ハルマゲドンが近いことを積極的に煽られたため、約一五〇〇人もの信者たちがこれに参加した。セミナーは四日間で終わり、目立ったことは行われなかったが、麻原は説法において、現在地球に接近しているオースチン彗星こそがハルマゲドンが開始される合図であること、オウムはすでに一般信者が知らない「ヴァジラヤーナ」の道に踏み出していることを説いた。結局、ボツリヌス菌の培養には失敗し、その散布計画が実行されることはなかったが、オウムはこのセミナーによって約五〇〇人の出家者を新たに獲得したのである。

シャンバラ国の建設――波野村と上九一色村

ボツリヌス菌によって日本を滅ぼすことには失敗したが、セミナーの開催によって多くの出家者を得たオウムは、改めて体勢を立て直すことを画策する。以前に提唱した「日本シャンバラ化計画」を具体的に実現し、一般社会から隔絶した信仰生活の拠点、また兵器開発の拠点を確保しようとしたのである。

石垣島セミナーの翌月の九〇年五月、オウムは熊本県阿蘇郡波野村に約一五ヘクタールの土地を確保し、五〇〇人ほどの出家修行者たちを動員して、「シャンバラ精舎」と呼ばれるプレハブの施設群を建設した。しかし、計画をあまりに早急に進めようとしたため、ここでもオウムは、地域住民からの反発、さらには国家からの介入を受けることになる。事前の承諾もなく大量の人間が阿蘇の過疎地に入植したこと、工事の過程でさまざまな事故が頻発したこと、その団体が坂本弁護士一家失踪事件への関与を疑われているオウムであったことから、波野村の住民は六月から反対運動を開始し、信者が役所に住民票を提出するのを阻止したり、教団信者に対して物を売らないといった抵抗を示した。また、地権者との土地の売買についてオウムは、売買価格の虚偽報告や、「お布施」としてこれを処理するという強引な手続きを行ったため、八月に熊本県がオウムを森林法・国土利用計画法違反として告発、一〇月にはオウムの主要施設に対する警察の強制捜査が実施され、早川紀代秀や青山吉伸といった幹部が逮捕された。結局、オウムによる波野村の開発計画は早々に頓挫し、村は四年後にオウムに対して九億二〇〇〇万円の和解金を支払うことによって、施設を撤去させることになる。

この経緯に対して麻原は、教団側の非をまったく認めようとせず、救済者に対する不当な迫害であると主張した。今や日本国家はオウムを敵視しており、その背後ではユダヤ組織やフリーメイソンといった秘密結社が糸を引いている、と麻原は考えた。そしてこの被害妄想が、先に述べた九一年末の『キリスト宣言』の内容につながってくるのである。

熊本県波野村への進出に失敗したオウムは、その代わりに、総本部のある富士山の周辺、特に上九一色村に多くの用地を獲得し、「サティアン」と呼ばれる教団施設群を建設した。上九への進出は、ボツリヌス菌の培養プラントを試作した九〇年の三月にはすでに開始されていたが、九一年の秋以降に本格化し、最終的には七つの地域に一〇棟のサティアンが建造された。そしてその施設内では、ハルマゲドンを戦い抜くための準備、すなわち、生物化学兵器の開発や自動小銃の製造が行われることになったのである。

ロシア進出と本格的武装化

しかしながら、九一年の時点でオウムは、それらの兵器を開発するために必要な知識や技術を、実質的にはほとんど持ち合わせていなかった。そこで九二年から九五年にかけて、各種の兵器を開発するための試行錯誤が繰り返されるのだが、その際に重要な役割を果たしたのは、ロシアとの結びつきであった。

九二年三月、麻原は信者約三〇〇名を引き連れて「ロシア救済ツアー」を実施する。ロシアでは、副大統領を始めとする名だたる政治家たち、ノーベル賞受賞者を含む科学者たちとの面会や、モスクワ大学やモスクワ物理工科大学での講演が行われた。その頃のロシアは、九一年一二月にソ連崩壊を迎えた直後であり、国家レベルや民衆レベルでの動揺が続いていたため、日本の新興仏教教団の来訪に対し、その正体がよく分からないながらも、取りあえずはこれを好意的に迎えたものと見られる。オウムは四月にロシアのラジオにおいて独自の放送枠を獲得し、そこから日本に向けて『エウアンゲリオン・テス・バシレイアス』（ギリシャ語で「王国の福音」の意）という番組の放送を開始する。四月末には現地の宗教法人として早々に認可され、九月にモスクワ支部が開設されると、ソ連崩壊直後の精神的空白があったためか、またたく間に約二万人もの信者を集めた。

こうした動きが、九二年以降のオウムとロシアの表面的な関係であるが、その背後では、きわめて不穏な交渉が続けられていた。それは、冷戦期の遺産として高度な軍事技術を保持しながらも資金不足に悩むロシアと、比較的潤沢な資金がありながらもハルマゲドン誘発のための具体的方法を探しあぐねているオウムとのあいだの交渉であった。

上祐史浩を中心として、ロシアにおけるオウムの宗教活動が盛んになる一方、村井秀夫や早川紀代秀といった他の幹部たちは、別の「裏ワーク」に携わっていた。彼らはロシア軍の施設や軍事大学、研究機関を訪れ、演習に参加し、銃や追撃砲、ミサイルやロケットについての説明を受けた。九三年の二月には自動小銃のＡＫ−74が日本へと密輸され、その大量密造計画が開始される。ＡＫ−74の製造工程は、山梨県南巨摩郡富沢町に建設された「清流精舎」や、上九の第9・第11・第12サティアンにそれぞれ分担され、一般信者には何を作っているのか分からなくするための措置が取られた。地下鉄サリン事件直前の九五年一月には試作品の製造に成功しており、その頃には、自動小銃の大量生産に必要な体制がすでに整っていたと考えられる。

さらにオウムはロシアから、教団の「ヴァジラヤーナ」活動に必要な数々の物品を購入した。九三年末から九四年の春にかけては、生物化学兵器の開発に必要な、毒ガスや細菌の検知器、防毒マスクや防護服を購入している。また、これは直接軍事に関連しているわけではないが、後に述べるように、信者を迅速に「洗脳」するために使用されたＬＳＤの原料も、ロシアから大量に輸入された。そして九四年五月には、長距離輸送が可能なヘリコプターのミル17が購入されている。早川の証言によればこのヘリは、村井が開発していたレーザー砲を搭載する目的で購入したとされるが、その用途には、ボツリヌス菌やサリンといった生物化学兵器の大量散布も視野に入れられていたことが推測される。

「洗脳」と「脱洗脳」の相克

こうしてオウムは、九二年以降、殺傷能力のある各種の兵器を手にし始め、九三年からは数々のテロ行為に踏み出してゆく。オウムはついに、奇怪な戦争状態へと突入したわけだが、彼らにとっての「敵」とは、いったいどのような存在だったのだろうか。

実際のところ、幾度も繰り返された麻原の終末予言を読んでみても、最終戦争がどのような勢力の対立によって引き起こされるのか、またそのなかにオウムはどのような形で巻き込まれることになるのか、今ひとつ判然としない。終末が近いということへの激しい切迫感に比して、その具体像が全体として茫洋としていることは、終末論一般に見られる特徴だが、オウムの終末論は特にその傾向が顕著であると言うことができるだろう。
しかしそうした状況のなかでも、麻原が説法において繰り返し「オウムの敵」として名指していた対象は、何よりも「フリーメイソン」であった。九四年に入信し、空手の腕を買われてオウム信者の武闘訓練に当たった田村智は、オウム内で説かれていたフリーメイソン論について次のように論じている。フリーメイソンは世界を牛耳る秘密結社であり、アメリカやイギリスを始め、世界の主要な国々をすでに支配している。そしてその力は、今や日本にも及びつつある。フリーメイソンを象徴するのは「人間の目」であり、フジテレビやトヨタ自動車といった会社のシンボル、日本の紙幣の裏側についている紋章は、フリーメイソンの目を表している。これは、日本のマスコミ、産業界、金融の各分野が、すでにフリーメイソンに支配されていることを示しているのである。政治家の小沢一郎や、小和田雅子皇太子妃もフリーメイソンの一員であり、政治や皇室が彼らの支配下に落ちるのも時間の問題である。あと二、三年の内には、日本は完全にフリーメイソンに占領されてしまうだろう。

もし日本全土がフリーメイソンに支配されたら大変なことになります。フリーメイソンは、人々の性欲を高めさせ、人々に快楽を覚えさせます。あるいは人々にスポーツをさせて無智にさせます。あるいは映画や刑事ドラマの中で、人を殺したり人に暴力を加えるシーンを見せて、人々の邪悪心を育てようとしているのです。こうして貪瞋痴《とんじんち》（むさぼること、怒ること、無智なこと）の煩悩をかりたて、人々を三悪趣に向かわせようとしているのです。だから我々はフリーメイソンの野望を阻止しなければならないのです。（中略）フリーメイソンが日本を支配すると、一人一人がバーコードを額にうちこまれて、完全にコントロールされてしまうのです。こんなフリーメイソンに日本を占領させるわけにはいかないから、私たちは戦わなければならないのです。フリーメイソンと戦って勝利しなければならないのです。（『麻原おっさん地獄』一八二～一八三頁）

フリーメイソンに関するオウムの幻想がもっとも体系的に記述されているのは、教団の機関誌『ヴァジラヤーナ・サッチャ』第六号（九五年一月刊）である。この号は「特集 恐怖のマニュアル——完全世界征服！ ユダヤの野望」と題され、ユダヤ＝フリーメイソン陰謀論について、約一〇〇頁にわたって詳細に記述されている。

その内容の骨格となっているのは、ヒトラーにも大きな影響を与えた『シオンの賢者の議定書《プロトコル》』である。一八九七年、ユダヤ人たちはスイスのバーゼルで「三百人委員会」という秘密の会議を開催し、世界征服を目指す計画を議決した。彼らはフリーメイソンやイルミナティといった秘密結社を手足として用い、世界各国を支配しようとしている。その方法は主に、金融・メディア・教育を背後から操作することによって人々を密かに洗脳し、民衆の物質的欲望を絶えず駆り立てるということである。こうして人々は、いつの間にか精神性を骨抜きにされ、ユダヤ勢力の支配を無自覚に受け入れる従順で家畜的な主体へと馴致《じゅんち》されてしまう。

日本社会はオウムに対して、カルト教団が信者たちを洗脳していると非難したが、オウム側の理屈によれば、実情はまったくの逆である。すなわち、すでに洗脳されているのはむしろ日本社会の側であり、オウムは真理を明らかにすることによって、その洗脳を解こうとしているのである。ユダヤ＝

フリーメイソンによる洗脳支配はすでに完成の目前にあるため、唯一の真理の護持者であるオウムは、一刻も早く人々の洗脳を解除し、それに代わる正しいデータをその脳に注入しなければならない。九三年の末頃以降、オウムの活動は、このような状況把握に即したものへと変更された。すなわち、もはや長期間にわたる修行などといった悠長なことをしている場合ではない。社会からの洗脳を解き、迅速に真理に開眼させ、フリーメイソンの支配に抵抗し、さらにはハルマゲドンを戦い抜くことのできる「戦士」を育て上げることが、何よりの目標として掲げられたのである。

そのための手段として、科学班の長であった村井秀夫によって九三年の一一月に開発されたのが、ＰＳＩ（パーフェクト・サーベイション・イニシエーション）、一般に「ヘッドギア」と呼ばれた装置である。この装置は、信者の頭にかぶせて数ボルトの電流を流し、脳波を操作するものであり、これによって麻原の脳波を直接コピーし、真理のデータをインストールすることができると謳われた。実際にこれを使用した信者は、激しい頭痛や頭皮の火傷に苦しんだだけであり、実質的な効果は何もなかったと思われるが、信者がこのイニシエーションを受ける際には最大で一〇〇〇万円もの布施が要求されたため、教団の財源を潤す一助となった。

九四年五月以降には、薬物を用いた数々のイニシエーションが新たに導入された。まず「キリストのイニシエーション」とは、ＬＳＤを溶かした液体を飲み、その後に独房に監禁されて瞑想するという修行である。内容物を知らされないまま多量のＬＳＤを摂取させられることにより、これまでの修行によって神秘体験を得ることができなかった信者たちも、ほぼ漏れなく強烈な幻覚を体験した。しかし、ある信者が美しい「天界のヴィジョン」に酔い痴れる一方で、別の信者は「地獄の業火」に焼かれるような激しい苦痛を経験することになった。またこのイニシエーションでは、急いで薬物を体内から抜くために、高温の湯に何度も浸かる温熱修行がセットになっていたことから、多くの者が体調を崩し、何人もの死者が出たと言われる。

同年の一〇月には、「キリストのイニシエーション」の改良版である「ルドラチャクリンのイニシエーション」が実施された。ルドラチャクリンとは、シャンバラを支配する神聖王の名称であり、このイニシエーションでは、薬物の量や成分を巧みに調合することによって、究極の天上的快楽（ティモシー・リアリーの言葉で言えば「グッドトリップ」）を信者に体験させることが目指された。麻原は、高額の財産を所有している在家信者に対してこのイニシエーションを受けるように勧め、信者がそれによって心地よい幻覚を体験すると、全財産を教団に布施して出家し、本格的な修行に入るように迫ったという。

覚醒剤や幻覚剤によって即席の神秘体験が量産される一方、薬物は別の目的のためにも用いられた。すなわち、信者たちの深層意識に宿っている否定的な想念を探知し、場合によってはこれを消去しようと試みたのである。

九〇年の衆院選に敗北して以降、自分自身や教団が何ものかによって迫害されているという麻原の妄想は、次第に昂進していった。麻原の法話においては、教団施設が米軍や日本の公安などの勢力から毒ガス攻撃を受けているということがしばしば主張されるようになった。また、側近の幹部たちに対しては、オウムのなかに敵のスパイが侵入しているため、これを探し出して排除するようにという命令が下されたのである。こうした行為は内々に「S（スパイ）チェック」と呼ばれ、当初は中川智正がウソ発見器を用いてこれを行っていたが、「キリストのイニシエーション」が開始されたのと同時期、その役割はオウム真理教附属医院の院長であった林郁夫へと引き継がれ、イソミタールやチオペンタールといった麻酔薬を注射して自白を促す「バルドーの悟りのイニシエーション」が実施されるようになる。こうした状況のなか、九四年の七月、出家信者の一人である冨田俊男が、教団内にイペリットガスを散布したという疑惑を持たれ、徹底したSチェックを施された末に殺害されるという事件が発生している。

Sチェックの結果、教団への否定的な考えや、外部に漏らされると危険と判断される記憶を持っていることが分かった信者に対しては、その記憶を消去することが試みられた。それが、九四年一〇月に開始された「ニューナルコのイニシエーション」である。林郁夫によれば、Sチェックは院内において「麻酔《ナルコ》」と隠語化されていたが、麻原からさらに記憶の消去を求められたため、精神療法の一つである電気ショックを与える方法を試み、これを「ニューナルコ」と称した。しかし、都合良く特定の記憶だけを消去することには成功しなかったという（林郁夫『オウムと私』二八七～二九一頁）。

薬物によって迅速に信者を洗脳するという手法は、オウムの「戦士」を新たに獲得する際にも用いられた。九四年五月頃、教団は『白い愛の戦士』という映画を作成するという名目で、五〇〇名を目標にホームレスや日雇い労働者を集め、岐阜県山中の施設に彼らを囲い込んで、武闘訓練を施した。数か月に及ぶその生活のなかで、彼らはオウムの教義や戒律を教え込まれると同時に、「キリストのイニシエーション」や「ルドラチャクリンのイニシエーション」といった薬物修行の実験台にも用いられた。田村智によれば、ホームレスには心優しい人が多く、武闘訓練になじめずにその大半が離脱していったが、薬物中毒になったために教団を離れることができなくなる者もいたという（『麻原おっさん地獄』一三八頁）。これらの者たちは、新たな出家信者として「新信徒庁」に配属され、テロを含む非合法活動の実行部隊として扱われたのである。

省庁制と真理国基本律

こうしてオウムという教団は、きわめて小規模ながらも、富士山周辺に点在する土地や施設、社会を捨てて完全に教団に帰依した信者たち、自動小銃や生物化学兵器といった武力を保持する共同体として成長していった。その存在は事実上、「国家内国家」の様相を呈し始めたのである。

九四年の段階で麻原が思い描いていたのは、オウムという小国家を足掛かりにして日本国家を転覆し、自らが「日本の王」になるということであった。麻原はその年の二月、村井秀夫、新実智光、井上嘉浩、早川紀代秀、遠藤誠一、中川智正といった教団幹部を引き連れて中国を旅行しているが、その際彼らに、一九九七年までに自分が日本を支配する王として君臨するヴィジョンを見たと語っている。そして、そのヴィジョンを実現するためには手段を選ばないというヴァジラヤーナの方針を改めて強調し、場合によっては東京に七〇トンのサリンを撒くことも辞さない、といった具体的方法についても論じたとされる（上祐史浩「団体総括〈本編〉」一九九四年の箇所）。

いずれは日本という国家に取って代わるために、オウム内の体制は、疑似国家的なものへと再編されることになった。それが、九四年六月に行われた「省庁制」の導入である。それまでのオウムにおいては、建設部・広報部・科学班などといった「部班制」が採られていたが、そのすべてが、建設省・外務省・科学技術省という省庁の名称に変更され、それぞれの組織の長は「大臣」や「長官」と呼ばれるようになった。

省庁制の導入と同時期に構想されたのは、オウムを中心として樹立される国家の体制について定めた「真理国基本律」である。すなわち、日本という国名は「真理国」に改称され、国家全体が、「神《しん》聖法皇《せいほうこう》」＝麻原を頂点とする政祭一致の体制に変えられる。「真理国基本律」は、その体制を規定するための新しい憲法なのである。その草案の内容は、以下のように要約される。

〈1〉主権者　初代主権者は、「神聖法皇」と称する麻原尊師である。

〈2〉天皇の廃位　真理国の樹立と法皇の即位により、天皇は当然廃位され、葛城等の氏を与えて民籍に就かせる。

〈3〉国名　日本なる国称は、歴史的に見て天皇と分離不能で不適当であり、真理の御国が全く新しい理念を持った国であることを人々に理解させる上で、改称は絶大なる効果があり、「真理国」と仮称するが、他に「オウム国」「神聖真理国」「太陽寂静国」を候補とする。

〈4〉神聖法皇の正統性　神聖法皇は、シヴァ大神の化身であり、「大宇宙の聖法」の具現者であって、何人といえどもその権威を侵してはならない。

〈5〉神聖法皇の権限　神聖法皇は、真理国の内治権と外交権（軍事権を含む）を独占し、国内の統治および諸外国に対する宣戦や講和、諸条約の締結を行う。

〈6〉議会制　真理国は、「大宇宙の聖法」を前提とした制律を行うから本来議会制は論理的に不適当な制度である。

〈7〉首都　新しい国の樹立にともない、新しい都を定める必要があり、富士山麓に新しい都を建設し、賢聖都または富士法都と称し、法皇居をおく。

〈8〉国章　国章は、梵字によるオウム字とする。

〈9〉暦　暦は、その建国の年を真理暦元年とする。

〈10〉改正　基本律の改正は、神聖法皇のみが行なう。　（『オウム裁判と日本人』二〇二～二〇三頁）

「真理国基本律」は、表面上は近代的な憲法の装いが取られているが、その内容は、まったくそれに反していると言わなければならない。イングランドのマグナ・カルタにその原型が見られるように、近代憲法とは、君主と貴族のあいだに生じた権力の衝突を契機に作り出されたものであり、両者の利害をいかにして調整するか、ひいては、君主権力や国家権力の及ぶ範囲をいかにして制限するかということをその主眼としている。しかし「真理国基本律」においては、主権者たる神聖法皇が内治権・外交権・軍事権といった国家のあらゆる権力を一手に掌握すると定められており、その範囲に制限が課されていない。また、真理国では「大宇宙の聖法」に則った政治が行われるため、議会は不要であると説かれている。しかし、そのような不文の自然法によって統治が可能であるというのなら、そもそも憲法を含むあらゆる実定法を制定する必要がないはずなのである。

このように「真理国基本律」は、現実的な法律というよりは多分に幻想的で誇大妄想的なものと言わざるをえないが、それでも目を引くのは、グロテスクなまでに肥大化して捉えられた「主権」という概念だろう。要するにここで表明されているのは、「主権」の本来の意味、すなわち宗教的「至高性」に基づいた国家を形成したいという熾烈な願望なのである。麻原の考えでは、世界全体は「大宇宙の聖法」という絶対的な法、すなわちオウムの教義や世界観に表された法則によって支配されている。そして、宇宙の至高神は「シヴァ大神」であり、自らはその地上の化身であるため、自分こそは地上の権力を一手に掌握するための権利を有する。このような正真正銘の至高性＝主権性に基づいて国家が運営されれば、地上にユートピアが実現するはずだというのが、オウムの最終的な考えだったのである。

しかし、宗教的な至高性を備えた神権国家の創設というオウムの理念は、近代の主権国家自体に潜在し続けてきた要素、すなわち「限界を知らない暴力装置」というリヴァイアサン的な本性こそを、赤裸々に露わにすることになる。

サリンの開発と散布

日本を「真理国」というユートピアに変えるためには、まずは不要な人間たち、オウムの言葉で言えば、地獄・餓鬼・畜生の「三悪趣に落ちる」ことが確実な人間たちを一掃しなければならない。言うなれば、「畜群粛清」という目的を達成するために、オウムは生物化学兵器の開発を行い、その使用を幾度も試みてきた。オウムが無差別テロを行っていることを日本社会が広く知るのは、地下鉄サリン事件以後のことになるが、それ以前にもオウムは、何度も毒ガスの散布を試みている。

その最初のケースは、先に述べたように、衆院選後の九〇年四月、日本全国にボツリヌス菌を散布しようとしたことである。当初、オウムの大量破壊兵器の開発は、ウイルス学の研究者であった遠藤誠一によって担われていた。遠藤はボツリヌス菌の他に、ペスト菌や炭疽菌の開発も行っており、九三年六月九日の皇太子成婚パレードの際には、上祐史浩と村井秀夫の主導によって培養された炭疽菌を、東京亀戸の教団施設屋上から皇居に向けて散布、六月二九日にも再度これを散布しているが、異臭を発しただけに終わり、人間の殺傷には失敗している。生物兵器は菌の培養や保存が難しく、実効的な威力を発揮するには至らなかったのである。

オウムのテロ行為は失敗の連続であったが、九三年の末、筑波大学大学院で有機物理化学を専攻していた土谷正実を中心とし、化学兵器テロに路線を転換して以降、状況は一変する。土谷は九二年の末に麻原からサリンやVXガスの開発を指示され、研究室と機材を与えられて研究を開始した。九三年の六月には、村井秀夫も土谷に対し、サリン七〇トンの製造計画を告げ、サリンの標準サンプルを作成するように指示している。そして同年一一月、土谷はサリン二〇グラムの試作に成功する。これを受けて九四年四月には、麻原の指示により、第七サティアンの内部に、サリンを大量生産するためのプラントが建設された。

オウムがサリンを初めてテロ行為に用いたのは、創価学会の池田大作名誉会長襲撃事件においてである。麻原は池田会長を「仏敵」として強く敵視しており、以前にも八王子や信濃町にある創価学会施設にボツリヌス菌や炭疽菌を散布していたが、いずれも被害を与えることに成功していなかった。そして九三年一二月、新実智光は、東京牧口記念会館を訪れた池田会長に向けてサリンを散布しようと試みたが、警備員に怪しまれたため、早々に撤退した。テロ自体はこのときも失敗に終わったわけだが、しかしその際に新実は、自身でサリンを吸引してしまい、一時重体に陥っている。サリンそのものは、顕著な毒性を持っていたのである。

九〇年から開始されたオウムの生物化学兵器テロは、試行錯誤の末、九四年六月二七日に初めて実を結ぶ。松本サリン事件である。当時、長野県松本市では、住民たちによってオウムの支部の立ち退きを求めた訴訟が起こされており、オウムはこの裁判で敗れる公算が高かった。そのため麻原は、裁判官や地域住民に対して、サリンで報復するように命じた。村井、新実、遠藤らは、裁判官宿舎から数百メートル離れた駐車場で、噴霧車を使ってサリンを散布した。これによって、現在までに死者八人、重軽傷者六六〇人という大きな被害が出たが、当初は近隣住民の一人で、自身もサリン被害者であった河野義行が誤って容疑者と見なされたため、オウムの犯行がすぐに発覚することはなかった。

しかし九五年の一月一日、読売新聞の紙面において、上九一色村でサリンの残留物質が検出されたという報道が行われると、社会の視線は、オウムが教団施設内で危険な薬物を製造しているのではないかという疑惑に傾いてゆく。そしてその頃にオウムのテロ行為は、教団を批判する人物やその意向に従わない人物は、すぐさま「ポア」してしまおうとする短絡的で暴走的なものへと化していた。九四年の一二月には、教団から逃げた元信者をかくまった人物や、教団分裂を図るスパイであると誤解された人物を、九五年の一月には「オウム真理教被害者の会」の永岡弘行会長を、それぞれVXガスで襲撃し、死亡や重体の被害を負わせた。九五年の二月末には、オウムに入信して高額の布施を行おうとしていた妹に反対していた目黒公証人役場の假谷清志事務長を路上で拉致し、教団施設内でチオペンタール等の薬物を投与した末、殺害している。

三月に入ると麻原は、近いうちにオウムに対する強制捜査が行われるという危機感を、しきりに周囲に漏らし始める。その対策として、教団の内部でさまざまな偽装工作や証拠隠滅が図られる一方、警察の捜査を撹乱するために、警視庁の最寄り駅である霞ヶ関駅に対してテロを実行するようにという指令が下された。

三月一五日、噴霧装置の付いたアタッシェケースを霞ヶ関駅に置き、ボツリヌス菌を散布しようとしたが、蒸気が噴出されただけに終わり失敗。そしてついに三月二〇日、霞ヶ関駅を通過する地下鉄三路線の車両内にサリンを散布するという、地下鉄サリン事件が引き起こされる。その経緯についてはすでに本書の冒頭で祖述したため、ここでは割愛しよう。その二日後の二二日、假谷清志拉致事件の容疑でオウム主要施設に強制捜査が入り、教団内部の実態が露わにされ始める。そして日本は、オウムを巡る狂騒状態へと突入することになったのである。

11月↓戦争

日本社会は、地下鉄サリン事件の発生によって、オウムという宗教団体の内部でサリンを始めとする大量破壊兵器が開発・生産されていたこと、それを都市の群衆に対して無差別的に使用したということを知り、大きな衝撃を受けた。それでは、オウムにとってこの事件はどのような意味を持っていたのだろうか。

実はオウムの側から見れば、地下鉄サリン事件は彼らが最初に試みた無差別テロではなかったし、最終的な目標でもなかった。本章で見てきたようにオウムは、九〇年のボツリヌス菌散布計画を皮切りに、オウムに敵対する人々の命を奪うこと、あるいは日本国民を可能な限り数多く殺傷することを目的に、感覚が麻痺するほど多くの回数のテロ行為を繰り返している。そして地下鉄サリン事件は、警察を攪乱して強制捜査の矛先をそらすという一時しのぎのために、思いつきで計画されたものに過ぎなかったのである。

それでは、麻原やオウムにとっての「最終的な目標」とは、いったい何だったのだろうか。それは先に述べたように、現在の日本社会、ひいては日本国家を壊滅させ、麻原を主権者とする新しい国家を創設するということであった。

地下鉄サリン事件から二か月後の九五年五月、早川紀代秀のものとされるノートが外部に流出し、その内容が大きな話題を呼んだ。そこにはハルマゲドン実現のために必要な事柄が細かく記載されており、オウムが備えるべき戦力として、自動小銃やライフル、戦車や戦闘機、生物化学兵器、さらには核兵器やレーザー兵器が挙げられていると同時に、「'95 11月↓戦争」といった書き込みが見られた（詳しくは岩上安身「オウム「11月戦争」の恐怖」を参照。また、森達也『A3』四二二頁によれば、この手帳は実は岐部哲也のものであったと言われるが、そのことはここでは措く）。その記述から浮かび上がるのは、おおむね次のようなシナリオである。九五年の一一月、日本の社会と国家は壊滅的な状態に陥り、翌九六年以降、アメリカを中心とする各国が日本に対する軍事的な介入を行うことにより、第三次世界大戦＝ハルマゲドンが勃発する。それによって世界の人口は激減し、日本の土地も荒廃するが、九七年、ハルマゲドンを生き残った人々の前に、麻原が救世主として現れる。日本は麻原を主権者とする「真理国」として生まれ変わり、ハルマゲドン後の世界に君臨することになるのである。

このシナリオを実現するためには、まずは九五年中に日本を壊滅させなければならない。そして、そのための手段としてオウムが現実的に保有していたのは、サリンを大量に生成し、日本の全国民に向けてそれを散布するということであった。先述のノートのなかでは、さまざまな兵器について記されているが、おそらく現実的なプランとして考えられていたのは、数十トンのサリンを精製して大型ヘリに積載し、東京を始めとする主要都市に対して上空から落下させるというものであっただろう。この計画は、最初に村井秀夫によって提唱され、麻原もまた九四年以降にしばしば内輪向けの説法で口にしていた、オウムの持つ「最終手段《ウルティマ・ラティオ》」であった。そしてこの観点から見れば、地下鉄サリン事件とは、オウム的なハルマゲドンのほんの入り口、単なる前哨戦にしか過ぎなかったのである。

6　オウムとは何だったのか

「人は死ぬ、必ず死ぬ、絶対死ぬ」

さて、麻原の生い立ちから地下鉄サリン事件に至るまでのオウム真理教の軌跡は、概略として以上のようなものとなる。教団の結成から地下鉄サリン事件までの期間は約一〇年間に過ぎないが、その間にオウムが展開した活動の多様さや、発揮された熱量の大きさを思うと、善悪の判断をいったん棚上げにすれば、およそ一驚を禁じえない。オウムという教団をこうした暴走へと誘った要因は、果たして何だったのだろうか。いささか繰り返しを含むことになるが、最後にもう一度考えておこう。

オウムとは何だったのか、という問いに対する私自身の考えは、すでに序章の末尾で示した。すなわち、ロマン主義的で全体主義的で原理主義的なカルトであるというのが、その答えである。そして、ロマン主義、全体主義、原理主義という思想的潮流が発生し、社会に対して大きな影響力を振るうようになったのは、近代という時代の構造、より具体的に言えば、国家が此岸の世界における主権性を獲得し、宗教や信仰に関わる事柄が「個人の内面」という私的な領域に追いやられるという構造そのものに起因していると考えることができる。

近代の原理が普遍的で万能であるなら、何も問題は起こらないし、起こるはずがない。しかし第1章の末尾で述べたように、近代は万能ではない。その問題が顕著に表れるのは、特に「死」をめぐる事柄に関してである。これも第1章で述べてきたように、近代という時代の体制は、ヨーロッパにおいてキリスト教信仰の相違に起因する戦争が頻発するようになったという事態を背景に、政治の領域に信仰に関わる事柄を持ち込むのは止めよう、主権性をキリスト教的権威の象徴である教皇から取り上げ、世俗国家が冠することにしよう、という合意が形成されることによって成立した。そして、そうした要請に基づいて新たに作り上げられた主権国家という「虚構の人格」は、予想以上の早さで急速に成長し、人々はその繁栄の果実を享受するようになったのである。

しかし、近代の主権国家という「虚構の人格」がいささか奇形的であると言わざるをえないのは、その身体からは、個々人の「死」に関する事柄が原則的に排除されているという点にある。先に述べたように近代国家は、宗教的信仰に関する事柄、なかでも「あの世」についての事柄に関知しないことを前提としているため、国民一人一人の「死」について、これをうまく扱うことができない。より端的に言えば、近代国家は、自ら葬儀を執り行うことができない。もちろん戦没者の慰霊などに際して、国家がやむなく葬儀を執り行うこともあるが、それはあくまで例外的な事態であり、われわれはそのときに国家が、どこか不慣れな落ち着かない素振りを見せるのを目にすることができるだろう。

他者の死を記念し、その生を引き継ぐこと、すなわち他者＝死者との「つながり」のなかで生きるということは、人間にとってもっとも重要かつ公的とされるべき事柄でありながら、近代の社会ではそれがスムースに行われない――そして精神分析家のフロイトが「抑圧されたものの回帰」について語ったように、近代社会の表面から追い払われた「死」の問題は、さまざまな幻想を身にまとって、やがて回帰してくることになる。

本書で取り上げた、ロマン主義、全体主義、原理主義という思想的潮流は、そのすべてが、何とかして死を超えた「つながり」を取り戻したいという切実な願望に基づくものであると同時に、それにまつわる空虚な幻想であると捉えることができる。すなわち、ロマン主義は「本当の自分」という生死を超えた不死の自己を、全体主義は他者との区別を融解させるほどに「強固で緊密な共同体」を、原理主義は現世の滅亡の後に回復される「神との結びつき」を求めることによって生み出される幻想なのである。

近代においては、一般に「カルト」と称される特異かつ反社会的な宗教団体が絶えず生み出される傾向が見られるが、カルトの出発点には常に、剝き出しのまま放置された「死」の問題がある。そしてカルトに所属する者たちは、その問題を解決しようとしてさまざまな幻想を経巡ったあげく、再び何らかの仕方で剝き出しの「死」の存在に直面し、あるいはその場で動けなくなり、あるいはそこから狂気に満ちた暴走を始めることになるのである。

よく知られているように、麻原が説法において好んで繰り返した言葉は、「人は死ぬ、必ず死ぬ、絶対死ぬ、死は避けられない」という文句であった。こうしてオウムは、人々に剝き出しの死の事実を突きつけることによって多くの信者を獲得したが、その活動において結局は、死にまつわる数々の幻想を弄《もてあそ》ぶことに終始し、人の死をどのようにして弔うかという、古くかつ新しい問いに対して、適切な回答を見つけることはできなかった。真島事件の経緯に端的に示されているように、信者の死に初めて自ら直面した麻原は、彼の死を弔う方法を見出すことができず、その死体をやむなく秘密裏に遺棄するしかなかった。そして、現実から目を背けた麻原は、むしろこの事件から、自分は人の魂の行方を支配することのできる全能者である、ゆえに自分が日本の主権者になる必要がある、それを妨げる邪魔な人間はすべて抹殺しなければならない、という妄想的世界観を肥大化させた。そして彼は、オウム信者以外の日本の全国民を「剝き出しの死体」に変えることを目指す道を歩き始めたのである。

日本の問題

これまで述べてきたように、オウムのような団体が発生した原因は、近代という時代の構造そのものに深く根差しており、その意味において、特に日本のみに固有の現象と考えることはできない。オウムに類似した現象が世界のさまざまな地域にも見られること、またオウムの教義や世界観のなかに、欧米や、日本以外のアジア諸地域に由来するさまざまな観念が含まれていることは、すでに前章までの記述から明らかだろう。

しかしながら、世界中に存在する多くの「カルト」を見渡してみても、オウムほど活発で過激な行動に出たものはきわめて希であり、そのような宗教がなぜ日本に出現したのかということは、問われて良い事柄である。最後にそのことについて簡単に触れ、本書を閉じることにしよう。

最初に、仏教と葬儀の問題について。近代においては、国家が主権性を保持して公領域を独占するため、伝統的な宗教は社会の周縁部に追いやられ、次第に空洞化する傾向を持つ。伝統宗教の空洞化は、欧米を始めとして、近代のシステムを受容した国々すべてに見られる現象であるが、日本の場合はその傾向が特に著しい。日本の仏教は江戸時代までは、寺請制度の存在によって政治体制の中枢に組み込まれていたが、明治以降はその地位から除外され、その後は次第に民衆からの支持を失うという右肩下がりの状態が続いている。

現在のところ日本人の多くは、葬儀を挙げる際に仏教式を選択しているが、普段の生活で仏教と関わりを持つことは少なく、葬儀のときにだけ僧侶が現れて、高額の読経料や戒名料を「布施」として請求してくることになるため、どうしてもこれに反感を抱きやすい。仏教という伝統宗教が空洞化を余儀なくされていること、また、葬儀が公的な仕方で行われず、個々人の「私事」と位置づけられているため、その方法はどうしても恣意的なものとなり、誰もが納得のゆく仕方で故人を弔うのが難しいということ、これらの事実が、オウムというカルトの出現と成長を後押ししたことは、否定しえないだろう。

第二に、都市の巨大化の問題について。すでに述べてきたように近代においては、都市に多くの人口が集中し、その大規模化・複雑化・流動化が進行する傾向がある。そして日本の首都である東京は、高度経済成長期以降、世界最大の都市であり続けている。蜘蛛の巣のように縦横に張り巡らされた東京の鉄道・地下鉄網は、その巨大さと複雑さを象徴するものと見ることができるだろう。生気を失った、精巧な自動機械としての群衆社会――東京はこうした近代都市の特性を、世界のなかでももっとも顕著に示しているのである。

本章で見たように、オウムの幹部の一人であった井上嘉浩が、ラッシュアワーの人の渦に紛れて生きる大人たちの生を深く嫌悪し、それを端的に「救われない」と表現していたことは、とても印象深い。地下鉄サリン事件において、麻原は五人の信者にサリンの散布を命じ、全員がそれに踏み切っているが、私はこの事実が、オウムによる「洗脳」が徹底されていたことのみに起因するとは考えない。おそらく信者たちは心の根深い部分で、群衆社会を自ら強く嫌悪していた。井上と同様、彼ら自身もまた、ラッシュアワーの人混みに紛れる群衆の生き方を「救われない」と感じていたのである。そして彼らは、「救われない」群衆の魂を救済《ポア》するために、地下鉄という密室のなかで、サリンの入ったビニール袋に傘の先端を突き立てることになった。先に述べたように地下鉄サリン事件は、オウムにとって単なる一時しのぎの手段に過ぎなかったが、この点から見れば、オウムが行ったテロのなかでもっとも「成功」したのが地下鉄におけるテロであったということには、単なる偶然以上の意味があると考えなければならない。

最後に、天皇制の問題について。周知のように明治以降の日本は、近代的な主権国家の体制をいち早く確立するために、「王政復古」を行うことによって、天皇を中心とする国家を作り上げた。大日本帝国憲法が公布された時点でその体制が「天皇主権」と呼びうるものであったかという問題には議論があるが、天皇機関説論争を通じて徐々に天皇主権説が主流となり、さらには天皇を「現御神《あきつみかみ》」や「現人神《あらひとがみ》」と称することも慣例化してゆく。そして日本は、神的な主権者を頂点に据えた体制を取ったまま第二次大戦に突入し、敗れるはずのないその戦いに、悲惨な敗北を喫したのである。

この意味において日本という国家は、すでに一度「最終戦争」を経験している、と考えることができるかもしれない。広島の原爆被害者から詳細な聞き取りを行った経験を持つ精神医学者のロバート・J・リフトンは、そのオウム論において、キリスト教に由来する終末論が日本において過剰なリアリティを獲得した背景には、日本人の心理に深く刻印された敗戦体験や被爆体験が存在することを指摘している（『終末と救済の幻想』二六七頁）。

本章で述べたように麻原は、最初にインタビューを受けた『トワイライトゾーン』の記事において、二〇〇六年には核戦争の第一段階が終わっており、その頃には日本も死の灰に包まれているだろうという予言を語っている。天皇に代わって自分が日本の主権者となり、次の「最終戦争」では必ず勝利を収め、核戦争を生き延びて、日本を世界に冠たる国にまで高めてみせる――このことが、麻原とオウムがその根幹において抱え込んだ幻想だったのである。

おわりに

オウム真理教をめぐる問題が、長いあいだ気に掛かっていた。私は二〇代から三〇代前半にかけて、グノーシス主義と呼ばれるキリスト教の異端に関する研究に専念してきたが、その一方で、私の専攻する宗教学という学問自体が、オウム事件以降、社会的な信頼をまったく失っているということに気づいていたからである。

今から約三年前、グノーシス主義の研究に実質的な一段落がついた頃、私は、次はオウムについて論じてみたいと考え、そのための勉強を少しずつ開始した（非常勤講師を務める埼玉大学で、日本の新宗教をテーマとする講義を受け持ったことも影響した）。その理由としては、今後も宗教学を専攻する研究者として生きてゆくためには、オウム問題を避けて通ることはできないと痛切に感じたこと、そして、これまで自分が研究してきたキリスト教思想史の知見を用いれば、意外にもオウム問題の全体像を、これまで以上にうまく捉えることができるかもしれないと考えたことがある。その成否については、読者の判断を待ちたい。

オウム事件をどのように総括するかということに対しては、それぞれの立場によってそれぞれの方法がありうるだろう。そして、これを学問的に総括するという場合には、当然のことではあるが、あくまで学の次元における総括が行われなければならない。すなわち、オウムとは何だったのかという問いに対して、可能な限り客観的な答えを見出すこと、そして宗教学の場合には、当時の代表的な宗教学者たちがなぜオウムの幻想の正体を見抜くことができず、その運動を後押ししてしまったのかという問いに対して、答えを見出すことが求められるのである。

　日本の宗教学は、オウムという対象に自らが躓いたことを、率直に認めなければならない。しかし同時に、そこで終わってはならない。なぜなら、学という営みは根本的に、過去の行為に対する批判と反省の上に成り立つものだからである。オウムに躓いたことそれ自体ではなく、なぜ躓いたのかということに対する反省を怠ったとき、宗教学という学問は、本当に死ぬことになるのだろう。

　本論で述べてきたように、近代という時代がキリスト教の歴史から生まれたその「鬼子」であり、さらに宗教学という学問が、近代から生まれたその「鬼子」であることを、私は知っている。おそらくは、その根拠は多分に脆く、その企図は多分に危ういものでさえあるのだろう。しかし私は、宗教学にはまだ果たすべき役割があり、それを成し遂げるためには、この学の束の間の生命を引き継いでいかなければならないと考えている。

12年後の追記――オウム事件を再考するための三つの視点

春秋社の創立一〇五周年という節目を切っ掛けとして、『オウム真理教の精神史』が記念復刊されることになった。二〇一一年に初版が公刊された本書は、オウム真理教の教義・運動・事件について、もっぱら思想史的な観点から分析した作品であった。喜ばしいことに、多くの読者に恵まれて増刷を重ね、さらにはこのたび、改めて新装復刊という機会をいただいたわけである。読者の方々に対しては、この場をお借りして深くお礼を申し上げたい。

本書の中心部である思想史的分析については、私自身の見解に依然として大きな変化がないため、現状では本文に変更を加えていない。とはいえ、オウムという教団の実像や事件の実態に対する私の見方は、この一二年間で大きく変わってしまった。本書を最初に書いた時点では、オウム事件に関してはあれほど膨大な報道が積み重ねられ、裁判においても詳細な審理が行われたのだから、基本的な事実はすべて明らかになっているのだろうと思い込んでいたのである。

私は元々、文献資料に依拠しながら思想分析を行うことを専門とした研究者であり、実地調査のための訓練を受けてきたわけでも、それを得意としているわけでもない。ところが、本書を公刊した後の私は、さまざまな方面からオウム問題の現場にコミットすることを要請された。具体的には、元オウム信者の人々との対話、オウム裁判への証人出廷、オウムの後継団体・派生団体の実情に関する意見書執筆、などである。なかでも、オウム脱会者を中心とするサークルである「ひかりの輪」と長期にわたって交流し、上祐史浩氏や宗形真紀子氏から教団の内情について詳しく話を聞いたことは、私のオウム観を一変させてしまった。

序章で述べているように、本書はオウムに関するジャーナリストたちの著作を高く評価し、それらによって教団や事件の実態が明らかにされたことを踏まえた上で、これまで不足していた学問的・思想的側面を補う、という姿勢で執筆されている。とはいえ、一二年後の現在、私はこの見解を大きく修正せざるを得ない。宗教問題に対する日本のメディアや公権力の取り組みは、世界的な水準からすればかなりの特殊性を帯びており、そのことは私が属する宗教学と同じく、オウムという教団の暴走を少なからず後押ししてしまったのではないだろうか。また事件発覚後も、その内実を解明することを妨げたのではないか。

もちろん、現在の私が、オウムのすべてを理解したと言うつもりはない。二〇一八年七月に行われた事件関係者一三名の一斉処刑によって、主要な当事者たちがすでに世を去っていることもあり、改めて事実を確認しようとしてもその方法がないというのが実情である。とはいえ以下では、そうした限界を認めた上で、これまで見逃されてきた三つの論点について、可能な限りの論拠を示しながら、しかし他方、推測部分は推測であることを明記しながら、簡略的に追記しておくことにしたい。

1　教団中核部の秘密結社化[1]

まず第一に述べておかなければならないのは、教団内部に存在していた特異な構造についてである。本書でも述べたように、オウムにおいては、正大師や正悟師といった役職から成る位階制が存在し、さらに末期になると、新たに省庁制が採用されていた。とはいえ、かつてオウムの幹部の一人であった宗形真紀子氏によれば、そうした制度は多分に表向きのものであり、実際の教団の中核部は、教祖である麻原彰晃とどれだけ「近い」関係にあるかということによって密かに構造化されていた。[2]中核に存在したのは、麻原に対する深い帰依によって精神的合一を果たした選り抜きの信者たちであり、彼らは外部に公開することのできない秘密のワークに従事していたと考えられる。

そうしたワークは、大きく分けて二種類に区別される。その一つは、教団の敵対者と見なされた対象を粛清するために、テロや殺害をも含む暴力的手段を行使することであり、もっぱら男性の信者たちがこれを担った。そして第二は、麻原の遺伝子の継承者を出産するために、彼との性行為に及ぶことであり、女性の信者たちがこれを担った。私は現在のところ、オウム内の修行の名称にちなみ、前者を「ヴァジラヤーナの一群」、後者を「タントラヤーナの一群」と仮称している。

「タントラヤーナの一群」、すなわち、麻原の愛人となってその隠し子を出産していた人々については、ここでは詳しく論究することを控えたい。「ヴァジラヤーナの一群」の形成過程について、簡略的に述べておこう。

そうしたグループが形成される切っ掛けとなったのは、一九八八年九月に起こった真島照之氏の死亡事故である。この事故が発覚し、教団の評判が落ちることを危惧した麻原は、一部の弟子たちに密かに遺体を処理させた。こうした作業に従事した人々が、「ヴァジラヤーナの一群」の最初の核を形成したと考えられる。そしてこれらの集団はその後、田口修二殺害事件、坂本弁護士一家殺害事件、ボツリヌス菌散布計画といった契機を通して、さらなる選抜を受け、相互の結束を固めていったのである。

本書を執筆した当時の私は、真島事件に関わった人々が教団内で特異な地位を占めていたことに気づいており、それについて指摘している（二四〇頁）。とはいえ、今になって振り返ると見落としていたように思われるのは、これらのメンバーたちが麻原を中心として強固な絆で結びつけられていたこと、また、その暴力は教団内部へも向けられ続けていたということである。一説によればオウム内には、把握された限りでも、一八人の死因不明者、一〇人の生死不明者が存在している。これらの人々は、「スパイ」や「裏切り者」の疑惑を掛けられて殺害された、あるいは危険な修行に追い込まれて命を落とし、その後は密かに遺体を処理された可能性が高い。「ヴァジラヤーナの一群」は、麻原の意志に忠実に従いながら激しい暴力を行使し、それによって教団内で特別な地位を占めたのである。

オウムの凶悪化の原因については、麻原が信者たちをマインド・コントロールして完全に支配下に置いていたという説、そしてもう一つは、一部の弟子たちが暴走したという説が主に唱えられ、論争が交わされることが多かった。しかし現実には、麻原とその血縁者、及び帰依が深い特別な弟子たちが秘密結社的な集団を形成し、教団全体の方向性を決定していたと考えられる。(3)

2　坂本弁護士一家殺害事件の内実

一九八九年一一月に坂本堤弁護士とその家族が殺害されたことは、オウムが引き起こした事件のなかでも取り分け凄惨なものであり、同時に、以降の教団の動向を大きく左右するものであった。同事件はかなり複雑な背景を有していたのだが、一般にはそれが十分に理解されているとは言い難い。

最初に指摘しておかなければならないのは、坂本氏の弁護士としての立ち位置についてである。坂本弁護士は、「自由法曹団」という団体の一員であった。自由法曹団とは、共産主義の活動家であった徳田球一（一八九四〜一九五三）が、一九二一年に結成した弁護士団体である。徳田の元々の職業は弁護士であり、法律家としての立場から共産主義運動を支援する組織として、自由法曹団を結成した[4]。同団は戦後も着実に成長し、現在は約二一〇〇名の弁護士を団員として擁している。

坂本弁護士が所属していた横浜法律事務所は、自由法曹団のメンバーが多く在籍しており、坂本弁護士もまた、共産主義運動に関係する重要な諸事件に携わっていた。すなわち、「国労横浜人活弾圧事件」（一九八六年）や「日本共産党幹部宅盗聴事件」（一九八五〜六年）などである。当時の政府は、国鉄の労働組合が共産主義化していることを問題視し、国鉄の分割民営化によってこの組織を解体するとともに、組合員に対する弾圧を行っていた。また、公安警察は共産党を監視下に置き、しばしば違法な盗聴活動を仕掛けていた。坂本弁護士はこうした事件において、自由法曹団の一員として共産系の人々を弁護する一方、政府の動きを批判していたわけである。

さらにこの時期には、共産系の弁護士が積極的にコミットしていた、もう一つの領域が存在した。いわゆる「カルト問題」である。一九五四年に韓国で設立され、六〇年代から日本でも布教を開始した統一教会（現在の名称は世界平和統一家庭連合）は、一九六八年に「国際勝共連合」を結成し、共産主義に反対する活動を展開した。これに対して、共産党を始めとする日本の左翼陣営は、統一教会が行っていた霊感商法や高額献金を問題視し、同会を「カルト」として批判するキャンペーンを張ったのである。

本来であれば、何らかの社会的問題を起こしている宗教団体に対しては、公共的で冷静な解決方法が採用されるべきだが、日本における「カルト問題」は、統一教会と左翼陣営の水面下の対決という色調を濃厚に帯びていった。そして左翼陣営はしばしば、メディアによるバッシングや拉致監禁に基づく強制改宗といった、アグレッシブな手法を取るようになったのである。(5)

坂本弁護士とオウムは、「信教の自由」のあり方をめぐる論争によって短期間の内に激しく衝突し、結果として坂本弁護士一家殺害事件という惨劇を生むに至った。この事件についてはこれまで、「TBSビデオ問題」に注目が集まり、私自身も本書でそれを重視する書き方をしているが（二五四頁）、現在の私にはそれは、小さな副次的要素の一つであったとしか思われない。もっとも根本的な問題は、何よりオウムが想像以上の暴力性を内に秘めた集団であったこと、そして「カルト対策」を行う側でも、共産系・左翼系の弁護士が先頭に立ち、メディアバッシングや強制改宗といったアグレッシブな手法を用いるということが常態化していたことにあったと考えられる。(6)

坂本弁護士とオウムの衝突は周知の事実であり、事件の現場にはいくつかの証拠が残されてもいたため、警察が本腰を入れて教団を捜査していれば、オウム問題はその時点で終焉に向かっていたのかもしれない。とはいえ、坂本弁護士一家の失踪に対する警察の動きは、きわめて緩慢であった。横浜法律事務所の所員たちが警察にオウムへの捜査の必要性を訴えても、警察は普段は公権力と敵対している自由法曹団への嫌悪を隠そうとせず、また、宗教弾圧と受け取られるという懸念から、事件の捜査に積極的ではなかった。(7) さらに当時の新聞には、坂本弁護士一家は体制変革運動の内ゲバに巻き込まれた可能性が高く、神奈川県警はその方面に捜査の重点を移している、という報道が出されている。(8) 事件が迷宮化していった背景には、日本における公権力と法曹界のあいだの独特な関係が存在していたと思われる。

3 公安組織の不明瞭な諜報活動

オウムという集団が急速に過激化していったことは、当時は一般市民の目から見てさえ明らかであったのだから、本来であれば公権力が早期に適切な仕方で介入し、この暴走に歯止めを掛けるべきであった。特に公安は、その名の通り「公共の安全」を守るために設置された特別な組織であり、テロリズムを防止するための専門機関として位置づけられているわけだが、そのときどのような動きを見せていたのだろうか。

現在でも私が気になっているのは、警察や公安と、岡崎一明氏の関係についてである。岡崎氏は、真島事件、田口修二殺害事件、坂本弁護士一家殺害事件に関与した人物であり、先に述べた「ヴァジラヤーナの一群」の重要な一角を占めていた。とはいえ一九九〇年二月、いささか唐突な仕方で教団から脱走し、その後は自身が知っていた秘密をもとに、麻原氏を脅迫するという行動を見せている。さらには、坂本弁護士一家の遺体を遺棄した場所の地図を作成し、神奈川県警に送付したのである。

遺憾ながら、このときも警察は事件の捜査に本腰を入れず、一家の遺体が発見されることはなかった。ところが不思議にも、警察と岡崎氏の関係はその後も継続している。両者は九〇年九月に改めて接触を開始し、以降も定期的に連絡を取り合い、警察は岡崎氏を通してオウムの内情に関する情報提供を受けていた、というのである。(9)

また近年では、次のような話題も囁かれている。かつて警視庁公安部に所属し、オウム対策を担当していた濱嘉之氏は、『カルマ真仙教事件』（全三巻、講談社文庫、二〇一七年）という著作において、当時の公安の内情を小説化している。自らの捜査経験をもとに執筆したと謳われているものの、あくまでフィクション形式で公刊された作品であるため、どこまでを事実と受け止めて良いのか、容易には判別し難い。ともあれ、物語の基軸に据えられているのは、岡崎氏と同定される人物がかなり早期から公安の情報提供者となっており、公安は彼を足掛かりとしてオウムへの内偵を進めていた、という筋立てである。

『カルマ真仙教事件』はフィクション作品であるが、同種の記述は、今井良『内閣情報調査室――公安警察、公安調査庁との三つ巴の闘い』（幻冬舎新書、二〇一九年）の一一七頁以下にも見られる。そこでは、おそらくは濱氏であろう人物からの取材をもとに、岡崎氏が公安のスパイとして運用されていたこと、公安は氏の手引きによってサティアンの内部にも足を踏み入れていたことが記載されているのである。

あまりにも曖昧模糊とした情報源であるため、ここから何らかの確たることが言えるわけではない。とはいえ、現在の私が思うのは、警察や公安はオウムに対する表立った捜査には消極的であった一方、長期にわたって水面下の調査を行い続けていたのではないだろうか、ということである。本書でも記したように（二六五頁）、オウム内部においては次第に、自分たちが公安から密かに監視されているという疑心暗鬼が拡大し、九四年以降には執拗な「S（スパイ）チェック」が行われるようにもなった。こうした現象は、オウムを取り巻く特殊な捜査環境がもたらした副産物であったのかもしれない。

公安組織がその名の通りに公に活動するのではなく、さまざまな諜報活動を展開し、事実上「秘密警察」化しているということは、現代社会が抱える大きな問題の一つである。

オウム事件後、一九九九年に「無差別大量殺人行為を行った団体の規制に関する法律」（通称・団体規制法）が施行され、現在に至るまで、アレフ・ひかりの輪・山田らの集団という三団体が観察処分の対象となっている。冒頭で述べたように私は、ひかりの輪の人々と一〇年以上のあいだ交流しているのだが、その際に目にした公安調査庁の観察方法は、奇妙としか言いようがないものであった。

公安調査庁は現在、上記の団体を公的に観察・監督することを認められているのだから、一般市民として常識的に考えれば、それらの成員たちと冷静に対話し、オウム事件の実態解明と反省を進め、社会に危害が及ばないように取り計らってほしい、と願うだろう。とはいえ、私が聞く限りでは、実際に公安調査庁が行ってきたのは、それぞれの団体に内偵者を入れ、不明瞭な情報収集・情報工作活動を繰り返すということであった。結果として、公安調査庁と当該諸団体との信頼関係は根本的に毀損され、多くの訴訟が提起されるという状態が続いている。

相手は過去に重大犯罪を引き起こした団体なのだから、その言い分を真に受ける訳にはゆかず、内情を慎重に見極める必要がある、といった理屈も理解できなくはない。しかし他方、歴史を振り返れば、果たして宗教的な問題が、諜報活動によって穏便に解決されたという事例は存在するのだろうか。むしろそうした行為は、相互の疑心暗鬼の感情を増幅させ、事態を悪化させることに繋がったのではないか。私たちは今後、こうした問題についても注意を払う必要があるだろう。

＊

オウム事件の反省・解決の方法をめぐって、これまで多くの議論が重ねられてきた。そしてそれに向けた目標として、被害者の賠償や救済の徹底、オウム後継団体の解散などの案が主張されることが常であった。

私自身も、そうした事柄の重要性を否定するつもりはまったくない。とはいえ、より本質的に考えるならば、オウム事件の真の反省とは、「日本社会が宗教問題に適正に対応できるようになること」なのではないだろうか。

私は現在、近代主義に基づく宗教問題への対応方法として、「寛容・分析・公安」の三原則を掲げるべきことを提言している。すなわち、近代社会を根底から支えるもっとも大切な要素は、宗教における「寛容」の原則であり、他者の信仰を不用意に攻撃したり侮蔑したりしない、ということである。ところが、遺憾ながら現在の日本社会では、宗教的寛容の意味や重要性が十分に理解されているとは言い難い。また、一般社会が宗教問題に冷静に対応できるようになるには、専門的な研究者がそれに関する客観的な「分析」を示し、問題の基本的な経緯や性質を説明する必要がある。とはいえ、本書でも述べたとおり、依然として反近代・脱近代の幻想に囚われている現在の宗教学では、それも難しいだろう。さらに、宗教にまつわる諸問題は、日本のみならず世界全体を脅かすものとして存在し続けており、それらに対する適正な「公安」制度のあり方を案出・確立するということは、未だ見果てぬ夢と言わなければならない。

この文章を執筆している二〇二二年一〇月現在、日本社会では、同年七月に起こった安倍晋三元総理の暗殺事件を切っ掛けとして、再び宗教論争が巻き起こっている。その様相は著しく混乱しており、いささか冷めた視点から論評することを許していただけるなら、明治以降の日本社会が、宗教・政治・国家の基礎的な構成について議論を深めてこなかった付けが回ってきた、とも言えようか。正当な仕方で近代化を遂行できなかった日本社会の構造不良の問題は想像以上に巨大であり、私たちは一過性の言説の浮き沈みに目を奪われることなく、その屋台骨に潜む要因を注視しなければならない。私自身は、本書の公刊後から現在に至るまで、宗教の基礎とその歴史的全体像を見直す作業を続けており、近々その成果を公表できれば、と考えている。

注

(1)この主題に関して、私はすでに「「ヴァジラヤーナの一群」に関する試論——オウム真理教の隠された教団構造について」という文章を著し、自身のホームページで公開している（宗教学探究：大田俊寛の研究室 http://gnosticthinking.nobody.jp/thesis.html）。詳しくはそちらを参照していただきたい。

(2)宗形真紀子「オウム真理教と魔境——オウム真理教事件の原因と、霊的暴力からの解放についての一考察」（身心変容技法研究会編『身心変容技法研究』第8号、二〇一九年）八一〜八二頁を参照。

(3)人類学者のチャールズ・リンドホルムは『カリスマ』において、「破壊的カルト」と呼び得るような暴力的集団では、その内部に秘密結社的な構造が存在することが多いと論じている。私は同書のちくま学芸文庫版（二〇二一年）に、「解説 リンドホルムのカリスマ論とオウム真理教事件」という一文を寄せているため、併せて参照されたい。

（4）徳田球一は、日本共産党の創設者の一人でもあるが、戦後は暴力革命路線を主導して数々の事件を起こしたことにより、現在は党史から名前が抹消されている。自由法曹団の出版物においても、全般的に徳田の名前は見受けられない。しかし杉森久英『徳田球一』（文藝春秋、一九六四年）一〇六頁には、徳田が同団設立の主唱者であったことが明記されている。

（5）カルトが信者を「洗脳」しているため、強制的な仕方で脱会させなければならないという運動は、一九七〇年代のアメリカでも興隆した。とはいえ、次第に反カルト運動の暴力性が問題視され、主要な「脱洗脳家」が刑事罰を受ける、「カルト警戒ネットワーク」という団体が破産する、「洗脳」や「マインド・コントロール」といった理論の非科学性が指摘される、などの出来事を契機として沈静化していった。ところが日本では、過激な反カルト運動が適正な批判を受けず、そのまま残存しているという状況が見られる。こうした問題については、米本和広『我らの不快な隣人――統一教会から「救出」されたある女性信者の悲劇』（情報センター出版局、二〇〇八年）や、国際人権NGO「国境なき人権」による報告書『日本 棄教を目的とした拉致と拘束』（http://www.hrwf.org/images/reports/2012/1231%20report%20final%20jap.pdf 二〇一二年）を参照。

（6）坂本弁護士のオウムへのアプローチが、先行して実施されていた統一教会対策をモデルとしていたことは、江川紹子『全真相 坂本弁護士一家拉致・殺害事件』（文藝春秋、一九九七年）八九頁や、自由法曹団編『自由法曹団物語・世紀を超えて（上）』（日本評論社、二〇〇二年）四一三頁に記載されている。

（7）自由法曹団編『自由法曹団物語・世紀を超えて（上）』三九三頁を参照。

（8）瀬口晴義『オウム真理教 偽りの救済』（集英社クリエイティブ、二〇一九年）二一二〜二一三頁を参照。

（9）こうした主題に関しては、大山友之『都子 聞こえますか――オウム坂本一家殺害事件・父親の手記』（新潮社、二〇〇〇年）一五四〜一九三頁に詳述されている。

著者略歴
大 田 俊 寛 *Toshihiro Ota*
1974 年生。専攻は宗教学・思想史。一橋大学社会学部卒業、東京大学大学院人文社会系研究科基礎文化研究専攻宗教学宗教史学専門分野博士課程修了。博士（文学）。現在、埼玉大学非常勤講師。キリスト教を中心とする宗教思想史を研究するほか、オウム真理教問題を含む現代宗教論も手掛ける。著書に『グノーシス主義の思想』（春秋社）、『現代オカルトの根源』（ちくま新書）、『ブックガイドシリーズ基本の 30 冊　宗教学』（人文書院）がある。

オウム真理教の精神史 ［増補版］
ロマン主義・全体主義・原理主義

2011 年 3 月 20 日　初　版第 1 刷発行
2023 年 1 月 20 日　増補版第 1 刷発行

著者――――――大田俊寛
発行者―――――神田　明
発行所―――――株式会社 春秋社
〒 101-0021 東京都千代田区外神田 2-18-6
電話 03-3255-9611
振替 00180-6-24861
https://www.shunjusha.co.jp/
印刷・製本―――萩原印刷 株式会社
装丁――――――芦澤泰偉

ISBN978-4-393-33394-5
定価はカバー等に表示してあります

索引

あ行

か行

さ行

た行

な行

は行

ま行

や行

ら行

わ行

主要参考文献

（原則として、本文で引用・参照されている順に列記）

序　章

林郁夫『オウムと私』文藝春秋、1998 年
早川紀代秀＋川村邦光『私にとってオウムとは何だったのか』ポプラ社、2005 年
上祐史浩「団体総括」「上祐史浩個人の総括」（「オウムの教訓」の HP ＝ http://hikarinowa.net/kyokun/）
野田成人『革命か戦争か――オウムはグローバル資本主義への警鐘だった』サイゾー、2010 年
高橋英利『オウムからの帰還』草思社、1996 年
田村智＋小松賢寿『麻原おっさん地獄』朝日新聞社、1996 年
早坂武禮『オウムはなぜ暴走したか。――内側からみた光と闇の 2200 日』ぶんか社、1998 年
加納秀一『カルトにはまる 11 の動機――オウム真理教古参信徒が実例で証明』アストラ、2000 年
江川紹子『救世主の野望――オウム真理教を追って』教育史料出版会、1991 年
森達也『A』『A2』マクザム、2008 年（映画公開はそれぞれ 1997 年、2001 年）
森達也『A3』集英社インターナショナル、2010 年
村上春樹『アンダーグラウンド』講談社、1997 年
降幡賢一『オウム裁判と日本人』平凡社新書、2000 年
髙山文彦『麻原彰晃の誕生』文春新書、2006 年
藤原新也『黄泉の犬』文藝春秋、2006 年
村上春樹『約束された場所で――underground 2』文藝春秋、1998 年
カナリヤの会編『オウムをやめた私たち』岩波書店、2000 年
中沢新一＋麻原彰晃「“狂気”がなければ宗教じゃない」（『SPA!』1989 年 12 月 6 日号）扶桑社、1989 年
中沢新一＋麻原彰晃「オウム真理教はそんなにメチャメチャな宗教なのか。」（『BRUTUS』1991 年 12 月 15 日号）マガジンハウス、1991 年
中沢新一「宗教学者・中沢の死」（『週刊プレイボーイ』1995 年 4 月 25 日号）集英社、1995 年

中沢新一「オウム真理教信者への手紙」(『週刊プレイボーイ』1995年5月30日号)集英社、1995年
中沢新一「「尊師」のニヒリズム」(『イマーゴ臨時増刊号 総特集:オウム真理教の深層』所収)青土社、1995年
宮台真司『終わりなき日常を生きろ——オウム完全克服マニュアル』筑摩書房、1995年
大澤真幸『虚構の時代の果て——オウムと世界最終戦争』ちくま新書、1996年
島薗進『現代宗教の可能性——オウム真理教と暴力』岩波書店、1997年
島田裕巳『オウム——なぜ宗教はテロリズムを生んだのか』トランスビュー、2001年

第 1 章

福田歓一『政治学史』東京大学出版会、1985年
ダントレーヴ『国家とは何か』みすず書房、1972年
菊池良生『戦うハプスブルク家』講談社現代新書、1995年
ホッブズ『リヴァイアサン』(『世界の名著 23』所収)中央公論社、1971年
ルソー『社会契約論』(『世界の名著 30』所収)中央公論社、1966年

第 2 章

アンリ・エレンベルガー『無意識の発見——力動精神医学発達史』(上下巻)弘文堂、木村敏+中井久夫監訳、1980年
今村仁司『群衆——モンスターの誕生』ちくま新書、1996年
F・シュライエルマッハー『宗教論——宗教を軽んずる教養人への講話』筑摩書房、高橋英夫訳、1991年
W・ジェイムズ『宗教的経験の諸相』(上下巻)岩波文庫、桝田啓三郎訳、1969年
W・ジェームズ『心理学』(上下巻)岩波文庫、今田寛訳、1992-1993年
C・G・ユング『自我と無意識の関係』人文書院、野田倬訳、1982年
C・G・ユング『クンダリニー・ヨーガの心理学』創元社、老松克博訳、2004年
吉村正和『心霊の文化史——スピリチュアルな英国近代』河出ブックス、2010年
C・W・リードビーター『神智学入門』たま出版、宮崎直樹訳、1982年
C・W・リードビーター『チャクラ』平河出版社、本山博+湯浅泰雄訳、1978年
E・N・ピアースン『時空と意識——神智学による錯覚の克服』たま出版、仲里

誠桔訳、1984年
ピーター・ワシントン『神秘主義への扉——現代オカルティズムはどこから来たか』中央公論社、白幡節子＋門田俊夫訳、1999年
島薗進『精神世界のゆくえ——現代世界と新霊性運動』東京堂出版、1996年
諸富祥彦『トランスパーソナル心理学入門——人生のメッセージを聴く』講談社現代新書、1999年
ケン・ウィルバー『アートマン・プロジェクト——精神発達のトランスパーソナル理論』春秋社、吉福伸逸＋プラブッダ＋菅靖彦訳、1986年
ハックスリー『すばらしい新世界』講談社文庫、松村達雄訳、1974年
オルダス・ハックスレー『知覚の扉・天国と地獄』河出書房新社、今村光一訳、1976年
ティモシー・リアリー『フラッシュバックス』トレヴィル、山形浩生他訳、1995年
ティモシー・リアリー『神経政治学』トレヴィル、山形浩生訳、1989年
ティモシー・リアリー他『チベットの死者の書——サイケデリックバージョン』八幡書店、菅靖彦訳、1994年
『原典訳 チベットの死者の書』ちくま学芸文庫、川崎信定訳、1993年
ローラ・ハクスレー『この永遠の瞬間——夫オルダス・ハクスレーの思い出』コスモス・ライブラリー、大野龍一訳、2002年
ラム・ダス『ビー・ヒア・ナウ——心の扉をひらく本』平河出版社、吉福伸逸＋上野圭一＋プラブッダ訳、1987年
マハリシ・マヘーシュ・ヨーギー『超越瞑想入門——存在の科学と生きる技術』読売新聞社、マハリシ総合研究所監訳、1971年
ヒュー・ミルン『ラジニーシ・堕ちた神』第三書館、鴨沢立也訳、1991年
本山博『宗教経験の世界——医学的心理学的探求と体験的形而上学的解明』宗教心理学研究所出版部、1963年
本山博『密教ヨーガ——タントラヨーガの本質と秘法』池田書店、1978年
桐山靖雄『変身の原理——密教・その持つ秘密神通の力』文一出版、1971年
桐山靖雄『密教——超能力の秘密』平河出版社、1972年
桐山靖雄『一九九九年カルマと霊障からの脱出』平河出版社、1981年
中沢新一＋ラマ・ケツン・サンポ『虹の階梯——チベット密教の瞑想修行』平河出版社、1981年
中沢新一『チベットのモーツァルト』せりか書房、1983年
高橋英利「僕と中沢新一さんのサリン事件」（『宝島30』1996年2月号所収）宝島社、1996年

第 3 章

ハナ・アーレント『全体主義の起原』（全 3 巻）みすず書房、大久保和郎＋大島かおり訳、1974 年
エーリッヒ・フロム『自由からの逃走』東京創元社、日高六郎訳、1965 年
エンツォ・トラヴェルソ『全体主義』平凡社新書、柱本元彦訳、2010 年
Ch・リンドホルム『カリスマ――出会いのエロティシズム』新曜社、森下伸也訳、1992 年
ニーチェ『ツァラトゥストラ』（『世界の名著 57』所収）中央公論社、手塚富雄訳、1978 年
マックス・ウェーバー『支配の社会学』（全 2 巻）創文社、世良晃志郎訳、1960–2 年
マックス・ヴェーバー『プロテスタンティズムの倫理と資本主義の精神』岩波文庫、大塚久雄訳、1989 年
ギュスターヴ・ル・ボン『群衆心理』講談社学術文庫、櫻井成夫訳、1993 年
ジークムント・フロイト「ナルシシズム入門」（『エロス論集』所収）ちくま学芸文庫、中山元訳、1997 年
D・P・シュレーバー『シュレーバー回想録――ある神経病者の手記』平凡社ライブラリー、尾川浩＋金関猛訳、2002 年
アドルフ・ヒトラー『わが闘争』（上下巻）角川文庫、平野一郎＋将積茂訳、1973 年
ノーマン・コーン『ユダヤ人世界征服陰謀の神話』ダイナミックセラーズ、内田樹訳、1986 年
吉村正和『フリーメイソン』講談社現代新書、1989 年
H・ラウシュニング『永遠なるヒトラー』八幡書店、船戸満之訳、1986 年
ジョスリン・ゴドウィン『北極の神秘主義』工作舎、松田和也訳、1995 年
横山茂雄『聖別された肉体――オカルト人種論とナチズム』書肆風の薔薇、1990 年
アルフレート・ローゼンベルク『二十世紀の神話』中央公論社、吹田順助＋上村清延訳、1938 年
井上尚英『生物兵器と化学兵器』中公新書、2003 年
宮田親平『毒ガスと科学者』文春文庫、1996 年
キャトリーン・クレイ＋マイケル・リープマン『ナチスドイツ支配民族創出計画』現代書館、柴崎昭則訳、1997 年
P・D・ウスペンスキー『奇蹟を求めて――グルジェフの神秘宇宙論』平河出版

社、浅井雅志訳、1981年
玉川信明『評伝 山岸巳代蔵――ニワトリ共同体の実顕者』社会評論社、2006年
米本和広『洗脳の楽園――ヤマギシ会という悲劇』情報センター出版局、2007年

第 4 章

小川忠『原理主義とは何か――アメリカ、中東から日本まで』講談社現代新書、2003年
小川忠『テロと救済の原理主義』新潮選書、2007年
石原莞爾『最終戦争論』中公文庫 BIBLIO20世紀、2001年
グレース・ハルセル『核戦争を待望する人びと――聖書根本主義派潜入記』朝日選書、越智道雄訳、1989年
越智道雄『〈終末思想〉はなぜ生まれてくるのか――ハルマゲドンを待ち望む人々』大和書房、1995年
ハル・リンゼイ『今は亡き大いなる地球』徳間書店、越智道雄監訳、1990年
ティム・マディガン『狂信――ブランチ・ダビディアンの悲劇』徳間書店、浅川寿子訳、1993年
長山靖生『偽史冒険世界――カルト本の百年』ちくま文庫、2001年
デイヴッド・グッドマン＋宮澤正典『ユダヤ人陰謀説――日本の中の反ユダヤと親ユダヤ』講談社、1999年
佐治芳彦『謎の竹内文書――日本は世界の支配者だった！』徳間書店、1979年
高坂和導『超図解 竹内文書』徳間書店、1995年
酒井勝軍編『神秘之日本』（全5巻）八幡書店、1981年
宇野正美『新約聖書の大預言――終末からの再生《サバイバル》はあるか？』徳間書店、1983年
宇野正美『ユダヤが解ると世界が見えてくる――1990年「終末経済戦争」へのシナリオ』徳間書店、1986年
宇野正美『ユダヤが解ると日本が見えてくる――「空洞化日本」をユダヤが手中にする時』徳間書店、1986年
中沢新一『はじまりのレーニン』岩波書店、1998年
有賀龍太『予言書 黙示録の大破局』ごま書房、1980年
有賀龍太『ハレー彗星の大陰謀』ごま書房、1981年
ゴア・ヴィダル『大予言者カルキ』株式会社サンリオ、日夏響訳、1980年
原田実「私が出会ったもうひとりの「カリスマ」――武田崇元とオカルト雑誌

『ムー』の軌跡」（『宝島30』1995年11月号）宝島社、1995年
武田崇元「「80年代オカルト」一代記」（『宝島30』1996年1月号）宝島社、1996年
五島勉『ノストラダムスの大予言――迫りくる1999年7の月、人類滅亡の日』祥伝社、1973年
五島勉『ノストラダムスの大予言Ⅲ――1999年の破滅を決定する「最後の秘詩」』祥伝社、1981年
五島勉『カルマの法則――生命転生の秘密 あなたは死後どうなるか』祥伝社、1977年
山本弘『トンデモ ノストラダムス本の世界』洋泉社、1998年
山本弘『トンデモ大予言の後始末』洋泉社、2000年
宮崎哲弥「すべては『ノストラダムスの大予言』から始まった」（『オウムという悪夢』所収）宝島社、1995年
川尻徹『滅亡のシナリオ――いまも着々と進む1999年への道』祥伝社、1985年

第 5 章

福本博文『ワンダーゾーン』文藝春秋、2001年
高井志生海「最終的な理想国を築くために神をめざす超能力者」（『トワイライトゾーン』1985年10月号）KKワールドフォトプレス、1985年
麻原彰晃「幻の超古代金属ヒヒイロカネは実在した!?」（『ムー』1985年11月号）学習研究社、1985年
麻原彰晃『超能力「秘密の開発法」――すべてが思いのままになる！』大和出版、1986年
麻原彰晃『生死を超える――絶対幸福の鍵を解く！』オウム出版、1986年（増補改訂版：1992年）
麻原彰晃『イニシエーション』オウム出版、1987年
熊本日日新聞社編『オウム真理教とムラの論理』朝日文庫、1995年
竹内精一『オウム2000日戦争――富士山麓の戦い』KKベストセラーズ、1995年
麻原彰晃『ヴァジラヤーナコース 教学システム教本』オウム、非公刊
西田公昭『マインドコントロールとは何か』紀伊國屋書店、1995年
麻原彰晃『滅亡の日――「黙示録大預言」の秘密のベールを剥ぐ』オウム出版、1989年
麻原彰晃『滅亡から虚空へ 続・滅亡の日――麻原彰晃の「黙示録大預言」完全解読』オウム出版、1989年

麻原彰晃『ノストラダムス 秘密の大予言——1999年の謎』オウム出版、1991年
麻原彰晃『キリスト宣言——キリストの教えのすべてを明かす』オウム出版、1991年
麻原彰晃『麻原彰晃、戦慄の予言』オウム出版、1993年
麻原彰晃『麻原彰晃、戦慄の予言　第2弾!!』オウム出版、1993年
麻原彰晃『日出づる国、災い近し』オウム出版、1995年
麻原彰晃『亡国日本の悲しみ』オウム出版、1995年
『ヴァジラヤーナ・サッチャ No.6』オウム出版、1995年
岩上安身「オウム「11月戦争」の恐怖（前後編）」（『宝島30』1995年12月号・1996年1月号）宝島社、1995–6年
ロバート・J・リフトン『終末と救済の幻想——オウム真理教とは何か』岩波書店、渡辺学訳、2000年